Nodos lunares

Descubra la sabiduría cósmica con Rahu, Ketu y los secretos de su carta natal

© Copyright 2025

Todos los derechos reservados. Ninguna parte de este libro puede ser reproducida de ninguna forma sin el permiso escrito del autor. Los revisores pueden citar breves pasajes en las reseñas.

Descargo de responsabilidad: Ninguna parte de esta publicación puede ser reproducida o transmitida de ninguna forma o por ningún medio, mecánico o electrónico, incluyendo fotocopias o grabaciones, o por ningún sistema de almacenamiento y recuperación de información, o transmitida por correo electrónico sin permiso escrito del editor.

Si bien se ha hecho todo lo posible por verificar la información proporcionada en esta publicación, ni el autor ni el editor asumen responsabilidad alguna por los errores, omisiones o interpretaciones contrarias al tema aquí tratado.

Este libro es solo para fines de entretenimiento. Las opiniones expresadas son únicamente las del autor y no deben tomarse como instrucciones u órdenes de expertos. El lector es responsable de sus propias acciones.

La adhesión a todas las leyes y regulaciones aplicables, incluyendo las leyes internacionales, federales, estatales y locales que rigen la concesión de licencias profesionales, las prácticas comerciales, la publicidad y todos los demás aspectos de la realización de negocios en los EE. UU., Canadá, Reino Unido o cualquier otra jurisdicción es responsabilidad exclusiva del comprador o del lector.

Ni el autor ni el editor asumen responsabilidad alguna en nombre del comprador o lector de estos materiales. Cualquier desaire percibido de cualquier individuo u organización es puramente involuntario.

Su regalo gratuito

¡Gracias por descargar este libro! Si desea aprender más acerca de varios temas de espiritualidad, entonces únase a la comunidad de Mari Silva y obtenga el MP3 de meditación guiada para despertar su tercer ojo. Este MP3 de meditación guiada está diseñado para abrir y fortalecer el tercer ojo para que pueda experimentar un estado superior de conciencia.

https://livetolearn.lpages.co/mari-silva-third-eye-meditation-mp3-spanish/

¡O escanee el código QR!

Table de contenidos

PRIMERA PARTE: LOS NODOS LUNARES 1
   INTRODUCCIÓN 3
   CAPÍTULO 1: LOS FUNDAMENTOS DE LA ASTROLOGÍA VÉDICA 4
   CAPÍTULO 2: ¿QUÉ SON LOS NAVAGRAHAS? 24
   CAPÍTULO 3: ¿QUÉ SON LOS NODOS LUNARES? 39
   CAPÍTULO 4: RAHU Y KETU EN LOS SIGNOS DEL ZODÍACO 61
   CAPÍTULO 5: RAHU Y KETU EN LAS DOCE CASAS 71
   CAPÍTULO 6: LECCIONES KÁRMICAS 89
   CAPÍTULO 7: EJEMPLOS DE CARTAS NATALES 100
   CAPÍTULO 8: DESCODIFICACIÓN DE SU CARTA NATAL..................... 108
   CAPÍTULO 9: REMEDIOS ASTROLÓGICOS 131
   CAPÍTULO EXTRA: GLOSARIO DE TÉRMINOS.......................... 145
   CONCLUSIÓN 158

SEGUNDA PARTE: RAHU Y KETU 159
   INTRODUCCIÓN 161
   CAPÍTULO 1: INTRODUCCIÓN A LA ASTROLOGÍA VÉDICA 163
   CAPÍTULO 2: LOS NAVAGRAHAS EN LA ASTROLOGÍA VÉDICA 175
   CAPÍTULO 3: RAHU: EL NODO LUNAR NORTE........................ 193
   CAPÍTULO 4: KETU: EL NODO LUNAR SUR............................ 204
   CAPÍTULO 5: LOS NODOS LUNARES Y LOS NAKSHATRAS.................. 214
   CAPÍTULO 6: LOS NODOS LUNARES EN LAS CARTAS NATALES.. 225

CAPÍTULO 7: PATRONES KÁRMICOS 237
CAPÍTULO 8: REMEDIOS PARA LOS MALÉFICOS RAHU Y
KETU 249
CAPÍTULO 9: CULTO Y REMEDIOS DE NAVAGRAHA 259
CONCLUSIÓN 269
GLOSARIO DE TÉRMINOS 271
VEA MÁS LIBROS ESCRITOS POR MARI SILVA 273
SU REGALO GRATUITO 274
REFERENCIAS 275
FUENTES DE IMÁGENES 278

Primera Parte:
Los nodos lunares

Desvele los secretos de los Navagrahas, su carta natal, el karma, el Sol y la Luna en astrología y las doce casas del zodíaco

Introducción

Si le gusta profundizar en la astrología, probablemente ya sepa todo lo que necesita saber sobre su carta astral. Conocerá su signo lunar, solar y ascendente, y probablemente lea su horóscopo a diario. ¿De qué otra forma sabrá lo que le deparará el día?

Aun así, por mucho conocimiento cósmico que tenga, probablemente sepa que todavía falta algo en su vida o que algo no resuena. Puede que haya nacido durante la estación de Tauro, pero se sienta más como un Aries. ¿Nació en la cúspide? Ésa podría ser una razón, pero hay otra; probablemente utiliza la astrología occidental cuando debería utilizar la astrología védica.

Esta guía le enseñará todo lo que necesita saber sobre la astrología védica y la función de los nodos lunares en su vida. Entenderá qué son Rahu y Ketu, cómo encajan en las 12 casas y en los signos del zodiaco, y también aprenderá a leer su carta astral según la astrología védica.

Le prometo que «Los nodos lunares» le enseñará mucho más que cualquier otro libro sobre el mismo tema. ¿Por qué? Porque está escrito en un inglés llano y sencillo, con explicaciones completas de todo y guías paso a paso cuando es necesario.

Siga leyendo si desea aprender más sobre astrología védica y sobre cómo los nodos lunares le afectan a usted y a su vida. Este es un viaje que disfrutará de verdad.

Capítulo 1: Los fundamentos de la astrología védica

La astrología moderna proviene de una palabra del griego antiguo, «astrología», que significa el estudio de las estrellas. Más concretamente, significa estudiar el movimiento de los planetas y las estrellas para ver su influencia sobre los acontecimientos en la Tierra, incluyendo cómo afectan a las personas individualmente. La astrología en todas sus múltiples formas se ha estudiado y practicado desde los inicios de la civilización humana, y este capítulo explorará una de esas formas: la astrología védica.

Orígenes de la astrología védica

Los humanos han estudiado la astrología védica desde antes de que se tuviera constancia de la historia. Por ejemplo, los antiguos indios utilizaban un sistema calendárico basado en el seguimiento preciso de la luna, los planetas y las estrellas, y el Mahabharata, una antigua epopeya india de más de 5000 años de antigüedad, incluye abundantes referencias a la astrología, incluyendo cálculos y signos. Sin embargo, la astrología no solo se utilizaba para determinar el destino y el carácter, sino también para la siembra y la cosecha, la planificación de festivales, bodas, etc.

En todo el mundo se utilizaba un sistema astrológico prácticamente igual al del antiguo sistema indio. El Imperio babilónico de los milenios III y II a. C. en Oriente Próximo ayudaba a predecir los grandes acontecimientos y las catástrofes naturales, mientras que el Imperio maya, del II milenio a. C., diseñaba sus templos en función de los movimientos planetarios.

Los mayas diseñaban sus templos basándose en los movimientos planetarios[1]

Sin embargo, un acontecimiento relacionado con la astrología destaca por encima de todos los demás: el nacimiento de Jesucristo. Tres astrólogos que miraban al cielo vieron una señal celeste que indicaba el nacimiento de un rey de reyes. Estudiando los cielos e interpretando con precisión las posiciones planetarias y estelares, determinaron cuándo y dónde nacería.

Hoy en día, la astrología es utilizada por muchas culturas diferentes para determinar las fechas de festivales y fiestas y el paso del tiempo. Muchas tradiciones, como el islam, el judaísmo y el hinduismo, utilizan un calendario lunar para determinar sus días sagrados.

Cómo funciona la astrología védica

Es justo decir que la astrología es una de las ciencias más sofisticadas y complejas. Los astrólogos utilizan siglos de conocimientos teóricos y aplicados para interpretar cómo se disponen las estrellas y los planetas para determinar acontecimientos específicos en la Tierra. El resto de este capítulo le proporcionará una visión general de los elementos astrológicos clave: los signos del zodiaco, las doce casas y los planetas. Este es solo un vistazo básico; aprenderá más sobre ellos a lo largo del resto del libro.

Los 12 signos del zodiaco

A pesar de ser un espacio tridimensional, todos los planetas del sistema solar orbitan a lo largo de un único plano: la eclíptica. A lo largo de esta órbita, cada planeta pasará también por las constelaciones. La astrología explica que doce signos o constelaciones dividen la órbita de 360 grados en 12 secciones de 30 grados cada una. Estas secciones son los signos del zodiaco.

Cada signo tiene su propio símbolo y una personalidad determinada por un conjunto de características específicas. Cada uno podría considerarse un tipo específico de entorno por el que pasan los planetas en su órbita. También debe saber que todos los signos están regidos por un planeta específico, por lo que cada planeta está «en casa» cuando pasa por su propio signo.

Veamos cada signo, sus regentes, símbolos y ámbitos:

SIGNO	REGENTE PLANETARIO	SIMBOLO	JEFE DE DOMINIO
Aries	Marte	♈ - El Borrego	Liderazgo Diversión Sentido de propósito Confianza en sí mismo Competencia
Tauro	Venus	♉ - El toro	Lealtad Reflexión Determinación Las artes Sensualidad
Géminis	Mercurio	♊ - Los Gemelos	Encanto Comunicación Imaginación Lógica Curiosidad
Cáncer	La Luna	♋ - El Cangrejo	Compasión Creatividad Sensibilidad Emociones Maternidad
Leo	El Sol	♌ - El León	Dignidad Ambición Poder Nobleza Autoridad

SIGNO	REGENTE PLANETARIO	SIMBOLO	JEFE DE DOMINIO
Virgo	Mercurio	♍ - La Virgen	Inteligencia Ingenio Modestia Cortesía Servicio
Libra	Venus	♎ - Las Balanzas	Justicia Equilibrio Estética Ética Optimismo
Escorpio	Marte	♏ - El Escorpión	Crítica Secretos Dureza Misterio Intensidad
Sagitario	Júpiter	♐ - El Arquero	Sabiduría Buena fortuna Espiritualidad Religión Virtud
Capricornio	Saturno	♑ - La Cabra	Filosofía Deliberación Obstinación Disciplina Escepticismo

SIGNO	REGENTE PLANETARIO	SIMBOLO	JEFE DE DOMINIO
Acuario	Saturno	♒ - El Portador de Agua	Justicia social Altruismo Idealismo Paciencia Renuncia
Piscis	Júpiter	♓ - Los Pesces	Profundidad Timidez Conocimiento Misticismo Belleza

Las doce casas

Así pues, ahora ya sabe que la órbita planetaria está dividida en 12 secciones, cada una un signo zodiacal específico. El cielo también está dividido en 12 - 6 en el cielo que puede ver y 6 en el cielo que no puede ver porque está al otro lado de la Tierra.

A diferencia de los signos que se mueven por el cielo nocturno, las 12 casas son fijas. En términos sencillos, la primera casa siempre empezará en el horizonte oriental y la séptima en el occidental, eso nunca cambia. Cada casa rige también una determinada parte de la vida humana:

Casa	Posición	Parte del Cuerpo	Dominio
Primera	Horizonte oriental a 30 grados por debajo	Cabeza	Aspecto físico Personalidad Carácter Longevidad Felicidad

Casa	Posición	Parte del Cuerpo	Dominio
Segunda	De 30 a 60 grados por debajo del horizonte oriental	Cara	Tradiciones Riqueza Educación Discurso Generosidad
Tercera	De 60 a 90 grados por debajo del horizonte oriental	Cuello Hombros Manos Brazos	Valor Hermanos Literatura Virtud Deportes
Cuarta	De 60 a 90 grados por debajo del horizonte occidental	Tórax Pulmones Corazón	Creencias Vehículos Inicio Patria La madre
Quinta	De 30 a 60 grados por debajo del horizonte occidental	Estómago	Creatividad Sabiduría Niños Éxito Inversiones
Sexta	Horizonte occidental a 30 grados por debajo	Intestinos Abdomen bajo	Miedo Enfermedad Deuda Servicio Enemigos

Casa	Posición	Parte del Cuerpo	Dominio
Séptima	Horizonte occidental a 30 grados por encima	Órganos sexuales internos Colon	Felicidad conyugal Cónyuge Deseo sexual Contratos Fidelidad
Octava	De 30 a 60 grados sobre el horizonte occidental	Ano Genitales	Escándalos Revoluciones Calamidades Ocultismo Tiempo/causa de la muerte
Novena	De 60 a 90 grados sobre el horizonte occidental	Muslos Caderas	Religión Piedad Moralidad Maestro espiritual Destino
Decima	De 60 a 90 grados sobre el horizonte oriental	Rodillas Espaldas	Carrera Rango El padre Autoridad Reputación
Undécima	De 30 a 60 grados sobre el horizonte oriental	Pantorrillas	Ingresos Ganancias Aspiraciones Mercados Comunidades

Casa	Posición	Parte del Cuerpo	Dominio
Duodécima	Horizonte oriental a 30 grados por encima	Pies	Desgracia Pérdidas Perdón El subconsciente Liberación

Los planetas

La palabra planeta tiene su origen en una palabra griega, «planetas», que significa el errante, lo que no es sorprendente, ya que los planetas viajan a un ritmo fijo a lo largo de una órbita definida en el espacio. La astrología explica que cada planeta tiene su propia personalidad y características. He aquí un resumen de cada planeta y sus características principales:

Planeta	Dia de la Semana	Velocidad de viaje a través del zodíaco	Portafolio
El Sol	Domingo	Un signo del zodiaco al mes	Gobiernos El alma El padre Prestigio Salud
La Luna	Lunes	Un signo del zodiaco cada 2 días y medio	Emociones Creatividad Felicidad La madre Agricultura La mente

Planeta	Dia de la Semana	Velocidad de viaje a través del zodíaco	Portafolio
Marte	Martes	Un signo del zodiaco cada 2 meses	Guerra Vitalidad Ira Valentía Oposición Enemigos
Mercurio	Miércoles	Un signo del zodiaco a la semana	Comunicación Intelecto Teatro Lógica Aprendizaje Literatura
Júpiter	Jueves	Un signo del zodiaco a la semana	Devoción Sabiduría Hijos El esposo Piedad Lugares sagrados
Venus	Viernes	Un signo del zodiaco cada dos semanas y media	Matrimonio Sensualidad La esposa Lujo Estética Música

Planeta	Dia de la Semana	Velocidad de viaje a través del zodíaco	Portafolio
Saturno	Sábado	Un signo del zodiaco cada 2 años y medio	Filosofía Obstáculos Impiedad Pobreza Longevidad Medios de vida
Rahu	Ninguno	Un signo del zodiaco cada año y medio	Hinchazón Serpientes Maldad Proscritos Falsos argumentos Viajando
Ketu	Ninguno	Un signo del zodiaco cada año y medio	Heridas Rendición Salvación Apatía Experiencias extracorpóreas Fiebre

Los 27 Nakshatras

Según la astrología védica, existen 27 nakshatras, pequeñas constelaciones de estrellas. La Luna recorre estas constelaciones cuando realiza su órbita alrededor de la Tierra. El término inglés para los nakshatras es «las mansiones lunares», Los astrólogos védicos estudian conjuntamente los nakshatras y los signos del zodiaco para averiguar detalles adicionales sobre nuestros rasgos innatos también se consideran esenciales en la Muhurtha (astrología electoral) para ayudar a determinar los momentos adecuados para los acontecimientos importantes de la vida.

Nakshatra	Planeta Gobernante	Signo Zodiacal	Símbolo
Ashwini	Ketu	Aries	Cabeza de caballo
Bharani	Venus	Aries	Órgano sexual femenino
Krittika	Sol	Aries - 1º trimestre Tauro - 2º, 3º y 4º trimestres	Llama o cuchillo
Rohini	Luna	Tauro	Templo o carreta de bueyes
Mrighashira	Marte	Géminis	Lágrima o cabeza humana
Ardra	Rahu	Aries	Cabeza de caballo
Punarvasu	Júpiter	Géminis - 1º, 2º, 3º trimestres Cáncer - 4º trimestre	Arco y carcaj

Nakshatra	Planeta Gobernante	Signo Zodiacal	Símbolo
Pushya	Saturno	Cáncer	Círculo, loto o ubre de vaca
Ashlesha	Mercurio	Cáncer	Serpiente
Magha	Ketu	Leo	Un trono o palanquín
Purva-phalguni	Venus	Leo	Hamaca
Uttara-phalguni	Sol	Leo - 1er trimestre Virgo - 2º, 3º, 4º trimestres	Cama
Hasta	Luna	Virgo	Mano
Chitra	Marte	Virgo - 1º, 2º trimestre Libra - 3º, 4º trimestre	Joya o perla
Swati	Rahu	Libra	Una brizna de hierba fresca
Vishakha	Júpiter	Libra - 1º, 2º, 3º trimestres Escorpio - 4º trimestre	Rueda de alfarero
Anuradha	Saturno	Escorpio	Flor de Lotus
Jyeshta	Mercurio	Escorpio	Sombrilla
Mula	Ketu	Sagitario	Raíces

Nakshatra	Planeta Gobernante	Signo Zodiacal	Símbolo
Purva-ashadha	Venus	Sagitario	Cesta de aventado
Uttara-ashadha	Sol	Sagitario - 1º trimestre Capricornio - 2º, 3º, 4º trimestres	Un colmillo de elefante
Shravana	Luna	Capricornio	Una oreja
Dhanishta	Marte	Capricornio - 1º, 2º trimestres Acuario - 3º, 4º trimestre	Un tambor
Shatabhisha	Rahu	Acuario	Circulo vacío
Purva-Bhadrapada	Júpiter	Acuario - 1º, 2º, 3º trimestres Piscis - 4º trimestre	Lecho funerario
Uttara-Bhadrapada	Saturno	Piscis	Una serpiente
Revati	Mercurio	Piscis	Un pez

Diferentes tipos de astrología védica

La astrología se utiliza para muchas cosas diferentes. Los occidentales están familiarizados con los horóscopos o las lecturas de la carta astral, pero hay otros tipos de lecturas que se utilizan para proporcionar información específica en determinadas circunstancias. Estos son los tipos más comunes de la astrología védica:

Lecturas del horóscopo

También conocidos como cartas natales, los horóscopos son mapas en 2D de las posiciones estelares y planetarias relativas a la Tierra en el momento del nacimiento de una persona. Se tienen en cuenta la longitud y la latitud del lugar de nacimiento y la hora exacta de nacimiento. Los horóscopos son herramientas poderosas; cuando se leen correctamente, predicen con precisión acontecimientos importantes de la vida, la personalidad, el momento de la muerte, vidas pasadas y mucho más para un individuo.

Compatibilidad de relaciones

Las lecturas de relaciones examinan los horóscopos de dos personas para determinar su compatibilidad. Suele utilizarse más durante el asesoramiento de pareja o la planificación del matrimonio. Sin embargo, también puede utilizarse para cualquier tipo de relación: padre/hijo, amigos, profesor/alumno, jefe/empleado, etc. Estas lecturas son esenciales para ayudar a identificar los puntos fuertes y/o débiles de una relación específica, proporcionando una buena perspectiva a las parejas que luchan por comprender el punto de vista de su pareja.

Muhurtha (Electiva)

Las lecturas electivas, aunque no se utilizan en Occidente, determinan el mejor momento para un acontecimiento importante. Las lecturas Muhurtha son útiles en las siguientes situaciones:

- Acontecimientos de la vida - ceremonias importantes, quedarse embarazada, bodas, etc.
- Grandes compras - casa nueva, coche nuevo, etc.
- Lanzamiento de nuevas aventuras financieras o de un negocio
- Viajes de larga distancia

Prashna (Horaria)

En la astrología Prashna, se elabora una carta astral en el momento exacto en que un individuo formula una pregunta. Esta carta se interpreta para proporcionar una respuesta concluyente y clara a esa pregunta concreta, que puede ser prácticamente sobre cualquier cosa. Sin embargo, el primer paso es verificar la sinceridad del que pregunta, significada por las cualidades y puntos fuertes del signo ascendente. La astrología horaria se utiliza habitualmente de las siguientes formas:

- Para encontrar un objeto o una persona perdidos.
- Para informar sobre una decisión importante en la vida.
- Para averiguar cuándo una persona conocerá a la persona con la que se casará.
- Para comprender qué causa una enfermedad y cómo puede curarse.

Jyotish ayurvédico (Astrología médica)

Suele centrarse en el bienestar y la salud y correlaciona las posiciones planetarias y factores astrológicos específicos con las condiciones de salud. También proporciona información sobre remedios, medidas preventivas y posibles problemas de salud relacionados con la carta astral de un individuo. Suele utilizarse con la medicina ayurvédica como enfoque complementario.

Vastu Shastra

El Vastu Shastra es una ciencia nacida en la antigua India y está relacionada con la arquitectura, las dimensiones y el espacio; el objetivo es garantizar que las zonas habitables estén totalmente alineadas con las energías cósmicas, equilibrándolas y aportando armonía. La astrología védica desempeña un papel en el Vastu Shastra; ayuda a determinar la colocación, la dirección y la disposición de los elementos de un edificio. También puede utilizarse como elemento para definir parcelas.

Janma Kundli (Astrología Natal)

La forma más común de la astrología védica, Janma Kundli, gira en torno a la creación de una carta natal para un individuo, proporcionando una visión de sus fortalezas, debilidades, características, acontecimientos vitales y personalidad.

Karma

Todos han oído hablar del karma: es un caso de lo que va, vuelve. En otras palabras, todo lo que haga volverá a usted en esta vida o en la siguiente. Según el hinduismo, existen tres tipos de Karma:

- Prarabdha - todo el Karma acumulado en su vida actual.
- Sanchita - la suma de todo el Karma de sus vidas pasadas.
- Agami - es el resultado de las decisiones y acciones actuales.

Sin embargo, la mayoría de la gente habla de Karma bueno y malo. Usted obtiene buen Karma cuando hace cosas positivas en su vida, por ejemplo, ayudar a los necesitados, mientras que el mal Karma se produce cuando hace cosas negativas, como robar a alguien, hacer daño a los demás, etc.

Las 12 leyes del Karma

¿Empieza a ver ya un patrón? 12 signos del zodiaco, 12 casas, y ahora las 12 leyes del Karma. Piense en estas leyes como las reglas del juego del Karma. Le ayudan a comprender cómo funciona. Según los sistemas de creencias budistas e hindúes, las leyes le ayudan a interpretar cómo funciona la energía dentro del universo, y le ayudan a comprender cómo las acciones afectan a los demás, a usted mismo y al universo.

1. **La Gran Ley: la más conocida:** esta ley afirma que recibes de vuelta lo que das. Recibirá bondad y amor si emite bondad y amor.
2. **La Ley de la Creación:** no espere a que le sucedan cosas. Salga ahí fuera y haga que las cosas ocurran.
3. **La Ley de la Humildad:** cambiar cualquier cosa en su vida actual significa aceptar el estado actual de las cosas. Eso significa aceptar quién es usted antes de poder cambiar nada en esta vida o en la siguiente.
4. **La Ley del Crecimiento:** esta ley trata sobre el crecimiento interno, el cambio y la evolución. A medida que cambia internamente, cambia también externamente. Esto significa tomarse el tiempo para aprender cosas nuevas, sanar y cambiar.
5. **La Ley de la Responsabilidad:** como cabría de esperar, esta ley gira en torno a ser dueño de lo que ocurre en su vida, tanto lo bueno como lo malo. Solo usted puede elegir su vida, y es responsable de lo que hace y dice, de cómo actúa y de cómo trata a los demás.
6. **La Ley de la Conexión:** las personas están conectadas entre sí y con todo. Aunque su pasado, presente y futuro puedan parecer diferentes, todos siguen siendo la misma persona. Cualquier cosa que haga le llevará a algo diferente. Por lo tanto, todo está interrelacionado, y usted también está vinculado a otras personas.

7. **La ley de la concentración:** esta ley le dice que no puede pensar en más de una cosa a la vez. Cuando se centra en una sola cosa, como los valores espirituales, no puede centrarse simultáneamente en algo negativo.
8. **La Ley del Dar y la Hospitalidad:** esta ley le dice que deje de predicar y empiece a hacer. En algún momento de su vida, se le pedirá que demuestre que haga lo que dice. Digamos que está pensando en desordenar su casa y donar algunas de sus pertenencias a una causa benéfica; en lugar de pensar en ello, póngase manos a la obra y hágalo. Si no puede hacer lo que predica, no hable por hablar.
9. **La Ley del Aquí y el Ahora:** consiste en salir del pasado y entrar en el presente. Deje de pensar en lo que fue y viva lo que es ahora.
10. **La Ley del Cambio:** algunas personas sienten que experimentan algo malo repetidamente, pero podrían estar atrayendo la mala suerte. Es una señal. El Universo le dice que haga cambios en su vida. Hasta que lo haga, el patrón se repite hasta que por fin se sienta y toma nota.
11. **La Ley de la Paciencia y la Recompensa:** le dice que su duro trabajo acabará dando sus frutos. Siempre que se presente, colabore y no abandone sus objetivos, incluso cuando parezca que todo está perdido, las recompensas llegarán. La paciencia paga dividendos, así que viva su vida y celebre cada logro, sea pequeño o grande.
12. **La Ley de la Significación y la Inspiración:** la última ley le dice que todo el mundo es significativo. Todo el mundo tiene algún valor que compartir con los demás y puede influir positivamente en el mundo.

Karma de vidas pasadas Astrología védica

La astrología védica es importante para saber cómo es cada individuo, ya que registra todo su Karma pasado. La asociación con el Karma es que la astrología védica predice la emoción y el crecimiento físico, y cualquier cosa que una persona pueda experimentar debido al Karma de vidas pasadas. Mucha gente cree que una persona no puede controlar totalmente su vida actual debido a la astrología y al Karma.

La astrología védica nos ayuda a identificar tres tipos diferentes de Karma: el fijo, el medio no tan fijo y el que se está haciendo ahora mismo con todo lo que piensa y hace. La astrología védica también muestra las posiciones planetarias en el momento exacto del nacimiento de un individuo. Explica los periodos planetarios, o Dasha, utilizados para interpretar las fases buenas y malas de la vida.

En capítulos posteriores se hablará de los dashas y del karma, para que pueda comprender cómo encajan en la astrología védica y los nodos lunares.

¿Qué es la astrología sideral?

Los horóscopos occidentales utilizan la astrología tropical, pero no debemos olvidar la verdadera astrología sideral. Ambos tipos incluyen signos con nombres de constelaciones, pero hay una diferencia significativa: la astrología tropical se basa en un mapa de las estrellas en las posiciones exactas en las que se encontraban en el año 0 d. C., mientras que la astrología sideral se basa en la posición de las constelaciones en el momento de la lectura.

Las estrellas se mueven con el tiempo, lo que cambia su posición respecto a la Tierra; esto significa que hay una diferencia de 24 grados entre las constelaciones y el mapa sideral. Es probable que tenga dos signos solares diferentes si consulta ambos sistemas.

Estas son las fechas de nacimiento para ambos sistemas astrológicos.

SIGNO	SIDERAL	TROPICAL
Aries	Abril 21 - Mayo 12	Marzo 21 - Abril 19
Tauro	Mayo 13 - June 19	Abril 20 - Mayo 20
Géminis	June 20 - Julio16	Mayo 21 - Junio 20
Cáncer	Julio 17 - Agosto 6	June 21 – Julio 22
Leo	Agosto 7 - Septiembre 14	Julio 23 - Agosto 22
Virgo	Septiembre 15 - Noviembre 3	Agosto 23 - Septiembre 22

SIGNO	SIDERAL	TROPICAL
Libra	Noviembre 4 - Noviembre 22	Septiembre 23 - Octubre 22
Escorpio	Noviembre 23 - Diciembre 6	Octubre 23 - Noviembre 21
Ofuico	Diciembre 7 - Diciembre 18	
Sagitario	Diciembre 19 - Enero 19	Noviembre 22 - Diciembre 21
Capricornio	Enero 20 - Febrero 13	Diciembre 22 - Enero 19
Acuario	Febrero 14 - Marzo 9	Enero 20 - Febrero 19
Piscis	Marzo 10 - Abril 20	Febrero 20 - Marzo 20

Si su fecha de nacimiento cae tres días antes o después de su cambio de signo, se considera que está en la cúspide.

Las culturas antiguas utilizaban el sistema sideral porque era (y sigue siendo) una forma más fácil de interpretar los astros para ver cómo eran en un momento dado del pasado. La astrología sideral tiene sus fundamentos en la hora y el lugar de nacimiento de un individuo y en lo que ocurría en el cielo en ese momento; por el contrario, el sistema tropical se considera teórico y está vinculado a las estaciones en la Tierra.

Comprenderá mejor todo esto a medida que avance en el libro. El siguiente capítulo profundiza en los Navagrahas.

Capítulo 2: ¿Qué son los Navagrahas?

Según antiguos textos hindúes como el Brahma-Siddhanta y el Yavana-jataka, Navagraha se refiere a los nueve planetas con una influencia significativa en la astrología védica. Se cree que estos planetas tienen un impacto significativo en la vida humana, dando forma a las vidas y destinos individuales e influyendo en ciertos aspectos de la existencia de un individuo.

Los Navagrahas son deidades según la astrología védica[a]

El concepto de Navagraha reconoce que los nueve planetas son fuerzas cósmicas con un inmenso poder que ejercen sobre toda la vida humana. Por orden, son

- Surya - el Sol
- Chandra - la Luna
- Mangala - Marte
- Budha - Mercurio
- Guru/Brihaspati - Júpiter
- Shukra - Venus
- Shani - Saturno
- Rahu - Nodo Norte
- Ketu - Nodo Sur

Cada uno representa una energía planetaria específica y tiene un cierto significado mitológico.

Según la astrología védica, los Navagrahas son deidades. Se les venera por su influencia sobre los humanos, incluido el bienestar mental y físico, la riqueza, la carrera profesional, las relaciones y el crecimiento espiritual. La posición de los planetas y su alineación en el momento exacto del nacimiento de un individuo se traza en una carta conocida como Janam Kundli o carta natal u horóscopo. Al analizar estas posiciones, un astrólogo obtiene una visión de los acontecimientos vitales del individuo, sus rasgos de personalidad y su potencial futuro.

Rahu y Ketu no se consideran dioses. Más bien, son los nodos en la sombra de la Luna, demonios que utilizaron su astucia para hacerse un hueco en la astrología, y sus nombres tienen su origen en planetas sombríos y hostiles del sistema solar: Neptuno y Plutón.

Los Navagrahas

El Sol - El Señor Surya

El dios Sol, el Señor Surya o Ravi, está situado en el centro del sistema solar, rodeado por el resto de planetas. El Sol siempre mira hacia el Este, mientras que los demás planetas miran hacia otras direcciones, pero nunca se enfrentan entre sí.

La mitología hindú nos cuenta que Surya surca el cielo en un carro dorado tirado por siete caballos. Ese número es significativo, ya que representa los colores del arco iris, los chakras, los días de la semana y cualquier otra cosa que venga en sietes. Se le representa con cuatro brazos y sostiene una maza y flores de loto. En sus viajes, se desplaza por cada signo del zodiaco y pasa alrededor de un mes en cada uno de ellos.

Surya representa la inteligencia, la vitalidad y el liderazgo y se asocia con la confianza en uno mismo, el poder y la autoridad.

La Luna - El Señor Chandra

También conocido como Soma, Chandra es representado como una hermosa deidad, pero como la luna crece y mengua, rara vez se le muestra entero. Viste ropas blancas y sostiene una flor de loto y un garrote. Representa la intuición, la emoción y la mente y rige el bienestar emocional, los estados de ánimo y el subconsciente. Chandra también se asocia con la energía femenina, la creatividad y la crianza.

Chandra viaja en un carro tirado por 10 caballos y se mueve más rápido que el sol, pasando alrededor de 2 ½ días en cada signo del zodiaco.

Marte - Mangala

Mangala también recibe el nombre de Angaraka y se le representa como un dios temible con cuatro manos que sostienen una maza, un tridente, una lanza y una flor de loto. Se cree que es el vástago de Bhumi, la diosa de la Tierra o Privthi. Se le asocia con la ambición, la pasión y la persecución de objetivos y representa el empuje, la asertividad y la fuerza física.

Viaja en un carro tirado por ocho caballos rojos o sobre un carnero y pasa entre cuatro días y varios meses en cada signo del zodiaco.

Mercurio - Budha

Budha es considerado el vástago del Señor Chandra y se le suele representar como un dios joven con cuatro manos que sostienen un escudo, una espada y una flor de loto. Representa el ingenio, la palabra y el aprendizaje y, como planeta del comercio, la comunicación y el intelecto, rige el pensamiento analítico, la inteligencia y la adaptabilidad.

Budha viaja en un león o carro y se desplaza con bastante rapidez por el sistema solar, pasando entre 14 y 30 días en cada signo zodiacal.

Júpiter - Brihaspati

Júpiter es el planeta del conocimiento, la sabiduría y la expansión, también conocido como Gurú, el maestro de los dioses. Se le asocia con la generosidad, la abundancia y el aprendizaje superior, y simboliza el crecimiento, la espiritualidad y la buena fortuna.

Júpiter suele representarse como sabio y benévolo, con cuatro brazos y sosteniendo cuentas de oración, una flor de loto, un bastón y un recipiente de agua. Monta un carro con ocho caballos o una flor de loto y se desplaza lentamente, pasando aproximadamente un año en cada signo del zodiaco.

Venus - Shukra

A Shukra se le representa como un dios apuesto, pero se le considera un instructor de demonios. Representa las relaciones, la belleza y el amor y rige la expresión artística, la armonía y el romance. Asociado con la comodidad material, el lujo y el placer, Shukra se muestra típicamente con cuatro brazos que sostienen un recipiente de agua, una flor de loto, un espejo y un bastón. Monta una flor de loto o un carro con ocho caballos y se desplaza por el sistema solar a un ritmo moderado, permaneciendo a menudo en cada signo zodiacal durante un mes aproximadamente.

Saturno - Shani

A Saturno se le considera el planeta del trabajo duro, la responsabilidad y la disciplina, pero es un dios tormentoso que puede construir y destruir la buena fortuna, dependiendo de dónde se encuentre en el sistema solar en cada momento. También representa el karma, las lecciones de la vida y la madurez y se asocia con la persecución de objetivos a largo plazo, la perseverancia y la resistencia. Se le suele representar oscuro y musculoso, sosteniendo un garrote, un arco, flechas y una espada, y viaja en un carro tirado por ocho caballos negros. Viaja lentamente por el sistema solar, permaneciendo en cada signo zodiacal alrededor de 2 ½ años.

Rahu

Rahu es el nodo norte de la Luna y se considera un demonio más que un dios. Es un planeta en la sombra que significa deseos, ambiciones y búsquedas mundanas y representa el materialismo, el pensamiento poco convencional y el ansia de éxito. Representa los retos y las oportunidades y suele representarse como una figura parecida a una serpiente con cabeza de dragón y largos dientes afilados. Viaja en un trono o carro y, al ser un planeta sombra, Rahu no tiene existencia física. Sus movimientos están estrechamente ligados a cómo se alinean los nodos lunares con la Luna y el Sol.

Ketu

El nodo sur de la Luna, Ketu, es el segundo planeta en la sombra y se asocia con la liberación, la espiritualidad y la iluminación. Representa el desapego, la introspección y las experiencias místicas y suele significar lecciones kármicas. También se le representa con forma de serpiente, pero sin cabeza y viaja en un trono o carro. De nuevo, como planeta en la sombra, Ketu no tiene existencia física y su movimiento está relacionado con la alineación con la Luna y el Sol.

Interpretaciones y rasgos

He aquí una visión general de cada planeta en la astrología védica, mostrando sus interpretaciones, rasgos, interacciones y aspectos vitales:

El Sol

Interpretación:
- Autoridad
- Ego
- Padre
- Gobierno
- Poder
- Yo
- Vitalidad

Rasgos positivos:
- Confianza
- Generosidad
- Inteligencia
- Fuerza de voluntad

Rasgos negativos:
- Arrogancia
- Dominancia
- Obstinación

Interacciones:
- Armonía - Marte y Júpiter
- Conflictos - Venus y Saturno

Aspectos de la vida
- Carrera
- Influencia paternal
- Liderazgo
- Éxito

La Luna
Interpretación:
- Emociones
- Fertilidad
- Intuición
- Mente
- Madre
- Nutrición

Rasgos positivos:
- Adaptabilidad
- Compasión
- Creatividad
- Sensibilidad

Rasgos negativos:
- Inestabilidad emocional
- Mal humor
- Sensibilidad excesiva

Interacciones:
- Armonía - Venus y Júpiter
- Conflicto - Ketu y Rahu

Aspectos de la vida:
- Creatividad
- Emociones
- Intuición
- Relaciones personales

Marte

Interpretación
- Agresividad
- Valentía
- Energía
- Pasión
- Fuerza física

Rasgos positivos:
- Determinación
- Ambición
- Confianza
- Resiliencia

Rasgos negativos:
- Agresividad
- Ira
- Impulsividad

Interacciones:
- Armonía - Júpiter y el Sol
- Conflicto - Saturno y Mercurio

Aspectos de la vida:
- Resolución de conflictos
- Coraje
- Fuerza física

Mercurio
Interpretación:
- Comercio
- Comunicación
- Intelecto
- Aprendizaje
- Lógica

Rasgos positivos:
- Capacidad de análisis
- Inteligencia
- Versatilidad
- Ingenio

Rasgos negativos:
- Indecisión
- Nerviosismo
- Inquietud

Interacciones:
- Armonía - Saturno y Venus
- Conflicto - la Luna y Marte

Júpiter
Interpretación:
- Expansión
- Buena fortuna
- Conocimiento
- Espiritualidad
- Sabiduría

Rasgos positivos:
- Generosidad
- Crecimiento
- Optimismo

- Sabiduría

Rasgos negativos:
- Optimismo excesivo
- Exceso de indulgencia
- Autojustificación

Interacciones:
- Armonía - el Sol y la Luna
- Conflicto - Venus y Mercurio

Aspectos de la vida:
- Expansión
- Buena fortuna
- Espiritualidad
- Sabiduría

Venus
Interpretación:
- Arte
- Belleza
- Armonía
- Amor
- Comodidad material
- Relaciones

Rasgos positivos:
- Encanto
- Creatividad
- Diplomacia
- Romance

Rasgos negativos
- Indulgencia
- Superficialidad
- Vanidad

Interacciones:
- Armonía - Saturno y Mercurio
- Conflicto - Júpiter y Marte

Aspectos de la vida:
- Belleza
- Creatividad
- Amor
- Comodidad material
- Las relaciones

Saturno
Interpretación:
- Disciplina
- Trabajo duro
- Karma
- Lecciones de la vida
- Responsabilidad

Rasgos positivos:
- Disciplina
- Paciencia
- Perseverancia
- Practicidad

Rasgos Negativos:
- Pesimismo
- Restricción
- Rigidez

Interacciones:
- Armonía - Mercurio y Venus
- Conflicto - la Luna y el Sol

Aspectos de la vida:
- Disciplina
- Trabajo duro
- Influencia kármica
- Lecciones de la vida

Rahu

Interpretaciones:
- Ambición
- Deseos
- Ilusión
- Obsesión
- Persecuciones mundanas

Rasgos positivos:
- Ambición
- Innovación
- Pensamiento poco convencional

Rasgos negativos
- Engaño
- Obsesión
- Inquietud

Interacciones:
- Armonía - Mercurio y Saturno
- Conflicto - Marte y Júpiter

Aspectos de la vida:
- Ambición
- Deseos
- Crecimiento espiritual
- Persecuciones mundanas

Ketu
Interacciones:
- Desapego
- Lecciones kármicas
- Liberación
- Misticismo
- Espiritualidad

Rasgos positivos:
- Desapego
- Introspección
- Crecimiento espiritual

Rasgos negativos:
- Confusión
- Desapego de los asuntos mundanos
- Escapismo

Interacciones:
- Armonía - Júpiter y Marte
- Conflicto - el Sol y la Luna

Aspectos de la vida:
- Lecciones kármicas
- Liberación
- Crecimiento espiritual

Aunque se basan en las creencias y principios tradicionales de la astrología védica, estas interpretaciones están sujetas a cambios en función de su posición y aspectos en la carta natal de cada persona, lo que puede dar lugar a diferentes influencias y manifestaciones.

Asociaciones planetarias

Y ahora, una visión general de las asociaciones de cada planeta:

Surya - Sol:
- **Horóscopo:** Leo (Simha)
- **Día** Domingo (Ravivar)
- **Número:** 1
- **Color:** Rojo
- **Piedra preciosa:** Rubí
- **Deidad supervisora:** Señor Shiva
- **Protege:** Corazón, cabeza, ojos, huesos

Chandra - Luna
- **Horóscopo:** Cáncer (Karka)
- **Día:** Lunes (Somvar)
- **Número:** 2
- **Color:** Blanco
- **Piedra preciosa:** Perla
- **Deidad supervisora:** Diosa Parvati
- **Protege:** Mente, cerebro, ojo derecho (mujeres), ojo izquierdo (hombres)

Mangala - Marte
- **Horóscopo:** Aries (Mesha) y Escorpio (Vrishchika)
- **Día:** Martes (Mangalvar)
- **Número:** 9
- **Color:** Rojo
- **Piedra preciosa:** Coral
- **Deidad supervisora:** Señor Murugan
- **Protege:** Músculos, cabeza, sangre

Budha - Mercurio
- **Horóscopo:** Géminis (Mithuna) y Virgo (Kanya)
- **Día:** Miércoles (Budhvar)

- **Número:** 5
- **Color:** Verde
- **Piedra preciosa:** Esmeralda
- **Deidad supervisora:** Señor Vishnu
- **Protege:** Piel, órganos del habla, sistema nervioso

Gurú: Júpiter:
- **Horóscopo:** Sagitario (Dhanu) y Piscis (Meena)
- **Día:** Jueves (Guruvar)
- **Número:** 3
- **Color:** Amarillo
- **Piedra preciosa:** Zafiro amarillo
- **Deidad supervisora:** Señor Brahma
- **Protege:** Hígado, muslos, estómago

Shukra - Venus
- **Horóscopo:** Tauro (Vrishabha) y Libra (Tula)
- **Día:** Viernes (Shukravar)
- **Número:** 6
- **Color:** Blanco
- **Piedra preciosa:** Diamante
- **Deidad supervisora:** Diosa Lakshmi
- **Protege:** Garganta, sistema urinario, órganos reproductores

Shani - Saturno
- **Horóscopo:** Capricornio (Makara) y Acuario (Kumbha)
- **Día:** Sábado (Shanivar)
- **Número:** 8
- **Color:** Negro
- **Piedra preciosa:** Zafiro azul
- **Deidad supervisora:** Señor Yama
- **Protege:** Sistema nervioso, huesos, dientes, rodillas

Rahu - Nodo Norte de la Luna:
- **Horóscopo:** No está asociado a ningún horóscopo específico
- **Día:** Ningún día específico
- **Número:** 4
- **Color:** Ahumado
- **Piedra preciosa:** Granate hessonita
- **Deidad supervisora:** Diosa Durga
- **Protege:** Muslos, extremidades, flema

Ketu - Nodo sur de la Luna:
- **Horóscopo:** No está asociado a ningún horóscopo específico
- **Día:** Ningún día específico
- **Número:** 7
- **Color:** Transparente
- **Gema:** Ojo de gato
- **Deidad supervisora:** Señor Ganesha
- **Protege:** Pies, oídos y sistema digestivo

Capítulo 3: ¿Qué son los nodos lunares?

Los nodos lunares se denominan a veces los nodos del Destino. No son físicos; son puntos invisibles en el cielo donde se cruzan las trayectorias del Sol y la Luna, lo que ocurre varias veces al año. ¿Sabe cuándo es? Es cuando la Tierra experimenta un eclipse.

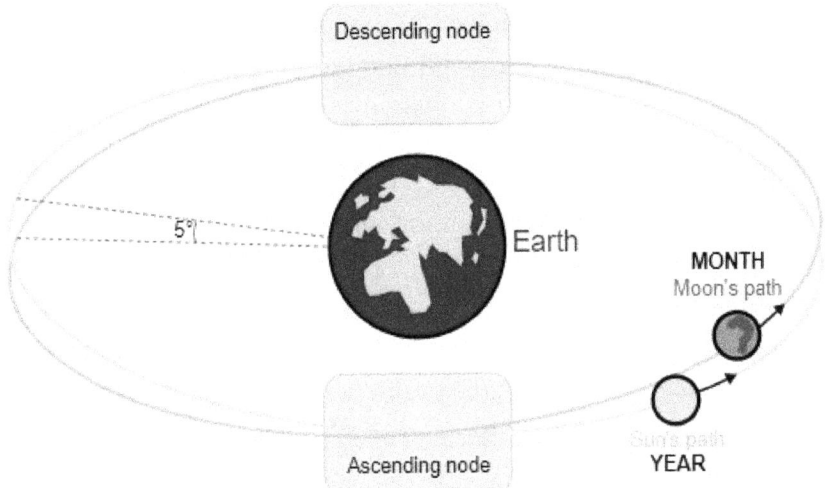

Los nodos lunares son puntos invisibles en el cielo cuando se cruzan las trayectorias del Sol y la Luna⁸

Los nodos le indican el camino espiritual que debe seguir. También le indican de qué caminos debe salir y dejar atrás y con qué tipo de energía está trabajando en el momento de la lectura. En astrología, la luna tiene dos nodos de sombra: los nodos Norte y Sur. El nodo Norte se refiere al aquí y ahora y al futuro, y el Sur al pasado. Cada 18 meses, los nodos cambiarán de signo, pero siempre estarán en signos opuestos, es decir, cuando el nodo Norte entre en Leo, el nodo Sur entrará en Acuario.

Estos nodos también le informan de lo que le ocurre cuando se produce un eclipse en función de los modos de sus cartas natales y de los nodos en tránsito.

La astrología védica tiene nombres distintos para estos nodos lunares: Rahu y Ketu. Es una larga historia sobre cómo surgió todo, pero para ser breves y directos, un demonio hizo que los dioses aceptaran que fuera inmortal. Sin embargo, no estaba destinado a tener el poder de la inmortalidad, y sus trucos enfurecieron a los dioses. Para castigarle, le concedieron la inmortalidad, pero con un giro desagradable: sería para siempre parte pasado, que es Ketu, y parte futuro, que es Rahu; como tal, nunca podría alejarse de sí mismo ni de sus malas acciones.

Echemos un vistazo más profundo a los nodos lunares.

El nodo Norte

El nodo Norte, también llamado Rahu, nos indica hacia dónde nos dirigimos; nos adentramos en lo desconocido, en un lugar del que no sabemos nada, casi como si se hubiera mudado a una nueva ciudad, no conociera a nadie y estuviera empezando de nuevo. Es el momento de ser quien quiere ser, dejar atrás su pasado y reinventarse.

La energía del nodo norte le permite reinventar su vida y su mundo. Cómo utilice esa energía depende enteramente de usted, pero utilizar estos poderes para cosas buenas es importante.

Rasgos positivos

En la astrología védica, el nodo Norte representa las lecciones de la vida, el punto de crecimiento y el potencial en su carta natal. Tiene varios rasgos positivos, pero éstos variarán en función de las posiciones de las casas y los signos. Algunos de los rasgos positivos generales son

- **Propósito de vida:** Rahu indica su propósito en la vida y la dirección hacia la que debe dirigirse. Si abraza este camino de todo corazón, le aportará una sensación de crecimiento y realización personal.

- **Crecimiento del alma:** Rahu representa las experiencias y lecciones que su alma desea aprender e integrar en su vida actual. Si abraza estas lecciones, experimentará un desarrollo espiritual y personal.
- **Nuevas oportunidades:** Rahu significa oportunidad y posibilidades de crecimiento, animándole a salir de su zona de confort y dirigirse hacia lo desconocido.
- **Rasgos positivos que debe desarrollar: Rahu** indica las cualidades positivas que debería centrarse en cultivar y expresar. Le anima a desarrollar y encarnar esos rasgos específicos para que pueda alcanzar el éxito interpersonal y personal.
- **Liberación kármica:** Cuando se centra en las lecciones que aporta Rahu, sus patrones kármicos pueden liberarse y puede superar los retos que permitió que le frenaran anteriormente.
- **Habilidades de relación y colaboración:** Rahu suele poner un gran énfasis en la cooperación y las relaciones sanas, fomentando habilidades interpersonales más fuertes, construyendo buenas conexiones y alentando el trabajo en equipo.
- **Empoderamiento personal:** Cuando abraza la energía de Rahu, puede beneficiarse de una mayor confianza en sí mismo, una mejor identidad personal y un mayor empoderamiento personal.

No lo olvide; los rasgos positivos de Rahu dependen totalmente de su signo zodiacal y de la posición de las casas en su carta natal.

Carrera y desarrollo profesional

El nodo Norte desempeña un papel importante en su carrera y desarrollo profesional. Representa las lecciones que debe seguir y la dirección que debe tomar para cumplir su propósito en la vida y lograr un buen crecimiento personal. He aquí cómo Rahu le influye en estas áreas:

- **Trayectoria profesional:** Rahu le da una visión significativa de la trayectoria profesional adecuada para alinearse con su propósito en la vida. Puede indicarle qué tipo de carrera debe buscar para sentirse realizado y feliz.
- **Nuevas oportunidades:** Rahu aporta nuevas experiencias y oportunidades que le ayudarán a avanzar en su carrera, animándole a salir de su zona de confort y a explorar cosas nuevas.

- **Aceptar nuevos retos:** Rahu puede proporcionarle lecciones y desafíos relacionados con su carrera. Si afronta estos retos de frente, podrá desarrollar las cualidades y habilidades que necesita para triunfar profesionalmente.

- **Desarrollar habilidades:** Rahu pone de relieve ciertas cualidades o habilidades que le ayudarán a desarrollarse en su carrera, animándole a obtener la experiencia que necesita para alcanzar sus objetivos y centrarse en el crecimiento personal.

- **Emprendimientos en colaboración:** Rahu destacará a menudo lo importantes que son el trabajo en equipo y la colaboración en su vida profesional. Rahu le anima a establecer las alianzas adecuadas y a crear relaciones positivas con sus mentores y colegas para contribuir al crecimiento de su carrera.

- **Reputación e imagen pública:** Rahu puede influir en cómo le perciben los demás en su ámbito profesional. Le anima a cultivar la reputación y la imagen pública necesarias para alinearse con sus valores y su propósito en la vida.

- **Encontrar la plenitud:** Si sigue la guía de Rahu, se sentirá satisfecho y realizado en su vida profesional. Cuando sus actividades profesionales se alineen con su propósito vital, experimentará satisfacción y sentido en su trabajo.

Cómo identificar y satisfacer la energía del nodo Norte

Para identificar la energía del nodo Norte y cumplirla en su carta natal, necesita aprender autorreflexión y conciencia y ser consciente de sus acciones en alineación con las lecciones de Rahu. Algunas formas de identificar y cumplir con la energía del nodo Norte son:

- **Estudiar su carta natal:** Observe su carta natal para identificar la colocación de su nodo Norte en la casa y su signo zodiacal. Cuando pueda comprender los temas y las características de la casa y el signo, obtendrá una buena perspectiva de las lecciones y la energía de su nodo Norte.

- **Reflexione sobre los patrones del pasado:** Piense en patrones y experiencias de su vida que parecen haberse estancado o que se repiten. El nodo Sur, sobre el que aprenderá en breve, es el opuesto del nodo Norte y representa la familiaridad y las zonas de confort. Reflexione sobre si esos patrones y experiencias se alinean con la energía y las lecciones de su nodo Norte o si le han frenado y le han impedido crecer.

- **Conciencia y autorreflexión:** Aprenda a autorreflexionar y a identificar las áreas en las que puede estar luchando contra la energía del nodo Norte. Mire en profundidad sus miedos, motivaciones y deseos para ser consciente de los comportamientos y patrones que le frenan.

- **Abrace las nuevas experiencias:** Rahu tiende a animar a la gente a salir de su zona de confort y explorar nuevos territorios. Esté abierto a nuevas experiencias, explore donde nunca ha estado y asuma riesgos siempre que se alineen con la energía de su nodo Norte.

- **Desarrolle nuevas cualidades y habilidades:** Identifique las cualidades, habilidades y rasgos asociados con la colocación de su nodo Norte en la casa y el zodíaco. Sea proactivo a la hora de desarrollar y encarnar esas cualidades en su vida personal y profesional, y busque oportunidades en las que pueda crecer. Invierta en nuevas experiencias que se alineen con la energía de su nodo Norte.

- **Fije objetivos e intenciones:** Cuando los fije, sea específico y asegúrese de que se alinean con la energía de su nodo Norte. Pueden tener que ver con su carrera, su desarrollo personal, sus relaciones o cualquier otra cosa. Cuando cree una hoja de ruta, podrá centrarse en esa energía y avanzar hacia su cumplimiento.

- **Busque orientación:** Pida consejo a un entrenador de vida especializado o a un astrólogo, ya que pueden darle una gran visión y orientación específica sobre la ubicación de su nodo Norte. Esto le ayudará a comprender su energía y a cumplirla.

Es importante que recuerde que la energía de su nodo Norte es un viaje por la vida, y es probable que el progreso sea lento. Sea paciente; deje que el crecimiento personal y las lecciones lleguen de forma natural. Cuando abrace la energía de su nodo Norte, experimentará plenitud, un mejor conocimiento de sí mismo y una mayor sintonía con el propósito de su vida.

El nodo Sur

Más conocido como Ketu, el nodo Sur guarda un registro de todas las vidas pasadas que ha vivido; registra dónde ha estado, sus energías, emociones y relaciones. Esta es la energía kármica que desea dejar atrás mientras vive su vida actual. De ahí proviene su sensación de déjà vu, la sensación de que algo le resulta familiar, y eso es porque probablemente ya estuvo allí en una vida pasada. También le muestra sentimientos y patrones que trae del pasado a su vida actual, y aunque algo no esté sucediendo, es algo a lo que se aferra. Es importante dejar atrás este tipo de sentimientos, pero no es fácil porque si no permanece super consciente y consciente de lo que hace, puede volver fácilmente a los viejos hábitos.

Rasgos negativos

El nodo Sur representa los patrones del pasado, la zona de confort y todo nuestro bagaje kármico. Esto no quiere decir que sea un nodo negativo. Sin embargo, confiar demasiado en él o darle demasiada importancia puede manifestarse como rasgos o desafíos negativos. Algunos de los rasgos negativos potenciales del nodo Sur son:

1. **Resistirse al cambio y estancarse:** Ketu simboliza una tendencia común entre los humanos: resistirse al cambio y aferrarse a patrones antiguos y familiares. Esto indica una reticencia a probar algo nuevo y a salir de su zona de confort, lo que puede obstaculizar seriamente la evolución y el crecimiento personal.
2. **Repetición de patrones poco saludables:** Ketu también simboliza los patrones del pasado, en particular los repetitivos, incluyendo actitudes, comportamientos o ciertas dinámicas en las relaciones que no le sirven para su crecimiento personal. Es probable que le mantengan atrapado en ciclos insanos e improductivos.
3. **Demasiado dependiente de la familiaridad:** Depender demasiado de cosas o sentimientos que le resultan familiares y cómodos puede llevarle a perder oportunidades de crecimiento y a tener miedo a lo desconocido. Esto puede impedirle buscar nuevas oportunidades y posibilidades.
4. **Resistirse al progreso:** La energía de Ketu se manifiesta a veces como una falta de motivación para avanzar, y esto puede hacer que usted se resista al cambio y no quiera avanzar personal o profesionalmente asumiendo riesgos.

5. **Aferrarse al pasado:** Ketu indica que usted puede preferir quedarse en el pasado, aferrándose a los remordimientos, las heridas y la nostalgia. Estar obsesionado con el pasado puede impedirle abrazar su vida y su yo actuales y crear el futuro que desea.
6. **Lucha por dejar ir:** Ketu sugiere que puede luchar para dejar ir relaciones, apegos o situaciones que no le sirven para su crecimiento personal. Esto puede impedirle progresar y atraparle en un ciclo interminable de viejas situaciones.
7. **Reprimir las lecciones de Rahu:** Si su energía del nodo Sur es excesivamente dominante, sugiere que se está resistiendo o incluso evitando las lecciones del nodo Norte y el crecimiento que puede aportarle. Esto significa que pierde oportunidades de desarrollarse personal y espiritualmente.

Recuerde que cada persona tiene una carta natal única y que los rasgos negativos del nodo Sur dependen totalmente de su colocación en la casa y de su signo zodiacal. Ser consciente de los desafíos puede ayudarle a trabajar conscientemente para equilibrar la energía del nodo Sur con las cualidades positivas del nodo Norte, a fin de garantizar el mejor entorno para la evolución y el crecimiento personal.

Cómo representa el nodo Sur su karma de vidas pasadas

En lo que respecta a la astrología, el nodo Sur está fuertemente asociado con el Karma de vidas pasadas, todas las experiencias y lecciones de sus vidas pasadas que nunca llegaron a resolverse. A continuación le mostramos cómo Ketu podría representar potencialmente su Karma de vidas pasadas:

- **El Equipaje Kármico:** Ketu simboliza todos sus asuntos no resueltos, patrones y experiencias de vidas pasadas. Representa las tendencias a las que puede tender por defecto o la zona de confort a la que está acostumbrado debido a cómo fue condicionado en sus vidas pasadas.
- **Hábitos y patrones familiares:** Ketu refleja hábitos, comportamientos y creencias profundamente arraigados debido a experiencias en sus vidas pasadas. Puede tratarse de patrones negativos y positivos, que moldean sus tendencias y respuestas en la vida presente.

- **Aprender y resolver lecciones:** Ketu indica todos los retos y lecciones kármicas que trajo de vidas pasadas al presente para que pueda abordarlos y encontrar una solución. Representa en qué parte de su vida puede encontrarse repitiendo patrones o experiencias específicas o tropezando con obstáculos hasta que haya aprendido las lecciones que le estaban destinadas.
- **Apego e identificación excesiva:** Ketu indica que podría identificarse en exceso con apegos, identidades o papeles de sus vidas pasadas. Este tipo de apego puede impedirle crear nuevas experiencias para usted y frenar su crecimiento personal. Le impide abrazar plenamente su vida actual.
- **Patrones que debe trascender:** los rasgos negativos del nodo Sur pueden representar patrones específicos que debe trascender para evolucionar y progresar espiritualmente. Aunque estos patrones pueden haber sido útiles en vidas pasadas, ya no sirven para su desarrollo y crecimiento.
- **Equilibrar los nodos Norte y Sur:** estos dos puntos opuestos representan su dirección de crecimiento y las lecciones que necesita aprender en su vida actual. La capacidad de equilibrar su energía es fundamental si quiere integrar todo su Karma de vidas pasadas y avanzar en el camino de su vida.

El Karma de vidas pasadas es un concepto subjetivo y no todo el mundo lo acepta. La interpretación del nodo Sur como Karma de vidas pasadas se basa totalmente en creencias específicas, tanto espirituales como filosóficas. Suponga que la idea del Karma de vidas pasadas resuena con usted. En ese caso, le resultará útil explorar los retos y lecciones de su nodo Sur, ya que pueden darle algunas ideas útiles sobre ciertas áreas no resueltas del viaje de su alma.

El nodo Sur y el desarrollo espiritual

Ketu desempeña un papel importante en el desarrollo espiritual; aunque suele estar relacionado con el bagaje kármico y los patrones del pasado, el nodo Sur también le ofrece grandes oportunidades para transformarte y crecer en su camino espiritual. El desarrollo espiritual se ve influido de las siguientes maneras:

- **Lecciones kármicas:** Ketu representa asuntos no resueltos de su vida pasada. Comprender esas lecciones y entenderlas es una buena forma de obtener información sobre el viaje en el que se encuentra su alma. También le muestra dónde necesita crecer y sanar para desarrollarse espiritualmente.

- **Romper con los patrones:** Ketu pone de relieve comportamientos y patrones que no contribuyen a su desarrollo espiritual. Cuando pueda reconocerlos, podrá trabajar conscientemente para romper con ellos, una parte fundamental de su evolución espiritual.

- **Dejar ir:** Ketu le extiende una invitación; le pide que suelte apegos, relaciones o creencias que ya no le sirven y que solo se interponen en su desarrollo espiritual. Cuando puede soltar lo que ya no necesita, gana el espacio que necesita para disfrutar de vibraciones más elevadas y de nuevas experiencias.

- **Equilibre los nodos:** Debe aprender a equilibrar la energía del nodo Norte y del nodo Sur si quiere desarrollarse espiritualmente. El nodo Norte traza su crecimiento personal y su propósito en la vida, mientras que el nodo Sur le proporciona lecciones de vidas pasadas, y equilibrar ambos puede ayudarle a evolucionar.

- **Trascienda sus apegos al ego:** La influencia de Ketu puede poner de relieve cualquier apego y tendencia impulsados por su ego que se interpongan en su desarrollo espiritual. Le permite trascender esas identificaciones y aprender a construir y abrazar otras cualidades, como el desapego, la entrega y la humildad.

- **Curación e integración:** La energía de Ketu le proporciona las oportunidades que necesita para sanar emociones y heridas no resueltas de vidas pasadas e integrarlas en su vida actual. Cuando pueda reconocer y trabajar estos desafíos, esos bloqueos se despejarán y su camino espiritual será más armonioso y abierto.

- **Evolución del alma:** las lecciones que le enseña su nodo Sur contribuyen a la evolución de su alma. Cuando pueda aprovechar las oportunidades que Ketu le brinda para crecer, su desarrollo espiritual podrá acelerarse y alinearse mejor con su yo superior y espiritual.

La energía del nodo Sur debe abordarse con una mentalidad autorreflexiva, compasiva y plenamente consciente. Cada persona tiene su propio viaje espiritual, y el nodo Sur nos ofrece a cada uno lecciones únicas para la transformación y el crecimiento. Si participa en determinadas prácticas, como la sanación energética, la auto indagación, la meditación y la petición de orientación a maestros espirituales, su exploración de Ketu durante su desarrollo espiritual estará plenamente respaldada.

Cómo encontrar los nodos Norte y Sur

Para encontrar los nodos Norte y Sur en astrología védica es necesario que calcule sus posiciones basándose en su carta natal. Los siguientes pasos le ayudarán a calcular la posición de sus nodos:

1. **Obtenga su carta natal:** para ello, necesita saber la hora, fecha y lugar exactos de su nacimiento - más sobre esto más adelante en la guía.
2. **Localice el Lagna (Ascendente):** el Ascendente en astrología védica es el punto de partida de la carta natal y representa el signo ascendente cuando usted nació. Necesitará el signo y el grado del Ascendente.
3. **Identifique la posición de la Luna:** necesitará encontrar el signo y el grado de la Luna en su carta natal. La posición de la Luna es fundamental para determinar dónde se encuentran Rahu y Ketu.
4. **Calcule la Posición de Rahu:** en su carta natal, Rahu siempre está directamente opuesto a la Luna.
5. **Calcule la posición de Ketu:** Ketu siempre estará directamente opuesto a Rahu, lo que significa que comparte el grado y el signo de la Luna.

Cuando conozca sus posiciones, podrá empezar a aprender su significado en la astrología védica e interpretar sus efectos sobre usted y los demás. Rahu se asocia con la ambición, las búsquedas materiales, el apego mundano y los deseos. Ketu se asocia con el desapego, el crecimiento espiritual, la liberación y las lecciones kármicas.

Rangos de fechas de Rahu-Ketu

A continuación encontrará los intervalos de fechas aproximados para Rahu y Ketu en los signos zodiacales:

Aries - Mesha

Nodo Norte

- 12 de febrero de 1942 - 12 de agosto de 1943
- 2 de septiembre de 1960 - 25 de marzo de 1962
- 13 de abril de 1979 - 12 de octubre de 1980

- 4 de noviembre de 1997 - 20 de abril de 1999
- 9 de mayo de 2016 - 6 de noviembre de 2017

Nodo Sur
- 12 de febrero de 1942 - 12 de agosto de 1943
- 2 de septiembre de 1960 - 25 de marzo de 1962
- 13 de abril de 1979 - 12 de octubre de 1980
- 4 de noviembre de 1997 - 20 de abril de 1999
- 9 de mayo de 2016 - 6 de noviembre de 2017

Tauro - Vrishabha
Nodo Norte
- 13 de agosto de 1943 - 11 de febrero de 1945
- 26 de marzo de 1962 - 19 de septiembre de 1963
- 13 de octubre de 1980 - 5 de abril de 1982
- 21 de abril de 1999 - 7 de noviembre de 2000
- 7 de noviembre de 2017 - 22 de marzo de 2019

Nodo Sur
- 13 de agosto de 1943 - 11 de febrero de 1945
- 26 de marzo de 1962 - 19 de septiembre de 1963
- 13 de octubre de 1980 - 5 de abril de 1982
- 21 de abril de 1999 - 7 de noviembre de 2000
- 7 de noviembre de 2017 - 22 de marzo de 2019

Géminis - Mithuna
Nodo Norte
- 12 de febrero de 1945 - 11 de agosto de 1946
- 20 de septiembre de 1963 - 17 de marzo de 1965
- 6 de abril de 1982 - 1 de diciembre de 1983
- 7 de noviembre de 2000 - 13 de abril de 2002
- 23 de marzo de 2019 - 19 de septiembre de 2020

Nodo Sur
- 12 de febrero de 1945 - 11 de agosto de 1946
- 20 de septiembre de 1963 - 17 de marzo de 1965
- 6 de abril de 1982 - 1 de diciembre de 1983
- 7 de noviembre de 2000 - 13 de abril de 2002
- 23 de marzo de 2019 - 19 de septiembre de 2020

Cáncer - Karka
Nodo Norte
- 12 de agosto de 1946 - 11 de febrero de 1948
- 18 de marzo de 1965 - 11 de septiembre de 1966
- 2 de diciembre de 1983 - 21 de mayo de 1985
- 14 de abril de 2002 - 13 de octubre de 2003
- 20 de septiembre de 2020 - 16 de marzo de 2022

Nodo Sur
- 12 de agosto de 1946 - 11 de febrero de 1948
- 18 de marzo de 1965 - 11 de septiembre de 1966
- 2 de diciembre de 1983 - 21 de mayo de 1985
- 14 de abril de 2002 - 13 de octubre de 2003
- 20 de septiembre de 2020 - 16 de marzo de 2022

Leo - Simha
Nodo Norte
- 12 de febrero de 1948 - 11 de agosto de 1949
- 12 de septiembre de 1966 - 7 de marzo de 1968
- 22 de mayo de 1985 - 19 de diciembre de 1986
- 14 de octubre de 2003 - 13 de abril de 2005
- 17 de marzo de 2022 - 11 de septiembre de 2023

Nodo Sur
- 12 de febrero de 1948 - 11 de agosto de 1949
- 12 de septiembre de 1966 - 7 de marzo de 1968
- 22 de mayo de 1985 - 19 de diciembre de 1986

- 14 de octubre de 2003 - 13 de abril de 2005
- 17 de marzo de 2022 - 11 de septiembre de 2023

Virgo - Kanya
Nodo Norte
- 12 de agosto de 1949 - 11 de febrero de 1951
- 8 de marzo de 1968 - 2 de agosto de 1969
- 20 de diciembre de 1986 - 19 de junio de 1988
- 14 de abril de 2005 - 13 de octubre de 2006
- 12 de septiembre de 2023 - 4 de mayo de 2025

Nodo Sur
- 12 de agosto de 1949 - 11 de febrero de 1951
- 8 de marzo de 1968 - 2 de agosto de 1969
- 20 de diciembre de 1986 - 19 de junio de 1988
- 14 de abril de 2005 - 13 de octubre de 2006
- 12 de septiembre de 2023 - 4 de mayo de 2025

Libra - Tula
Nodo Norte
- 12 de febrero de 1951 - 11 de agosto de 1952
- 3 de agosto de 1969 - 27 de enero de 1971
- 20 de junio de 1988 - 12 de diciembre de 1989
- 14 de octubre de 2006 - 13 de abril de 2008
- 5 de mayo de 2025 - 1 de noviembre de 2026

Nodo Sur
- 12 de febrero de 1951 - 11 de agosto de 1952
- 3 de agosto de 1969 - 27 de enero de 1971
- 20 de junio de 1988 - 12 de diciembre de 1989
- 14 de octubre de 2006 - 13 de abril de 2008
- 5 de mayo de 2025 - 1 de noviembre de 2026

Escorpio - Vrishchika
Nodo Norte
- 12 de agosto de 1952 - 11 de febrero de 1954
- 28 de enero de 1971 - 25 de julio de 1972
- 13 de diciembre de 1989 - 9 de junio de 1991
- 14 de abril de 2008 - 13 de octubre de 2009
- 2 de noviembre de 2026 - 19 de abril de 2028

Nodo Sur
- 12 de agosto de 1952 - 11 de febrero de 1954
- 28 de enero de 1971 - 25 de julio de 1972
- 13 de diciembre de 1989 - 9 de junio de 1991
- 14 de abril de 2008 - 13 de octubre de 2009
- 2 de noviembre de 2026 - 19 de abril de 2028

Sagitario - Dhanu
Nodo Norte
- 12 de febrero de 1954 - 11 de agosto de 1955
- 26 de julio de 1972 - 22 de enero de 1974
- 10 de junio de 1991 - 3 de diciembre de 1992
- 14 de octubre de 2009 - 12 de abril de 2011
- 20 de abril de 2028 - 16 de noviembre de 2029

Nodo Sur
- 12 de febrero de 1954 - 11 de agosto de 1955
- 26 de julio de 1972 - 22 de enero de 1974
- 10 de junio de 1991 - 3 de diciembre de 1992
- 14 de octubre de 2009 - 12 de abril de 2011
- 20 de abril de 2028 - 16 de noviembre de 2029

Capricornio - Makara
Nodo Norte
- 12 de agosto de 1955 - 11 de febrero de 1957
- 23 de enero de 1974 - 16 de julio de 1975

- 4 de diciembre de 1992 - 30 de junio de 1994
- 13 de abril de 2011 - 12 de octubre de 2012
- 17 de noviembre de 2029 - 14 de mayo de 2031

Nodo Sur
- 12 de agosto de 1955 - 11 de febrero de 1957
- 23 de enero de 1974 - 16 de julio de 1975
- 4 de diciembre de 1992 - 30 de junio de 1994
- 13 de abril de 2011 - 12 de octubre de 2012
- 17 de noviembre de 2029 - 14 de mayo de 2031

Acuario - Kumbha
Nodo Norte
- 12 de febrero de 1957 - 11 de agosto de 1958
- 17 de julio de 1975 - 12 de enero de 1977
- 1 de julio de 1994 - 28 de diciembre de 1995
- 13 de octubre de 2012 - 12 de abril de 2014
- 15 de mayo de 2031 - 11 de noviembre de 2032

Nodo Sur
- 12 de febrero de 1957 - 11 de agosto de 1958
- 17 de julio de 1975 - 12 de enero de 1977
- 1 de julio de 1994 - 28 de diciembre de 1995
- 13 de octubre de 2012 - 12 de abril de 2014
- 15 de mayo de 2031 - 11 de noviembre de 2032

Piscis - Meena
Nodo Norte
- 12 de agosto de 1958 - 11 de febrero de 1960
- 13 de enero de 1977 - 9 de julio de 1978
- 29 de diciembre de 1995 - 23 de junio de 1997
- 13 de abril de 2014 - 13 de octubre de 2015
- 12 de noviembre de 2032 - 9 de mayo de 2034

Nodo Sur
- 12 de agosto de 1958 - 11 de febrero de 1960
- 13 de enero de 1977 - 9 de julio de 1978
- 29 de diciembre de 1995 - 23 de junio de 1997
- 13 de abril de 2014 - 13 de octubre de 2015
- 12 de noviembre de 2032 - 9 de mayo de 2034

Tenga en cuenta que estos intervalos de fechas son solo una orientación general y pueden variar ligeramente en función de los cálculos que se utilicen en astrología védica.

Tenga en cuenta que el nodo Sur siempre estará en el mismo grado que el signo opuesto en el nodo Norte:

- Aries Norte/Libra Sur
- Tauro Norte/Escorpio Sur
- Géminis Norte/Sagitario Sur
- Cáncer Norte/Capricornio Sur
- Leo Norte/Acuario Sur
- Virgo Norte/Piscis Sur
- Libra Norte/Aries Sur
- Escorpio Norte/Tauro Sur
- Sagitario Norte/Géminis Sur
- Capricornio Norte/Cáncer Sur
- Acuario Norte/Leo Sur
- Piscis Norte/Virgo Sur

Los nodos en las Casas:

En su carta natal, los nodos Norte y Sur están representados por glifos:

- Nodo Norte (Rahu): ☊
- Nodo Sur (Ketu): ☋

Mire su kundli y busque los símbolos; márquelos. Cuando encuentre uno, el otro estará en un signo y casa opuestos, pero ambos estarán en el mismo grado. Cuando sepa en qué casa se encuentran en su carta natal, comprenderá mejor su Karma y su energía. He aquí un resumen:

La Casa Primera:

- **Rahu:** aporta un deseo de autoexpresión, reconocimiento e identidad personal y tiene el potencial de crear una personalidad ambiciosa y carismática.
- **Ketu:** le permite centrarse espiritualmente en la autorrealización y aporta introspección y desapego del mundo material.

La Segunda Casa:

- **Rahu:** aporta un impulso hacia la seguridad material, las posesiones y la riqueza, refuerza las habilidades comunicativas y aumenta el sentido de la autoestima.
- **Ketu:** permite que se centre en sus valores espirituales, aporta desapego por la riqueza (materialmente hablando) y una necesidad de ir más allá del ámbito material y explorar verdades más profundas.

La Casa Tercera:

- **Rahu:** se centra en las búsquedas intelectuales, fortaleciendo la comunicación, la ambición y el coraje. También fomenta la necesidad de reconocimiento utilizando las redes de contactos y otras habilidades.
- **Ketu:** le aleja de las interacciones sociales insignificantes, le hace desear explorar el conocimiento espiritual y le hace tender hacia la introspección.

La Cuarta Casa:

- **Rahu:** aporta una necesidad de familia, hogar y seguridad emocional. También le hace desear reconocimiento y éxito en los asuntos domésticos.
- **Ketu:** le hace alejarse del apego emocional, centrarse en su sabiduría interior y su crecimiento, y le da una necesidad de soledad, espiritualmente hablando.

La Quinta Casa:

- **Rahu:** potencia la inteligencia y la creatividad y aporta una necesidad de fama y autoexpresión. También puede hacer que quiera esforzarse por el disfrute y el deseo personal.
- **Ketu:** le hace alejarse de los deseos impulsados por su ego y fomenta el servicio desinteresado y la creatividad para potenciar

el crecimiento espiritual, al tiempo que busca un significado más profundo en su vida.

La Casa Sexta:

- **Rahu:** fomenta la competitividad, la ambición y la necesidad de éxito para ayudarle a superar enemigos y desafíos. También puede reforzar su capacidad para resolver problemas y animarle a centrarse en mejorarse a sí mismo.

- **Ketu:** le hace alejarse de los conflictos mundanos, centrar su atención en el servicio espiritual y la curación, y el deseo de liberarse espiritualmente de los obstáculos.

La Séptima Casa:

- **Rahu:** aporta un deseo de conexiones sociales, asociaciones y relaciones y puede potenciar un impulso para que las asociaciones tengan éxito y reforzar el carisma.

- **Ketu:** hace que deje de depender excesivamente de una relación, hace que desee que sus relaciones le aporten crecimiento espiritual y pone su atención en la armonía interior.

La Casa Octava:

- **Rahu:** le permite aprender más de las experiencias transformadoras y de su conocimiento de lo oculto y crea un deseo de aprender más sobre lo desconocido y obtener una transformación espiritual.

- **Ketu:** le hace alejarse del apego a las cosas materiales, crea una inclinación hacia lo espiritual y una necesidad de liberarse de los patrones kármicos.

La Casa Novena:

- **Rahu:** crea un deseo de espiritualidad, conocimientos superiores y búsquedas de tipo filosófico. También puede crear un crecimiento espiritual más fuerte y un impulso para explorar y realizar viajes de larga distancia.

- **Ketu:** le hace alejarse de las creencias y los dogmas, inclinarse hacia la espiritualidad y ansiar la verdad superior y la sabiduría interior.

La Casa Décima:

- **Rahu:** crea aspiraciones profesionales más fuertes, ambición y una necesidad de reconocimiento y estatus social. También puede provocar una necesidad de liderazgo y éxito profesional.
- **Ketu:** le hace alejarse de los logros mundanos, desear encontrar un sentido profundo de propósito y centrarse más en el crecimiento interior, espiritualmente hablando.

La Casa Undécima:

- **Rahu:** le hace ansiar las ganancias materiales, las redes sociales y las conexiones. También podría reforzar su ambición y empuje para lograr sus objetivos con éxito.
- **Ketu:** le hace querer desprenderse de los deseos materiales, le aporta una necesidad de realización interior que va más allá de lo que le aportan sus logros, y un enfoque hacia la conciencia colectiva y las amistades espirituales.

La Duodécima Casa:

- **Rahu:** potencia su sentido de la soledad y las experiencias espirituales y le hace desear liberarse de los apegos mundanos. También puede sentir fascinación por la necesidad de autorrealización.
- **Ketu:** le hace desear alejarse de las ilusiones materiales, obtener la iluminación y la paz interiores y centrarse más en liberarse espiritualmente.

La influencia que tenga cada nodo dependerá de la carta natal y de sus distintos factores, incluidos los aspectos de cada planeta y las posibles conjunciones.

Planetas del nodo Norte

Es habitual que los planetas se alineen con los nodos Norte y Sur en la carta natal de un individuo, pero no es un hecho, así que si ninguno se alinea con el suyo, no se preocupe.

Mientras que los planetas del nodo Norte revelan su energía vital actual y futura, los planetas del nodo Sur tratan sobre la energía que corrió por sus vidas pasadas: El Norte le dice lo que viene de las vidas pasadas y el Sur lo que dejó allí. Digamos que su kundli muestra el Sol en el nodo Sur. Eso significa que usted está trabajando duro para superar una vida pasada insegura. Si está en el nodo Norte, significa que está intentando tener más confianza en sí mismo.

Veamos los planetas del nodo Norte y lo que representan:

El Sol:
- Popularidad
- Gran ego
- Las lecciones kármicas le ponen en el punto de mira

La Luna
- Energía protectora y potencial para tener problemas mentales
- Popularidad
- Éxito matrimonial
- Éxito con las mujeres
- Éxito con su madre

Mercurio
- Pensamiento claro
- Buena suerte con sus planes de viaje
- Gran comunicación

Venus
- Magnetismo
- Riqueza
- Confianza en sí mismo
- Belleza
- Talento musical
- Atractivo sexual

Marte
- Naturaleza asertiva
- Un poco de egoísmo e insensibilidad hacia los demás

Júpiter
- Éxito y avance en su carrera
- Sin embargo, usted da el éxito un poco por sentado

Saturno:
- El trabajo duro dará sus frutos
- Sin embargo, a veces es duro con los demás y consigo mismo

Urano
- Fanatismo
- Fama repentina
- Creatividad

Neptuno
- Tendencias artísticas, psíquicas
- Vida glamurosa
- Manipulación

Plutón
- El poder de cambiar a los demás, el mundo o incluso destruirlos
- Capacidad curativa
- Fama
- Obsesión
- Riqueza

Planetas del nodo Sur

El Sol
- Caridad
- Desinterés
- Sin confianza en sí mismo

La Luna
- Bastante sensible
- Orientado musicalmente
- Motivado espiritualmente

Mercurio
- Baja autoestima
- Busca consuelo en el sexo, el alcohol, las drogas o la comida

Marte
- Mal genio

Júpiter
- Informado
- Generoso
- Inteligente
- Tenga cuidado si juega a la bolsa: podría perder

Saturno
- Usted aprecia los altibajos de la vida

Urano
- Inspiración para los demás

Neptuno
- Desconfíe de las drogas y el alcohol
- Su imaginación se agudiza
- Problemas de concentración
- Inclinación espiritual y artística

Plutón
- Naturaleza transformadora
- Prepárese para la fama, ya sea para bien o para mal

Capítulo 4: Rahu y Ketu en los signos del zodíaco

Rahu y Ketu son los nodos lunares en la astrología védica, dos partes importantes de la carta natal de un individuo. Son puntos matemáticos, invisibles si se quiere, que indican dónde se cruzan la Luna y el Sol en sus órbitas. Siempre están uno frente al otro en la carta natal.

Representación de Rahu y Ketu en la astrología védica⁴

He aquí cómo se relacionan con los signos del zodiaco:

Rahu

- **Exaltación:** Rahu está exaltado en Tauro
- **Debilitación:** Rahu está debilitado en Escorpio
- **Afinidad:** Rahu no tiene afinidad por un signo determinado
- **Asociaciones:** Rahu se asocia con la obsesión, el desapego y la disolución. Independientemente del signo que ocupe, amplifica su energía, creando fuertes apegos y deseos en las áreas que el signo específico representa.

Ketu:

- **Exaltación:** Ketu está exaltado en Escorpio
- **Debilitación:** Ketu está debilitado en Tauro
- **Afinidad:** Ketu no tiene afinidad por un signo determinado
- **Asociaciones:** Ketu se asocia con el crecimiento espiritual, el desapego y la disolución. Anima a las personas a liberarse de sus deseos y apegos para elevarse por encima de las búsquedas materiales.

Tenga en cuenta que su colocación en las distintas casas también influye en sus efectos y en los aspectos que le proporcionan otros planetas. También hay que tener en cuenta que los efectos anteriores son más matizados y detallados cuando se considera la colocación de su casa y signo en una carta natal.

A continuación, encontrará una lista fácil de leer que muestra las manifestaciones positivas y negativas de Rahu y Ketu, las interpretaciones y los impactos de sus colocaciones en cada signo del zodiaco. No obstante, tenga en cuenta que se trata solo de una visión general y que es probable que las cosas difieran en las cartas individuales:

Rahu en los signos del zodíaco

Aries:
- **Interpretación:** asertividad, ambición, empuje
- **Manifestación positiva:** capacidad de liderazgo, valentía, espíritu pionero
- **Manifestación negativa:** agresividad, impulsividad, egoísmo
- **Impacto de la colocación:** Influencia sobre los objetivos personales, la identidad propia y la individualidad

Tauro
- **Interpretación:** seguridad, necesidad de estabilidad, materialismo
- **Manifestación positiva:** ingenio, determinación, experiencia financiera
- **Manifestación negativa:** terquedad, posesividad, avaricia
- **Impacto de colocación:** influencia sobre las posesiones, la riqueza y los deseos sensuales

Géminis
- **Interpretación:** búsquedas intelectuales, comunicaciones, curiosidad
- **Manifestación positiva:** capacidad para establecer contactos, adaptabilidad, versatilidad
- **Manifestación negativa:** incoherencia, superficialidad, inquietud
- **Impacto de colocación:** influencia en las relaciones entre hermanos, aprendizaje, comunicación

Cáncer
- **Interpretación:** domesticidad, valentía, capacidad de liderazgo
- **Manifestación positiva:** capacidad de crianza, empatía, intuición
- **Manifestación negativa:** aferramiento, mal humor, manipulación emocional
- **Impacto de colocación:** influencia en la dinámica familiar, el hogar y la seguridad emocional

Leo
- **Interpretación:** liderazgo, autoexpresión, creatividad
- **Manifestación positiva:** carisma, confianza, talento artístico
- **Manifestación negativa:** búsqueda de atención, arrogancia, egoísmo
- **Impacto de colocación:** influencia sobre la creatividad, la confianza en sí mismo y el reconocimiento

Virgo
- **Interpretación:** servicio, atención al detalle, pensamiento analítico
- **Manifestación positiva:** resolución de problemas, sentido práctico, eficacia
- **Manifestación negativa:** hipercriticismo, perfeccionismo, ansiedad
- **Impacto de colocación:** influencia en la salud, el trabajo y las actividades orientadas al servicio

Libra
- **Interpretación:** asociaciones, armonía, interacciones sociales
- **Manifestación positiva:** equidad, diplomacia, establecimiento de relaciones
- **Manifestación negativa:** dependencia, indecisión, complacer a la gente
- **Impacto de la colocación:** influencia en las asociaciones, las relaciones y el sentido del esteticismo

Escorpio
- **Interpretación:** transformación, intensidad, profundidad
- **Manifestación positiva:** capacidad de investigación, perseverancia, perspicacia espiritual
- **Manifestación negativa:** obsesión, manipulación, luchas de poder
- **Impacto de colocación:** influencia sobre los recursos compartidos, la intimidad y la transformación psicológica

Sagitario
- **Interpretación:** sabiduría, expansión, búsqueda espiritual
- **Manifestación positiva:** perspectiva filosófica, optimismo, espíritu aventurero
- **Manifestación negativa:** impulsividad, inquietud, dogmatismo
- **Impacto de colocación:** influencia en la educación superior, las creencias y los viajes

Capricornio
- **Interpretación:** disciplina, resolución de problemas, estatus social
- **Manifestación positiva:** cualidades de liderazgo, planificación estratégica, perseverancia
- **Manifestación negativa:** actividades materialistas, crueldad, adicción al trabajo
- **Impacto de la colocación:** influencia en la imagen pública, la carrera y los objetivos a largo plazo

Acuario
- **Interpretación:** innovación, individualidad, humanitarismo
- **Manifestación positiva:** pensamiento progresista, originalidad, implicación en la comunidad
- **Manifestación negativa:** excentricidad, rebeldía, desapego
- **Impacto de colocación:** influencia en las amistades, las causas sociales y las actividades menos convencionales

Piscis
- **Interpretación:** compasión, espiritualidad, imaginación
- **Manifestación positiva:** habilidad artística, intuición, empatía
- **Manifestación negativa:** ilusión, escapismo, emocionalmente vulnerable
- **Impacto de la colocación:** influencia en la creatividad, espiritualidad, reinos subconscientes

Ketu en los signos del zodiaco

Aries:

- **Interpretación:** asertividad, independencia, iniciación
- **Manifestación positiva:** valor para romper con sus limitaciones, autodescubrimiento
- **Manifestación negativa:** impulsividad, impaciencia, temeridad
- **Impacto de colocación:** influencia sobre la individualidad, el crecimiento personal y la identidad propia

Tauro

- **Interpretación:** estabilidad, placer sensual, apegos materiales
- **Manifestación positiva:** satisfacción con las cosas sencillas de la vida, desapego al materialismo
- **Manifestación negativa:** posesividad, terquedad, resistencia al cambio
- **Impacto de la colocación:** influencia sobre las posesiones, los valores y la sensación de seguridad

Géminis

- **Interpretación:** curiosidad, intelecto, comunicación
- **Manifestación positiva:** intuición en la comunicación, desapego de la superficialidad
- **Manifestación negativa:** pensamiento disperso, inquietud, desafíos con la comunicación
- **Impacto de colocación:** influencia en la expresión, el aprendizaje y las relaciones entre hermanos

Cáncer

- Interpretación: crianza, sensibilidad emocional, hogar
  - **Manifestación positiva:** desapego de la dependencia emocional, crianza para propiciar el crecimiento espiritual
  - **Manifestación negativa:** distancia emocional, agobio, lucha por echar raíces
  - **Impacto de la colocación:** influencia en la dinámica familiar, la vida hogareña y la seguridad emocional

Leo
- **Interpretación:** liderazgo, creatividad, autoexpresión
- **Manifestación positiva:** humildad, desapego del ego, creatividad espiritual
- **Manifestación negativa:** búsqueda de atención, egocentrismo, falta de confianza
- **Impacto de la colocación:** influencia en la expresión creativa, la confianza en sí mismo y el reconocimiento

Virgo
- **Interpretación:** sentido práctico, análisis, servicio
- **Manifestación positiva:** servicio espiritual a los demás, desapego del perfeccionismo
- **Manifestación negativa:** escepticismo, espíritu crítico, análisis excesivo
- **Impacto de colocación:** influencia en la salud, el trabajo y las actividades orientadas al servicio

Libra
- **Interpretación:** asociaciones, equilibrio, armonía
- **Manifestación positiva:** búsqueda del equilibrio espiritual, desapego de la codependencia
- **Manifestación negativa:** desapego de las relaciones, indecisión, lucha por encontrar la armonía
- **Impacto de la colocación:** influencia en las asociaciones, las relaciones, el sentido estético

Escorpio
- **Interpretación:** intensidad, transformación, profundidad
- **Manifestación positiva:** perspicacia espiritual, desapego de las luchas de poder
- **Manifestación negativa:** comportamiento reservado, obsesión, miedo a la intimidad
- **Impacto de colocación:** influencia sobre los recursos compartidos, la intimidad y la transformación psicológica

Sagitario
- **Interpretación:** sabiduría, expansión, espiritualidad
- **Manifestación positiva:** búsqueda de la espiritualidad, desapego de los dogmas, sabiduría
- **Manifestación negativa:** escepticismo, inquietud, escapismo espiritual
- **Impacto de colocación:** influencia en la educación superior, las creencias y los viajes

Capricornio
- **Interpretación:** disciplina, ambición, estatus social
- **Manifestación positiva:** centrado en la autoridad interior, desapegado de los apegos mundanos
- **Manifestación negativa:** desapegado de la responsabilidad, cinismo, miedo al fracaso
- **Impacto de la colocación:** influencia en la imagen pública, la carrera y los objetivos a largo plazo

Acuario
- **Interpretación:** humanitarismo, innovación, individualidad
- **Manifestación positiva:** centrado en el bienestar de todos, desapegado de las normas sociales
- **Manifestación negativa:** rebeldía, excentricidad, desapego de las conexiones sociales
- **Impacto de colocación:** influencia en las amistades, causas sociales, actividades no convencionales

Piscis
- **Interpretación:** compasión, espiritualidad, imaginación
- **Manifestación positiva:** perspicacia espiritual, desapego de las ilusiones, un profundo sentido de la empatía
- **Manifestación negativa:** confusión, escapismo, ausencia de límites
- **Impacto de la colocación:** influencia en la creatividad, la espiritualidad y la conexión divina

Eje Rahu-Ketu

Y para terminar este capítulo, la interpretación del eje Rahu-Ketu en cada signo y el significado del tránsito Rahu-Ketu en la predicción de los acontecimientos de la vida:

Eje Aries-Libra:

- **Rahu en Aries/Ketu en Libra:** destaca el equilibrio entre ser auto afirmativo (Aries) y la armonía en las relaciones (Libra). El énfasis se pone en alcanzar el término medio entre sus necesidades y las de los demás.

Eje Tauro-Escorpio:

- **Rahu en Tauro/Ketu en Escorpio:** se centra en la estabilidad material de Tauro y la profunda transformación de Escorpio y significa la necesidad de desprenderse de los apegos materiales y dar la bienvenida al crecimiento interior,

Eje Géminis-Sagitario:

- **Rahu en Géminis/Ketu en Sagitario:** destaca la exploración intelectual de Géminis frente a la expansión espiritual de Sagitario, significando el término medio entre adquirir nuevos conocimientos y buscar sus verdades más elevadas.

Eje Cáncer-Capricornio:

- **Rahu en Cáncer/Ketu en Capricornio:** destaca el cuidado emocional de Cáncer frente a la ambición práctica de Capricornio, lo que significa la integración de la vida profesional y personal y el equilibrio entre los objetivos profesionales y el bienestar emocional.

Eje Leo-Acuario:

- **Rahu en Leo/Ketu en Acuario:** enfatiza la autoexpresión individual de Leo y los ideales colectivos de Acuario, significando el término medio entre las contribuciones al progreso de la sociedad y la creatividad personal.

Eje Virgo-Piscis:

- **Rahu en Virgo/Ketu en Piscis:** enfatiza el análisis práctico de Virgo y la trascendencia espiritual de Piscis, significando la integración de la intuición y la lógica y el equilibrio entre la conexión espiritual y la atención a los detalles.

Significado de los tránsitos Rahu-Ketu en la predicción de los acontecimientos de la vida

Los tránsitos tienen un gran papel en esto porque indican cuándo cambia la energía kármica y las áreas en las que es necesario centrarse. Su significado es:

- **Lecciones kármicas y dirección de la vida:** los tránsitos descubren lecciones kármicas y áreas de la vida en las que es necesario prestar atención, junto con el crecimiento. También indican cuándo cambia el enfoque y ayudan a las personas a alinearse con su dirección y propósito vital.

- **Transformaciones importantes:** los tránsitos tienden a coincidir con acontecimientos vitales internos y externos, normalmente importantes. Pueden traer avances en algo con lo que ha luchado, un cambio repentino e incluso pueden cambiar su percepción, todo lo cual conduce a una mejora del crecimiento personal.

- **Desencadena el karma de vidas pasadas:** los tránsitos Rahu-Ketu pueden despertar el karma de vidas pasadas, asuntos nunca resueltos que vuelven a primer plano. Estos tránsitos le permiten sanar, desprenderse de su bagaje kármico y liberarse de viejos patrones repetitivos.

- **Desafíos y oportunidades:** los tránsitos proporcionan a los individuos una mezcla de desafíos y oportunidades. Rahu influye en las nuevas posibilidades y deseos, mientras que Ketu influye en el crecimiento espiritual y el desapego rápido.

- **Momento de los acontecimientos:** estos tránsitos pueden coincidir con algo importante que ocurra en su vida, como cambios en una relación, un nuevo trabajo o un ascenso en el que ya tiene, una decisión importante o un despertar espiritual. Puede obtener más información a partir de la colocación de los aspectos y las casas durante el tránsito.

Pasemos ahora a Rahu y Ketu en las doce casas.

Capítulo 5: Rahu y Ketu en las doce casas

Las doce casas zodiacales son solo una pequeña parte del rompecabezas de la carta natal, pero ofrecen bastante información interesante. Por ejemplo, ¿sabe cuál es la diferencia entre que el sol estuviera en la primera casa en el momento de su nacimiento o en la duodécima? Entender estas cosas puede ayudarle a determinar por qué usted es extrovertido cuando su pareja o su mejor amigo son más callados y reservados. O comprender el signo que rige la décima casa puede darle alguna idea de cómo alcanzar sus objetivos profesionales.

Dediquemos un tiempo a conocer los aspectos básicos de las doce casas y la información que pueden proporcionar sobre usted y su trayectoria vital.

Definición de las doce casas

Piense en su carta astral como en una instantánea, que muestra el cielo tal y como era en el momento de su nacimiento. Las casas indican dónde estaban situados los planetas, incluidos el Sol y la Luna, cuándo y dónde nació usted.

Representación de muestra de los Bhavas en la astrología védica[6]

Las casas representan cómo gira la Tierra sobre su eje cada 24 horas. A medida que la Tierra gira, los planetas y el sol parecen moverse en el sentido de las agujas del reloj a través de las casas. Salen por la cúspide de la primera casa, en el este, a la izquierda de la carta. Al mediodía, se cierne en la parte superior de la carta y luego se desplaza hacia el oeste, a la derecha de la carta, para ponerse. Hacia medianoche, se sitúa en la parte inferior de la carta.

Piense que se trata de un mapa estelar elaborado solo para usted. Sin embargo, es mucho más que esto. La ubicación del Sol, la Luna y los colores de los planetas indican expresiones, ya que cada uno de ellos representa una parte de su vida. De esto hablaremos más adelante.

¿Qué significan las casas?

Las casas suelen denominarse zonas o sectores en su carta natal. Sin embargo, cada una tiene un nombre que se explica por sí mismo y que representa un aspecto diferente de su vida y su existencia. Comprender el significado de cada casa puede ayudarle a entender mejor su vida en general, así que aquí tiene una breve descripción de cada casa, su nombre y su significado.

La Primera Casa

Nombres alternativos: Casa del Yo, Casa de la Apariencia, Casa de la Identidad

Nombre en sánscrito: Lagna Bhava

Significado:

La primera casa es el Signo Naciente o el Ascendente y, como su nombre indica, representa su apariencia física, la imagen que tiene de sí mismo, su personalidad y cómo deja que el mundo le vea. Se asocia con su sentido de sí mismo y su enfoque.

La Segunda Casa

Nombres alternativos: Casa de las Posesiones, Casa de los Valores, Casa de las Finanzas

Nombre en sánscrito: Dhana Bhava

Significado:

La segunda casa se relaciona con sus finanzas, posesiones materiales, autoestima y recursos personales. Se asocia con sus valores financieros y su actitud hacia las posesiones y el dinero.

La Tercera Casa

Nombres alternativos: Casa de la Comunicación, Casa del Aprendizaje, Casa de los Hermanos

Nombre en sánscrito: Sahaja Bhava

Significado:

Esta casa tiene que ver con la comunicación, el intelecto, el lenguaje y el aprendizaje, pero también rige las relaciones con sus hermanos, su entorno inmediato y sus vecinos. La tercera casa también representa las actividades mentales, la escritura y los viajes cortos.

La Cuarta Casa

Nombres alternativos: Casa del Hogar, Casa de las Raíces, Casa de la Familia

Nombre en sánscrito: Sukha Bhava

Significado:

La cuarta casa representa la familia, el hogar, la seguridad emocional y la ascendencia. Se relaciona con sus experiencias interiores, su vida privada y los verdaderos cimientos de lo que usted es. Se asocia con el sentido de pertenencia y sus relaciones con su madre y su padre.

La Quinta Casa

Nombres alternativos: Casa de la Creatividad, Casa de los Niños, Casa del Placer

Nombre en sánscrito: Putra Bhava

Significado:

Esta casa representa las actividades artísticas, los asuntos amorosos, las aficiones y su relación con los hijos. Se asocia con el romance, el entretenimiento, el placer, la creatividad y la autoexpresión.

La Sexta Casa

Nombres alternativos: Casa del Servicio, Casa del Trabajo, Casa de la Salud

Nombre en sánscrito: Shatru Bhava

Significado:

La sexta casa está relacionada con la salud, las rutinas diarias, el servicio y el trabajo, y rige la forma en que usted afronta sus responsabilidades, su entorno laboral y su bienestar físico. Se asocia con la organización, los hábitos y el servicio a los demás.

La Séptima Casa

Nombres alternativos: Casa de las Asociaciones, Casa de los Otros, Casa del Matrimonio

Nombre en sánscrito: Kalatra Bhava

Significado:

La séptima casa trata de las asociaciones, las relaciones, la cooperación y el matrimonio. Representa cómo se relaciona con los demás, como socios y colegas de negocios, relaciones personales y enemigos.

La Octava Casa

Nombres alternativos: Casa de la Transformación, Casa del Renacimiento, Casa del Sexo

Nombre en sánscrito: Randhra Bhava

Significado:

La octava casa concierne a la sexualidad, la transformación, los vínculos afectivos y los recursos compartidos. Se relaciona con los grandes cambios en su vida, los conceptos de muerte y renacimiento, y representa la intimidad, la herencia, los asuntos de lo oculto y el crecimiento psicológico.

La Casa Novena

Nombres alternativos: Casa de la Expansión, Casa de la Enseñanza Superior, Casa de la Filosofía

Nombre en sánscrito: Bhagya Bhava

Significado:

La novena casa representa la filosofía, los conocimientos superiores, las creencias, los viajes de larga distancia y la espiritualidad. Tiene que ver con la religión, los conocimientos superiores, la ley y las experiencias culturales, y trata de su conexión con el mundo exterior y la búsqueda de sentido.

La Décima Casa

Nombres alternativos: Casa de la Carrera, Casa de la Vida Pública, Casa del Estatus

Nombre en sánscrito: Karma Bhava

Significado:

Esta casa concierne a la imagen pública, la carrera, el estatus social y la reputación. Representa los logros, la ambición y la forma en que se relaciona con las figuras de autoridad y está asociada a cómo le ve el público y a sus objetivos profesionales.

La Undécima Casa

Nombres alternativos: Casa de las Esperanzas y los Sueños, Casa de la Comunidad, Casa de los Amigos

Nombre en sánscrito: Labha Bhava

Significado:

La undécima casa representa sus objetivos, aspiraciones, amistades y grupos sociales. Se relaciona con las actividades de grupo, los grupos comunitarios y las causas humanitarias en las que participa y refleja a quienes le apoyan a usted y a sus ideales.

La Duodécima Casa

Nombres alternativos: Casa de la Espiritualidad, Casa del Inconsciente, Casa del Karma

Nombre en sánscrito: Vyaya Bhava

Significado:

La última casa está relacionada con la mente inconsciente, la espiritualidad, los asuntos ocultos y la soledad. Representa el karma, la autorreflexión, la trascendencia y la curación y se asocia con el retiro, la meditación, los sueños y los aspectos subconscientes de su psique.

Rahu y Ketu en cada casa

Por último, veremos a Rahu y Ketu en cada casa, incluyendo sus interpretaciones y características, rasgos buenos y malos, y el impacto de su colocación.

Primera casa

Rahu

Interpretación:

- Ambición
- Necesidad de reconocimiento
- Identidad poco convencional

Rasgos positivos:

- Liderazgo
- Valentía
- Un estilo personal único

Rasgos negativos:

- Egoísta
- Egocéntrico
- Inquieto

Impacto de la colocación:
Influye en el aspecto físico, la autoimagen y los objetivos personales

Ketu

Interpretación:
- Crecimiento espiritual
- Desapego
- Abnegación

Rasgos positivos:
- Perspicacia intuitiva
- Humildad
- Desapego

Rasgos negativos:
- Duda de sí mismo
- Inseguridad
- Sentimientos vacíos

Impacto de la colocación:
Influye en las búsquedas espirituales, la autoconciencia, la identidad propia

Segunda Casa

Rahu

Interpretación:
- Crecimiento financiero
- Deseos materialistas
- Valores poco convencionales

Rasgos positivos:
- Ambición
- Experiencia financiera
- Ingenio

Rasgos negativos:
- Obsesión por las posesiones materiales
- Codicia
- Inestabilidad financiera

Impacto de la colocación:
Influye en los valores personales, la acumulación de riqueza y el habla

Ketu

Interpretación:
- Valores espirituales
- Desapego de las posesiones materiales
- Talento poco convencional

Rasgos positivos:
- Sabiduría interior
- No apegado a la riqueza material
- Autosuficiente

Rasgos negativos:
- Lucha por expresar su autoestima
- Desafíos financieros
- Alejado de la estabilidad material

Impacto de la colocación:
Influye en las finanzas, la autoestima y los valores

Tercera casa

Rahu

Interpretación:
- Curiosidad
- Capacidad de comunicación
- Deseo de aprender y establecer contactos

Rasgos positivos:
- Adaptabilidad
- Versatilidad
- Capacidad para trabajar en red

Rasgos negativos:
- Inquietud
- Cotilleo
- Incoherencia

Impacto de la colocación:

Influye en el aprendizaje, la comunicación y las relaciones entre hermanos

Ketu

Interpretación:

- Alejado de la comunicación superficial
- Actividades espirituales
- Perspicacia intuitiva

Rasgos positivos:

- Profundidad de pensamiento
- Intuición
- Exploración espiritual

Rasgos negativos

- Desapego social
- Dificultades de comunicación
- Dificultades con los esfuerzos a corto plazo

Impacto de la colocación:

Influye en las relaciones entre hermanos, el estilo de aprendizaje y la intuición

Cuarta Casa

Rahu

Interpretación:

- Ambición familiar
- Necesidad de seguridad emocional
- Vida hogareña no convencional

Rasgos positivos:

- Ambición de asuntos domésticos
- Capacidad de crianza
- Vida familiar orientada al crecimiento

Rasgos Negativos:
- Manipulación emocional
- Apego excesivo al hogar
- Vida familiar perturbada

Impacto de la colocación:
Influye en la dinámica familiar, el entorno del hogar y la seguridad emocional

Ketu

Interpretación:
- Alejamiento de los apegos emocionales
- Introspección que conduce al crecimiento espiritual

Rasgos positivos:
- Perspicacia intuitiva
- Emocionalmente independiente
- Profunda autocomprensión

Rasgos negativos:
- Emocionalmente distanciado
- Lucha por echar raíces
- Inestable en el hogar

Impacto de la colocación:
Influye en la conexión con la herencia ancestral, la paz interior y el bienestar emocional

Quinta Casa

Rahu

Interpretación:
- Necesidad de reconocimiento
- Un enfoque progresista del romance
- Actividades creativas

Rasgos positivos:
- Creatividad
- Cualidades de liderazgo
- Ambicioso en las actividades artísticas

Rasgos negativos:
- Arrogante
- Buscador de atención
- Comportamiento arriesgado en la especulación y el amor

Impacto de la colocación:
Influye en la creatividad, la expresión de la individualidad y el romance

Ketu

Interpretación:
- Perspicacia espiritual
- Desapego de deseos egoisticos
- Enfoque de crianza no convencional

Rasgos positivos:
- Desapego de los resultados
- Sabiduría interior
- Enfoque único de la autoexpresión

Rasgos negativos:
- Falta de confianza en las actividades creativas
- Duda de sí mismo
- Dificultades en las relaciones sentimentales

Impacto de la colocación:
Influye en la creatividad, la autoexpresión y las experiencias con niños

Sexta Casa

Rahu

Interpretación:
- Desea el éxito en el servicio y el trabajo
- Métodos no convencionales de curación

Rasgos positivos:
- Determinación
- Enfoque novedoso de la curación
- Capacidad para resolver problemas
- Eficacia en el trabajo

Rasgos negativos:
- Adicción al trabajo
- Conflicto en los roles relacionados con el servicio

Impacto de la colocación:
Influye en la salud, el entorno laboral y el servicio a los demás

Ketu

Interpretación:
- Desapego de los trabajos rutinarios
- Servicio desinteresado que conduce al crecimiento espiritual

Rasgos positivos:
- Abnegación
- Compasión
- Habilidades en la curación holística

Rasgos negativos:
- Evita la responsabilidad
- Indecisión
- Problemas de salud

Impacto de la colocación:
Influye en la rutina diaria, la salud y las actividades relacionadas con el servicio

Séptima Casa

Rahu

Interpretación:
- Relaciones no convencionales
- Deseo de asociaciones
- Colaboraciones ambiciosas

Rasgos positivos:
- Experiencia empresarial
- Diplomacia
- Asociaciones orientadas al crecimiento

Rasgos negativos
- Codependencia
- Imprevisibilidad en las relaciones
- Manipulación

Impacto de la colocación:
Influye en el matrimonio, las relaciones de pareja y la interacción pública

Ketu

Interpretación:
- No apegado a las relaciones dependientes
- Soledad que conduce al crecimiento espiritual

Rasgos positivos:
- Perspicacia espiritual
- Independencia
- Confianza en sí mismo

Rasgos negativos:
- Alejado de las relaciones
- Le cuesta entablar relaciones
- Intransigente

Impacto de la colocación:
Influye en el matrimonio, las relaciones de pareja y el equilibrio entre los intereses compartidos y los personales

Casa Octava

Rahu

Interpretación:
- Necesidad de transformación
- Intereses en lo oculto
- Forma no convencional de abordar los bienes compartidos

Rasgos positivos:
- Capacidad de investigación
- Intensidad
- Poder de transformación

Rasgos negativos
- Manipulador
- Obsesionado con el control
- Inestabilidad emocional y financiera

Impacto de la colocación:

Influye en la herencia, los recursos compartidos y la transformación psicológica

Ketu

Interpretación:
- Desapego de los apegos
- Liberación del ego, que conduce al crecimiento espiritual

Rasgos positivos:
- Comprensión de los misterios de la vida y la muerte
- Capacidad de entrega
- Transformación interior

Rasgos negativos:
- Teme la intimidad
- Lucha por gestionar los recursos compartidos
- Se enfrenta a retos de renacimiento y curación

Impacto de la colocación:

Influye en los recursos compartidos, la transformación y los intereses en lo oculto

Novena Casa

Rahu

Interpretación:
- Desea la expansión
- Ambicioso en conocimientos superiores
- Creencias no convencionales

Rasgos positivos:
- Aventurero
- Actividades relacionadas con el crecimiento
- Perspicacia filosófica

Rasgos negativos
- Inquieto
- Dogmático
- No tiene en cuenta las normas culturales

Impacto de la colocación:
Influye en la espiritualidad, la educación superior y los viajes de larga distancia

Ketu

Interpretación:
- Alejamiento del dogma, sabiduría intuitiva - que conduce al crecimiento espiritual

Rasgos positivos:
- Desapego de las creencias
- Intuición
- Experiencias espirituales profundas

Rasgos negativos
- Sin fe
- Escéptico
- Desafíos en los viajes de larga distancia y en la educación superior

Impacto de la colocación:
Influye en la educación superior, las creencias espirituales y la exploración de nuevos horizontes

Casa Décima

Rahu

Interpretación:
- Necesidad de reconocimiento público
- Ambiciones profesionales
- Autoridad no convencional

Rasgos positivos:
- Ambición
- Enfoque original de la carrera
- Cualidades de liderazgo

Rasgos negativos:
- Manipulador en beneficio propio
- Inestabilidad profesional
- No tiene en alta estima las jerarquías tradicionales

Impacto en la posición:
Influye en la imagen pública, la carrera y los logros

Ketu
Interpretación:
- Alejado del éxito mundano
- Una llamada interior al servicio
- Servicio a los demás que conduce al crecimiento espiritual

Rasgos positivos:
- Desvinculado de las expectativas sociales
- Humildad
- Llamada interior al servicio

Rasgos negativos:
- Poco ambicioso
- Luchas con la autoridad
- Dificultades para progresar en la carrera

Impacto de la colocación:
Influye en la imagen pública, la vocación y el sentido de propósito

Casa Undécima

Rahu
Interpretación:
- Necesidad de conexiones sociales
- Ambiciones de implicación en la comunidad
- Amistades no convencionales

Rasgos positivos:
- Esfuerzos filantrópicos
- Capacidad para establecer redes
- Amistades relacionadas con el crecimiento personal

Rasgos negativos:
- Oportunista
- Alejado de las conexiones reales
- Socialmente manipulador

Impacto de la colocación:
Influye en las aspiraciones, los círculos sociales y la participación en la comunidad

Ketu
Interpretación:
- Alejado de las conexiones sociales
- Realización interior que conduce al crecimiento espiritual

Rasgos positivos:
- Separado de las expectativas de la sociedad
- Intuitivo para comprender las necesidades colectivas
- Amistades espirituales

Rasgos negativos:
- Lucha por formar amistades duraderas
- Socialmente desapegado
- Se siente fuera de lugar en entornos grupales

Impacto de la colocación:
Influye en las aspiraciones, las redes sociales y las conexiones con personas similares

Casa Duodécima
Rahu
Interpretación:
- Necesidad de crecer espiritualmente
- Escapismo
- Intereses no convencionales

Rasgos positivos:
- Empático
- Puede navegar por reinos invisibles
- Actividades místicas

Rasgos negativos
- Delirante
- Aislado de la realidad
- adicto

Impacto de la colocación:

Influye en la mente inconsciente, la espiritualidad y el alejamiento del materialismo

Ketu

Interpretación:
- Alejamiento de los deseos mundanos
- Introspección y entrega que conducen al crecimiento espiritual

Rasgos positivos:
- Iluminado
- No apegado a las ilusiones
- Percepciones de conocimientos ocultos

Rasgos negativos
- Solitario
- Escapismo
- Lucha con los límites

Impacto de la colocación:

Influye en la mente subconsciente, la espiritualidad y el desapego del materialismo

Es hora de centrar nuestra atención en el karma y las lecciones kármicas.

Capítulo 6: Lecciones kármicas

La astrología kármica también recibe el nombre de astrología centrada en el alma o evolutiva. Se trata de una rama astrológica centrada en el karma y en el viaje evolutivo que realiza su alma, que ahonda en la idea de que uno lleva consigo partes de sus vidas pasadas, lecciones y experiencias que pueden contribuir a dar forma a su vida actual.

La astrología kármica trata la carta natal de un individuo como un mapa que muestra el camino evolutivo de su alma. La carta natal examina los aspectos y la colocación de los planetas y los nodos Norte y Sur, que se cree que representan las intenciones evolutivas y las lecciones kármicas de un individuo.

Uno de los principios de la astrología kármica es el crecimiento personal y el libre albedrío

Principios clave

Algunos de los principios clave de la astrología kármica son:

- **Reencarnación y karma:** Los astrólogos kármicos creen firmemente en la reencarnación. Creen que el alma vive a través de varias vidas, aprendiendo y evolucionando de cada una de ellas. La sugerencia es que lo que hace en vidas pasadas deja una huella en usted, influyendo en lo que experimenta en su vida presente.

- **Nodos lunares:** Rahu y Ketu, los nodos Norte y Sur, respectivamente, son importantes en la astrología védica, más aún en la kármica. Representan el viaje evolutivo que realiza el alma. Rahu indica hacia dónde debe dirigirse, mientras que Ketu representa los patrones y tendencias de sus vidas pasadas.

- **Lecciones kármicas y propósito vital:** La astrología kármica observa dónde se sitúan los nodos lunares y, para ayudar a determinar el propósito vital y las lecciones kármicas, también examina sus aspectos relativos a otros planetas. El nodo Norte indica dónde se necesita desarrollo y crecimiento en la vida de un individuo, mientras que el nodo Sur representa las cosas que trajo consigo de sus vidas pasadas.

- **Contratos y relaciones del alma:** Esta astrología analiza la idea de que un alma establece un contrato o acuerdo con otra alma antes de encarnar. Esto da lugar a que se formen relaciones para garantizar el aprendizaje y el crecimiento. La astrología kármica estudia las cartas natales y la dinámica para comprender las lecciones y conexiones kármicas.

- **Sanación e integración:** Proporciona una visión de los retos, heridas y patrones kármicos de un individuo. Comprender y reconocer estos patrones le permite trabajar hacia la integración y la sanación y evolucionar espiritualmente.

- **Crecimiento personal y libre albedrío:** La astrología kármica puede centrarse en lo que usted trae de sus vidas pasadas, pero también destaca que usted tiene libre albedrío y debe asumir la responsabilidad personal de su vida. Todo el mundo puede trabajar conscientemente con sus lecciones kármicas y tomar las decisiones correctas, lo que conduce a una transformación positiva y al crecimiento personal.

La astrología kármica proporciona a todo el mundo un marco que le ayuda a comprender su trayectoria vital y sus dimensiones espirituales. Proporciona autorreflexión, orientación y una visión profunda del viaje evolutivo del alma, y le ayuda a superar los retos kármicos y a alinearse con el propósito de su vida.

La astrología kármica y su papel en la astrología védica

La astrología kármica desempeña un papel importante en la astrología védica porque se alinea con los principios del hinduismo, espirituales y filosóficos. El hinduismo es una antigua tradición india y es donde se originó la astrología védica. He aquí por qué la astrología kármica es importante en la astrología védica:

- Comprensión de la Ley de Causa y Efecto: La astrología védica reconoce esta ley que le dice que, por cada acción, hay consecuencias, y estas pueden llegar muy lejos en su vida presente. La astrología kármica le ayuda a comprender que lo que ocurre ahora en su vida, los retos a los que se enfrenta y las oportunidades que se le presentan están directamente relacionados con cosas que hizo en vidas pasadas. Le anima a asumir la responsabilidad de sus actos y le capacita para dar forma a su vida tomando decisiones conscientes.

- Explorar el viaje del alma: La astrología védica cree firmemente en la reencarnación, donde el alma de un individuo se encarna varias veces, cada vez aprendiendo y evolucionando. La astrología kármica le ayuda a indagar en el viaje de su alma, mostrándole asuntos sin resolver, deudas kármicas y lecciones de vidas pasadas que influyen en su vida actual. Cuando pueda comprender los patrones, podrá empezar a trabajar para equilibrar su karma y resolver los asuntos que le ayuden a crecer espiritualmente.

- Identificar nuestro propósito en la vida: La astrología kármica le ayuda a identificar su propósito en la vida - o su dharma. Le informa sobre sus puntos fuertes, talentos y desafíos, que suelen estar relacionados con experiencias de sus vidas pasadas. Cuando comprende las lecciones kármicas y su potencial, puede asegurarse de que sus acciones se alinean con el propósito de su vida, lo que conduce a un mejor crecimiento personal y a la realización interior.

- Nos guía en la transformación y la curación: La astrología kármica es una herramienta que le ayuda a autorreflexionar y le asiste en la transformación. Le ayuda a identificar y reconocer las limitaciones, los patrones y los asuntos sin resolver que se interponen en su camino hacia el progreso. Una comprensión profunda de las raíces kármicas de estos desafíos puede ayudarle a trabajar conscientemente hacia la transformación y la curación, mejorando así las circunstancias en su vida presente y para el futuro.

- Perspectivas predictivas: La astrología kármica utiliza el karma del pasado para permitirle ver las posibilidades y nuestro potencial para el futuro. Permite a los astrólogos identificar los patrones kármicos y comprender cómo influyen en la vida futura. Cuando puede reconocer los retos y las oportunidades que se le presentan, puede ser más consciente a la hora de trabajar con las elecciones de la vida y asegurarse de que sus decisiones se alinean con su propósito en la vida.

La astrología kármica es importante en la astrología védica, ya que proporciona una visión holística de su trayectoria vital. Hace hincapié en la importancia y el significado del crecimiento espiritual, la responsabilidad personal y la toma de decisiones conscientes en la vida.

Diferentes tipos de karma

La astrología védica reconoce varios tipos de Karma basados en las intenciones y acciones de un individuo. Los diferentes tipos reflejan las consecuencias de las acciones pasadas y cómo influyen en nuestra vida y experiencias presentes y futuras.

Estos son los tipos más comunes de Karma védico:

- Sanchita Karma se refiere al Karma que un individuo ha acumulado de vidas pasadas y llevado a su vida presente. Representa todas sus acciones negativas y positivas, incluyendo aquellas que aún no han sido experimentadas o resueltas. El Sanchita Karma influye en las oportunidades y circunstancias a las que se enfrenta un individuo en su vida presente.

- El Prarabdha Karma es un subconjunto del Sanchita, que se refiere a la sección madura del Karma acumulado, la sección que un individuo está destinado a experimentar en su vida actual. Representa situaciones, experiencias y desafíos a los que un individuo está predestinado a enfrentarse durante su vida presente. El Prarabdha Karma se considera el destino al que una persona se enfrenta y por el que tiene que trabajar.
- Kriyamana Karma: también llamado Agami Karma, este Karma es creado por las elecciones y acciones actuales de un individuo. Incluye todas las intenciones, acciones y decisiones que una persona hace en su vida actual, contribuyendo a sus experiencias futuras. El Kriyamana Karma puede intensificar o mitigar los efectos de las acumulaciones del Sanchita Karma.
- El Karma Anarabdha se refiere al Karma que aún no ha empezado a manifestarse, el Karma latente o dormido, o las semillas kármicas que se han plantado, pero que no han empezado a crecer. Estos potenciales pueden permanecer ocultos hasta que llegue el momento adecuado para su activación.
- Algo importante a tener en cuenta es que todos estos tipos de Karma no se consideran en realidad separados, ya que todos son aspectos de la dinámica del Karma. Todos están conectados, se influyen mutuamente y desempeñan un papel en la configuración del crecimiento espiritual y las experiencias vitales de una persona.

La deuda kármica

La deuda kármica y la filosofía del Karma están conectadas. La deuda kármica consiste en que las acciones de una persona en sus vidas anteriores influyen en la calidad y naturaleza de su vida actual. Lo que hizo y cómo actuó en vidas pasadas puede desequilibrar su energía, creando una «deuda» a la que se enfrenta como limitaciones, retos o situaciones difíciles en su vida actual.

La astrología védica le dice que todo el mundo nació con su propia carta astral, que muestra dónde se encontraban todos los cuerpos celestes en el momento y lugar exactos de su nacimiento. Esta carta le habla de sus vidas pasadas y de sus influencias kármicas, y se dice que ciertos aspectos, posiciones y combinaciones de planetas ponen de relieve las deudas kármicas que debe resolver en su vida actual.

La deuda kármica suele asociarse con la posición de Rahu y Ketu en la carta natal de un individuo. Rahu tiene que ver con los objetivos materiales, los apegos y los deseos, mientras que Ketu tiene que ver con el desapego, el crecimiento espiritual y las lecciones kármicas. Las casas específicas en las que se sitúan los dos nodos lunares y sus aspectos con los distintos planetas pueden indicar en qué aspectos debe ocuparse un individuo.

El hecho de que una carta astral muestre una deuda kármica no significa que sea negativa. Le indica que hay áreas de aprendizaje, crecimiento y evolución que debe aprovechar. Cuando pueda reconocer sus deudas kármicas, podrá aprender a ser autorreflexivo, tomar decisiones conscientes y hacer lo que sea necesario para resolver sus desequilibrios kármicos.

Señales de deuda kármica

1. No puede explicar algunos patrones y comportamientos

Suponga que experimenta ciertos patrones o comportamientos o un miedo irracional a algo que no tiene sentido para usted en su vida actual. En ese caso, es muy probable que provenga de una de sus vidas pasadas.

Ya sea un odio a todo lo feliz, desconfianza en la autoridad o miedo al agua, cualquier cosa que su vida actual no pueda explicar es probablemente el resultado de una deuda kármica.

2. Oportunidades de dominio

Si no hace nada por saldarla, la deuda kármica seguirá haciéndose notar, coaccionándole para que salde la cuenta y domine el Karma. Los ciclos kármicos incompletos son como cualquier patrón; si no aumenta su autoconciencia, se convertirán en un hábito. Siga ignorándolo y su Karma incompleto no hará más que acumularse.

3. Ha tenido relaciones kármicas

A veces, la deuda kármica está relacionada con las relaciones que haya podido tener en sus vidas pasadas. Las relaciones kármicas son intensas. Algunas personas, sin saberlo, buscan constantemente relaciones turbulentas, que podrían ser el resultado de algo que sucedió en una vida pasada. Aunque es probable que estas relaciones sean tóxicas, debe experimentar este tipo de relaciones si quiere saldar su deuda kármica.

4. Conoce al menos un tema repetitivo en su vida

Tanto si intenta ignorar sus deudas kármicas como si no, es muy probable que conozca los temas que se repiten a lo largo de su vida. El Karma incompleto puede hacerle sentir como si estuviera atrapado, y no puede dejar esto de lado. Este tipo de deuda puede ser abrumadora, pero, aunque sea difícil de superar, tiene que hacerlo.

5. Tiene uno o más números de deudas kármicas

Si realiza una carta numerológica personal, puede descubrir que tiene números de deuda kármica. Serán uno de los siguientes

- 13
- 14
- 16
- 19

Veamos cuáles son

Números de la deuda kármica

Dentro de un momento se le mostrará cómo calcular sus números, pero antes, echémosles un vistazo:

- **13:** si tiene un número de deuda kármica de 13, significa que fue egoísta y perezoso en su vida anterior. Cuando las cosas van mal, tiende a culpar a todo el mundo menos a sí mismo, y no se responsabiliza de nada. Usted es típicamente negativo y también puede ser testarudo y bastante controlador. En este caso, su Karma le dicta que sea responsable de sus actos.

- **14:** el número 14 indica que usted abusa de la libertad a través de una grave autoindulgencia o de la dominación de los demás. Es probable que se exceda, que luche con el autocontrol y que le cueste comprometerse. En este caso, su Karma es ser auto disciplinado y vulnerable en cuanto a otras personas.

- **16:** un número de deuda increíblemente desafiante, y puede que le cueste superarlo. Esto podría deberse a que usted tuvo un ego muy fuerte en una vida pasada y luchó en las relaciones con otras personas. Es posible que haya experimentado un buen número de relaciones que no funcionaron, que luchara por conectar con los demás y que fuera un egoísta. Su Karma es considerar cómo sus acciones afectan a los demás y ser más considerado con ellos.

- **19:** un número de deuda kármica de 19 dice que usted es completamente independiente y autosuficiente y puede haber tratado mal a los demás en una o más de sus vidas pasadas. Puede que sea narcisista, egoísta y/o manipulador, su imagen pública es más importante para usted que cualquier otra cosa y ve éxito personal donde no lo hay. Su Karma es dar prioridad a los demás, preocuparse por ellos y tener en cuenta sus sentimientos.

Cómo calcular su deuda

Aunque este libro se ocupa principalmente de la astrología védica y los nodos lunares, sería negligente no decirle cómo determinar su deuda kármica en numerología. No es difícil de hacer; su carta natal tiene cinco números centrales en ella, cada uno de los cuales influye en usted como persona y en su propósito en la vida. Busque esos números en su carta y mire cómo se calcularon; el número le indicará si necesita saldar una deuda.

He aquí cómo calcular los números:

Personalidad:

Se explica por sí mismo, le indica qué tipo de personalidad tiene y cómo se desarrollan sus relaciones. Calcularlo es sencillo: tome el mes y la fecha de su cumpleaños y sume todos los dígitos. Digamos que es el 4 de septiembre; sume 0 + 4 + 9, y obtendrá 13.

Relación con la deuda:

Para reducir 13 a un solo número, sume 1 +3, que es igual a 4. Ése es su número de personalidad, pero como el 1 y el 3 son 13, ése es su número de deuda kármica.

Trayectoria vital:

Su número de trayectoria vital es similar a su signo solar en la astrología védica y se calcula sumando los números de su fecha de nacimiento, como en el caso anterior, pero añadiendo el año.

Relación con las deudas:

Con una fecha de nacimiento del 14 de agosto de 2001, se suman así: 1 + 4 + 8 + 2 + 0 + 0 + 1, que es igual a 16. 1 + 6 es igual a 7 (su número del camino de la vida), y 16 es su número de la deuda kármica.

Expresión:

Se trata de sus pasiones y habilidades, y encontrará el número sumando los dígitos de su nombre utilizando la siguiente tabla:

1: A, J, S
2: B, K, T
3: C, L, U
4: D, M, V
5: E, N, W
6: F, O, X
7: G, P, Y
8: H, Q, Z
9: I, R

Relación con la deuda:

Supongamos que se llama Jackson. Utilizando la tabla anterior, usted sumaría 1 + 1 + 3 + 2 + 1 + 6 + 5, lo que equivale a 19. Su número de Expresión es 1 + 9, que equivale a 10 reducido a 1 + 0 = 1, y su número de deuda Kármica es 19.

Fecha de nacimiento:

Esta es solo la fecha en la que nació, indicando las habilidades que arrastra de sus vidas pasadas.

Relación con la deuda:

Si su fecha de nacimiento es el 13, su número de fecha de nacimiento es 1 + 3 = 4, pero su deuda kármica es 13.

Impulso del alma:

Este es el último número central y se relaciona con los deseos de su corazón. Calcule los números de cada consonante de su nombre -nombre, segundo y apellido- y súmelos. Aquí solo cuentan las consonantes, no las vocales.

Relación con la deuda:

Utilicemos el ejemplo de una persona llamada Jane Doe. Sume los números de las consonantes: J + N + D, que es 1 + 5 + 4, lo que equivale a 10. Ahora añada 1 + 0 para reducirlo a 1, su número de impulso del alma, y tendrá un número de deuda kármica de 10. Esto le dice que no tiene una deuda Kármica porque 10 representa un Karma completo.

Posiciones planetarias kármicas y casas kármicas

Las Casas kármicas y las posiciones planetarias kármicas desempeñan un papel considerable para ayudarle a comprender sus propios patrones kármicos y las lecciones que debe aprender en su vida actual. He aquí un desglose de las mismas:

Posiciones planetarias kármicas:

Se refiere al lugar en el que se sitúan ciertos planetas en una carta natal y a su condición. Se cree que estos planetas tienen implicaciones para el Karma de un individuo. Los planetas importantes son

- Saturno
- Rahu - Nodo Norte
- Ketu - Nodo Sur Veámoslos individualmente:

1. **Saturno:** El planeta más significativo en términos de Karma, nos indica dónde pueden surgir retos en la vida de una persona, dónde podría luchar en el futuro o enfrentarse a duras responsabilidades. Su colocación en la carta natal y sus aspectos con otros planetas indican dónde puede enfrentarse un individuo a oportunidades de crecimiento y a pruebas kármicas. La influencia de Saturno puede proporcionar varias lecciones que conduzcan al desarrollo espiritual y personal, como la perseverancia, la disciplina y la madurez.

2. **Rahu y Ketu:** Son los nodos lunares y, en astrología védica, se considera que caracterizan el eje kármico. Rahu tiene que ver con el crecimiento futuro, la ambición y el deseo, mientras que Ketu tiene que ver con el desapego, la evolución espiritual y las experiencias de vidas pasadas. Sus posiciones en su carta natal le indican qué áreas kármicas necesitan atención en su vida actual. La influencia de Rahu ofrece oportunidades para utilizar las experiencias mundanas para el crecimiento personal, mientras que la de Ketu proporciona el estímulo necesario para desapegarse de las cosas materiales y desarrollarse espiritualmente.

Casas kármicas

Las Casas Kármicas son casas asociadas a lecciones y temas kármicos. Son las siguientes

- Casa Primera
- Casa Cuarta
- Casa Octava

- Casa Novena
- Casa Duodécima

Casa Décima - ocasionalmente He aquí un desglose:

1. **La Casa Primera** es la casa del yo, también representa su trayectoria vital y su personalidad. Los aspectos o planetas significativos en la primera casa indican lecciones y patrones kármicos relacionados con el crecimiento personal, la autoexpresión y la identidad propia.
2. **La Casa Cuarta** es la casa del hogar y representa los cimientos familiares y emocionales. Cuando surgen influencias kármicas en esta casa, suelen representar problemas no resueltos o desafíos que surgen debido al bienestar emocional, los patrones ancestrales y la dinámica familiar.
3. **La Casa Octava** es la casa de la transformación, y también representa aspectos de su vida que mantiene ocultos y secretos. Las influencias kármicas suelen girar en torno a lecciones relacionadas con la sexualidad, los recursos compartidos, los patrones psicológicos profundos y las dinámicas de poder.
4. **La Casa Novena** es la casa de la educación superior, y también representa las creencias y la espiritualidad. Las influencias kármicas incluyen lecciones sobre crecimiento espiritual, creencias filosóficas y su búsqueda de la verdad y el significado.
5. **La Casa Duodécima** es la casa de la espiritualidad, y también representa los reinos ocultos y la mente subconsciente. Cuando surgen influencias kármicas en esta casa, suelen estar relacionadas con la soledad, la liberación de apegos kármicos, el crecimiento espiritual y los recuerdos de vidas pasadas.
6. **La Casa Décima** aparece ocasionalmente en una carta natal y es la casa de la carrera, la imagen pública y el estatus social. Cuando surgen influencias kármicas, suelen girar en torno a lecciones sobre la integridad, el propósito de su vida y las responsabilidades kármicas en público.

Por supuesto, éstos son solo algunos de los factores que intervienen en el análisis de las casas kármicas y las posiciones planetarias. La carta natal debe incluir conjunciones, aspectos y otras influencias para comprender completamente las lecciones y patrones kármicos.

Ha llegado el momento de poner en práctica todo lo que ha aprendido a medida que esta guía avanza hacia las cartas natales.

Capítulo 7: Ejemplos de cartas natales

En astrología védica, una carta natal se conoce como carta natal, horóscopo o Janam Kundli. Este diagrama indica la posición de los planetas cuando usted nació, algo así como si fuera un plano de su vida. Le habla de su personalidad, de cómo es usted como persona y de sus puntos fuertes y débiles. También trata de su potencial en la vida y de los acontecimientos a los que puede tener que enfrentarse más adelante.

Elementos clave

Estos son los elementos clave de un Kundli según la astrología védica:

1. **Los planetas:** un Kundli muestra dónde se sitúan los nueve planetas principales, según la astrología védica. Esos planetas se conocen como los Navagrahas, y son:
    - Sol
    - Luna
    - Marte
    - Mercurio
    - Júpiter
    - Venus
    - Saturno
    - Rahu - el nodo Norte
    - Ketu - el nodo Sur

Cada planeta representa un aspecto vital específico con sus propias implicaciones y cualidades.

2. **Los signos** son los signos del zodiaco, también llamados Rashis, basados en la astrología sideral. Cada signo representa ciertas características y rasgos que influyen en los planetas específicos que se encuentran en ellos.
3. **Las Casas:** un Kundli está separado en 12 casas o Bhavas. Cada una representa un aspecto específico de la vida, como la carrera, la familia, la riqueza, la espiritualidad, etc. El lugar que ocupan los planetas en estas casas indica el aspecto de la vida en el que expresan su energía.
4. **El Ascendente:** el signo que se elevaba en el Este en el momento de su nacimiento, también llamado Lagna. Se considera la parte más importante de la carta astral porque representa el comportamiento de la persona, su aspecto físico y su forma de enfocar la vida. Marca el tono de toda la carta.
5. **Aspectos:** en astrología védica, los aspectos son las relaciones entre cada planeta. Los aspectos son la forma en que cada planeta influye en las casas o en otros planetas, influyendo así en determinadas áreas de la vida de un individuo y creando la dinámica entre las energías de los distintos planetas.
6. **Cartas divisionales:** en astrología védica, las cartas divisionales se utilizan para dar más detalles sobre determinadas áreas de la vida. Estas cartas, también llamadas Vargas, se centran en determinados aspectos de la vida.

Diferentes tipos de cartas natales

Existen diferentes tipos de cartas natales, que son las más comunes.

La carta del sur de la India

Esta carta representa el zodiaco en su disposición exacta. Sin embargo, en lugar del círculo utilizado habitualmente en la astrología occidental, utiliza un cuadrado con doce casillas más pequeñas. Cada recuadro representa un Rashi o signo zodiacal y siempre está situado en las mismas casillas. Observe el diagrama siguiente; la casilla vacía del centro es el planeta Tierra y el resto son el cinturón zodiacal, un «círculo» circundante de los signos del zodiaco:

PISCIS	ARIES	TAURO	GÉMINIS
ACUARIO			CÁNCER
CAPRICORNIO			LEO
SAGITARIO	ESCORPIO	LIBRA	VIRGO

Se trata de una carta basada en Rashi. Una vez completada la carta, mostrará los planetas en el recuadro con el signo zodiacal en el que se encuentra el planeta. El Ascendente o Signo Naciente se mostrará en el recuadro de la derecha, denotado por una de estas dos cosas

- Una línea diagonal que atraviesa la casilla
- Marcando la casilla con Lagna o ASC

Ventajas:

La mayor ventaja es que las cartas natales del sur de la India son increíblemente precisas a la hora de predecir los acontecimientos de la vida y facilitan la comprensión de cómo influyen los planetas en un individuo. También son detalladas, ofrecen un análisis complejo de los distintos aspectos de la vida de un individuo y muestran aspectos y posiciones planetarias. Porque esta carta tiene profundas conexiones con la antigua espiritualidad india, lo que nos permite ver cómo están conectados el individuo y el cosmos. Esto proporciona una visión precisa de los patrones kármicos y del propósito en la vida. Puede mover el Ascendente o elegir otro aspecto planetario para obtener una visión diferente de esta carta; no es necesario que elabore una nueva.

Dicho esto, si ha estado observando los aspectos en otras cartas, esta requerirá que haga un poco de recuento, pero, como en todo, la práctica hace al maestro. Contar es sencillo; vaya a la fila superior y busque Aries - consejo: siempre estará en la misma casilla, arriba en el centro. A continuación, cuente en el sentido de las agujas del reloj. Los números no son necesarios en ninguna casilla porque los signos tienen posiciones fijas en esta carta. Encontrar los números de las casas también es sencillo; solo tiene que empezar a contar desde el Lagna. Siempre puede colocar las casas en la carta si le resulta más fácil.

Puede comparar una carta Rashi y una del sur de la India muy fácilmente; solo tiene que ponerlas una al lado de la otra. Como los Rashis no se mueven, puede ver fácilmente dónde está el planeta de un individuo en relación con el planeta de otro individuo. Por ejemplo, podría encontrar las Lunas de ambos miembros de la pareja en la lectura de una relación y determinar si esta funcionará.

Como cada Rashi se asigna a la misma casilla, rellenarla con planetas es mucho más fácil, al no tener que apretujarlos en secciones más pequeñas y con formas extrañas.

La carta india del norte

A menudo conocida como formato diamante, esta carta es más astrológica y menos astronómica. Mientras que la carta del sur de la India se basa en los Rashis, esta se basa más en las Casas y los Rashis cambian de casilla. La casilla superior de la carta será siempre la primera y la inferior será siempre la séptima.

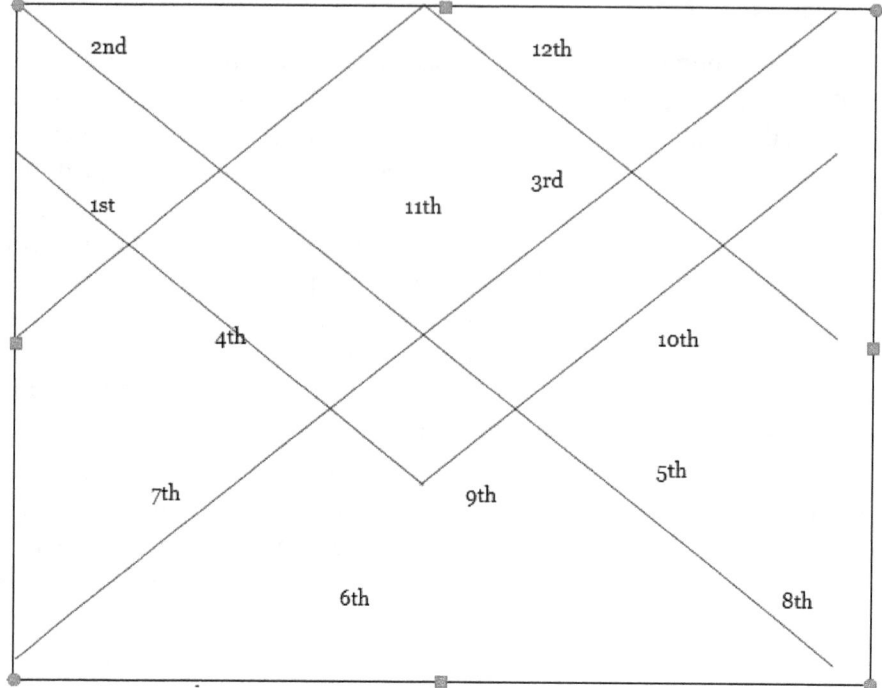

Ventajas:

La primera casa siempre está en el diamante superior del centro, y el conteo comienza a partir de esta y se desplaza en sentido contrario a las agujas del reloj. La mayor ventaja es que la casa en la que está asignado un planeta puede verse de un vistazo. Sin embargo, hay que volver a trazar toda la carta si se necesita una carta lunar o Chandra Lagna.

Sin numeración, la carta india del norte no es muy útil; el Rashi de cada casa solo puede determinarse con números. En esta carta, los números indican los Rashis, y están numerados como sigue:

- 1 - Aries (Mesha)
- 2 - Tauro (Varisabha)
- 3 - Géminis (Mithuna)
- 4 - Cáncer (Karka)
- 5 - Leo (Simha)
- 6 - Virgo (Kanya)
- 7 - Libra (Tula)
- 8 - Escorpio (Vrischika)

- 9 - Sagitario (Dhanusas)
- 10 - Capricornio (Makara)
- 11 - Acuario (Kumbha)
- 12 - Piscis (Meena)

Esta carta hace que una comparación de sinastría por casas sea sencilla, pero una comparación por Rashi no lo es tanto, sobre todo para los novatos.

La carta de las Indias Orientales

Una especie de mezcla entre las dos últimas cartas, la carta de las Indias Orientales se basa en los Rashis, y Aries siempre está fijo en la misma posición: casilla central superior. La cuenta es en sentido contrario a las agujas del reloj, el recuento de casas se hace manualmente, y el Lagna aparecerá siempre en la casilla correcta.

TAURO / GÉMINIS	ARIES	PISCIS / ACUARIO
CÁNCER		CAPRICORNIO
LEO / VIRGO	LIBRA	SAGITARIO / ESCORPIO

Ventajas:

Las cartas de las Indias Orientales y del Sur tienen las mismas ventajas. Se ajusta mucho a la disposición astronómica, con la Tierra en el centro y el cinturón zodiacal a su alrededor, y es más fácil ver las dignidades de los planetas. Sin embargo, a los novatos les puede resultar difícil contar las casas, ya que deben hacerlo manualmente a partir del Ascendente.

También permite ver la carta desde diferentes aspectos sin necesidad de volver a dibujarla. Como los Rashis permanecen siempre en el mismo lugar, no es necesario numerarlos.

La rueda del zodíaco occidental

La astrología occidental utiliza un diagrama de rueda para la carta astral, que nos ofrece una visión literal de la Tierra rodeada por los Rashis. Los zodiacos abarcan 360 grados, que se muestran en la carta como 12 divisiones iguales. El Ascendente se muestra siempre a la izquierda, y los Rashis van en sentido contrario a las agujas del reloj.

Esta carta muestra la colocación de los planetas -precisamente al grado- lo que facilita ver cómo interactúan los planetas entre sí.

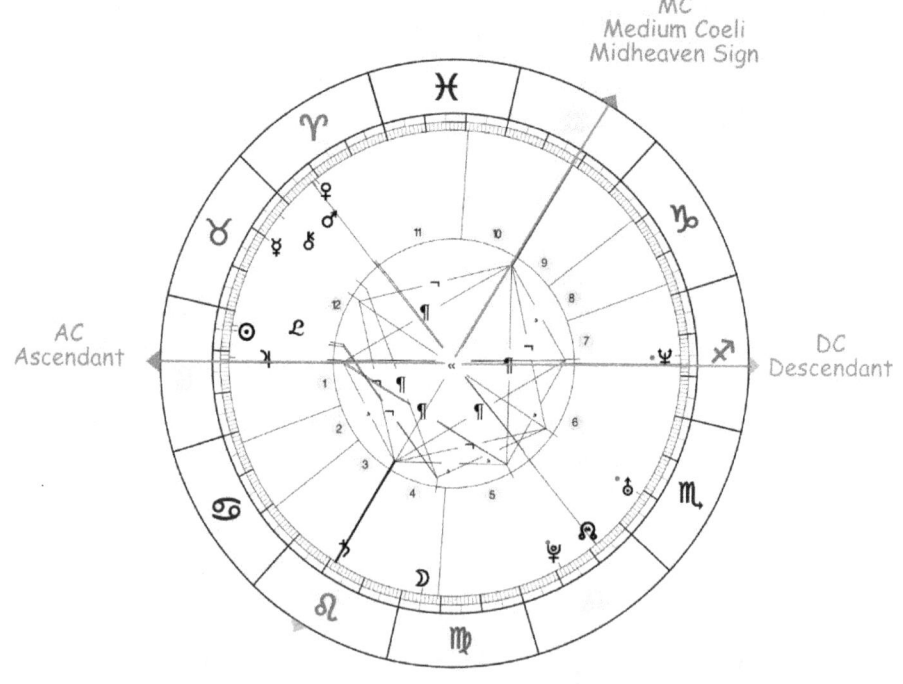

House 1-12

Muestra de la rueda del zodiaco occidental

Ventajas

Las ventajas de utilizar la rueda del zodiaco occidental son que es sencilla, ampliamente reconocida y más fácil de entender para muchas personas. También utiliza un enfoque psicológico, más centrado en la personalidad, los puntos fuertes, los retos y las motivaciones del individuo. Como carta astrológica, está en continua evolución, sobre todo a medida que se descubren nuevos planetas, y también facilita la comparación de dos individuos en términos de compatibilidad. Para comparar cartas, necesita dos círculos; el círculo exterior muestra la información de una carta, mientras que el círculo interior muestra la información de la otra.

Ahora pasemos a la parte interesante: descifrar su carta astral. El siguiente capítulo es bastante largo y enrevesado, así que asegúrese de comprender todo lo que ha leído hasta ahora. Cuando esté preparado, pongámonos a descodificar.

Capítulo 8: Descodificación de su carta natal

Un kundli es una carta natal, un diagrama utilizado para evaluar y predecir el futuro de un individuo. Para crear una, un astrólogo requerirá algunos detalles de usted, incluyendo su hora, fecha y lugar de nacimiento exactos. Los astrólogos védicos utilizan las cartas natales o Kundlis para determinar los acontecimientos pasados, presentes y futuros de la vida del individuo. También les informa sobre lo que hace que ese individuo sea quien es, como sus preferencias, inclinación espiritual y mucho más. En resumen, proporciona información sobre casi todos los aspectos de su vida, actuales y pasados. No es difícil leer un kundli; solo hay que entender primero ciertas cosas. Este capítulo le mostrará cómo descifrar su propia carta natal.

La importancia de un kundli

Los kundlis pueden determinar los problemas de su vida y cómo afrontarlos '

Un Kundli ayuda a una persona a comprender los problemas que puede tener en su vida y a tratarlos. También proporciona ciertas soluciones y remedios a algunos de sus retos.

He aquí algunas de las razones por las que un kundli es tan importante:

1. Un kundli puede utilizarse para futuras relaciones y matrimonios. Se comparan los horóscopos de ambas partes para asegurarse de que son una buena pareja. En el hinduismo, un matrimonio no puede celebrarse si los Kundlis no coinciden. La carta también revelará ciertos detalles sobre la vida matrimonial, la pareja, su comprensión mutua y los posibles retos a los que se pueden enfrentar.

2. Un Kundli también nos habla de las dificultades que nos esperan en la vida, por no hablar de las oportunidades que pueden surgir, y nos dirá a qué tipo de obstáculos es probable que nos enfrentemos y cómo debemos manejar los momentos negativos.

3. Un Kundli analiza lo que le hace ser quien es; su personalidad, rasgos y características. En resumen, le dice quién es usted, por dentro y por fuera.

4. Un Kundli puede indicarle su potencial de riqueza, cómo le irán los negocios y su trayectoria profesional, y si podría participar en empresas en el futuro. Puede decirle si las circunstancias estarán a su favor cuando tenga que tomar decisiones económicas.

5. Un Kundli también puede proporcionarle detalles sobre su salud -actual y futura- y su futura vida familiar. También le indicará sus estudios, si alguien está en su contra y su creatividad. Podrá comprender el éxito potencial, o no, de su vida, su factor salud y mucho más.

Sumerjámonos en los pasos que debe seguir para descifrar su Kundli.

Determine su Lagna o Ascendente

Esta es la hora y el lugar exactos en los que nació.

Su Lagna es su signo ascendente, el signo zodiacal que se alzaba en el horizonte oriental en el momento de su nacimiento. Como ya sabe, el cielo está dividido en 12 partes iguales de 30 grados cada una, una para cada signo. Su ascendente también tiene 30 grados y le indica lo que ocurría cuando usted nació y lo que podría ser en el futuro. También le indicará formas de aprender de las lecciones de la vida y aplicarlas para aprender más o enseñar a otros.

Calcular manualmente su signo ascendente es difícil y es mejor dejarlo en manos de un astrólogo profesional. Como alternativa, puede utilizar una de las muchas calculadoras gratuitas en línea, pero asegúrese de utilizar una de buena reputación. Sea cual sea el método que elija, necesitará cierta información.

Necesitará saber la hora exacta en la que nació y el lugar exacto. Este es su Lagna o Ascendente, y por eso realmente necesita saber la hora exacta en la que nació y el lugar exacto. Si no conoce su hora exacta, se suelen utilizar las 12 del mediodía, lo que, sin embargo, puede provocar imprecisiones en la carta.

Signos ascendentes o Ascendentes en astrología

En astrología védica, el Lagna de un individuo dice mucho sobre su personalidad. En su carta natal, el Signo Ascendente se sitúa en el centro, en la primera Casa. La primera Casa trata sobre su aspecto físico, lo que le gusta y lo que no, cómo fue su infancia y los puntos fuertes o débiles que tiene. También indica cómo verá su vida, su actitud, su comportamiento y mucho más. Cada Lagna tiene un elemento que le dice aún más sobre quién es usted.

Elementos del signo ascendente

Cada zodíaco, o Rashi, también tiene un elemento, y puede ver qué signos están asociados con qué elemento a continuación:

- **Signos de Aire:** Géminis, Libra, Acuario
- **Signos de Tierra:** Tauro, Virgo, Capricornio
- **Signos de Fuego:** Aries, Leo, Sagitario
- **Signos de Agua:** Cáncer, Escorpio, Piscis

Además, cada Lagna tiene también un planeta regente. El siguiente gráfico muestra los efectos que los planetas regentes y los elementos tienen en su vida y cómo se definen sus características:

SIGNO ASCENDENTE	SIMBOLO	PLANETA GOBERNANTE	CARACTERISTICAS
Aries	♈ Carnero	♂ Marte	Audacia Optimismo Pasión Franqueza
Tauro	♉ Toro	♀ Venus	Ambición Inteligente Confiable Decidido
Géminis	♊ Gemelos	☿ Mercurio	Curioso Juvenil Amante de la diversión Entusiasta
Cáncer	♋ Cangrejo	☾ Luna	Atento Sensible Matriarcal Dependiente
Leo	♌ León	☉ Sol	Creativo Extrovertido Seguro de sí mismo Dominante
Virgo	♍ Virgen	☿ Mercurio	Inteligente Perfeccionista Amable Sofisticado

SIGNO ASCENDENTE	SIMBOLO	PLANETA GOBERNANTE	CARACTERISTICAS
Libra	♎ Balanza	♀ Venus	Calculador Tendencioso Encantador Cerebral
Escorpio	♏ Escorpión	♂ Marte	Apasionado Profundo Reservado Misterioso
Sagitario	♐ Arquero	♃ Júpiter	Curioso Sabio Inquieto Explorador
Capricornio	♑ Cabra-Pez	♄ Saturno	Sincero Trabajador De corazón blando Tranquilo
Acuario	♒ Portador de Agua	♄ Saturno	Encantador Conmovedor Humanitario Sociable
Piscis	♓ Pez	♃ Júpiter	Creativo Rígido Independiente Generoso

Grado del Sol Naciente

El grado del Ascendente indica lo intensa que será la influencia de su Signo Ascendente en su personalidad y en su vida. Digamos que el grado de su Signo Ascendente es bajo. En ese caso, tendrá muy pocas de las características asociadas a ese signo. Por el contrario, un grado más alto significa que tendrá más de ellas y que su carácter se verá más afectado, ya sea positiva o negativamente. Sin embargo, esto no debe tomarse al pie de la letra, sino que debe sumarse a todo lo demás que se desprende de su carta natal.

La diferencia entre sus signos Ascendente, Lunar y Solar

En primer lugar, la posición del Sol al nacer indica cuál es su signo solar. El Sol permanece en cada signo zodiacal alrededor de 30 días, por lo que los signos suelen basarse en su fecha de nacimiento. La mayoría de los horóscopos que lee en los periódicos o en Internet utilizan los signos solares, por eso suelen ser imprecisos. Cuando conoce su fecha de nacimiento exacta, conoce su Ascendente, lo que significa que las predicciones se realizan con mayor precisión.

Su signo lunar es el signo en el que estaba situada la Luna cuando usted nació. La Luna permanece en cada signo de dos a tres días, lo que significa que estos horóscopos son mucho más precisos que los horóscopos de signo solar.

Es posible que su Ascendente no sea el mismo signo en el que estaba la Luna cuando usted nació. Como este cambia con tanta frecuencia, los horóscopos Sol Naciente son los más precisos.

Las 12 casas y los planetas regentes

En la astrología védica hay 12 casas en una carta natal, cada una representativa de una determinada área de la vida. Hay un planeta regente asociado a cada Casa, y estos planetas regentes se clasifican como Buenos, Malos o Neutros. Su clasificación depende de algunos factores, como los signos del zodiaco, las reglas del planeta, el lugar en el que está situado y sus aspectos. Además, cada Casa se clasifica en uno de estos tres grupos: Cardinal/Kendra, Fija/Panapara y Cadente/Apoklima.

A continuación puede ver un gráfico que muestra cada Casa, su planeta regente, su clasificación y una interpretación:

Casa	Planeta regente	Clasificación	Interpretación
Primera – Lagna	☉ - Sol	Cardinal/Kendra	Auto Personalidad Enfoque de la vida Apariencia física
Segunda	♃ - Júpiter (tradicional) ♀ - Venus (Alternative)	Fijo/Panapara	Finanzas Valores Posesiones Familia Discurso
Tercera	♂ - Marte	Cadente/Apoklima	Hermanos Comunicación Valor Viajes cortos Habilidades
Cuarta	☾ - Luna	Kendra/Cardinal	Familia Casa Madre Raíces Bienestar emocional
Quinta	♃ - Júpiter (tradicional) ☉ - Sol (alternative)	Fijo/Panapara	Niños Creatividad Romance Inteligencia Educación

Casa	Planeta regente	Clasificación	Interpretación
Sexta	♂ - Marte	Cadente/Apoklima	Trabajo Salud Enemigos Obstáculos Servicio
Séptima	♀ - Venus	Cardinal/Kendra	Matrimonio Asociaciones Matrimonio Enemigos abiertos Negocios
Octava	♄ - Saturno	Fijo/Panapara	Longevidad Asuntos ocultos Lo oculto Herencias Transformación
Novena	♃ - Júpiter	Cadente/Apoklima	Filosofía Largos viajes Educación superior Suerte Espiritualidad
Décima	♄ - Saturno	Cardinal/Kendra	Reputación Carrera Imagen pública Estatus social Autoridad

Casa	Planeta regente	Clasificación	Interpretación
Undécima	♃ - Júpiter (tradicional) ♄ - Saturno (alternative)	Fijo/Panapara	Red social Gana Amigos Ingresos Aspiraciones
Duodécima	♄ - Saturno (tradicional) ♃ - Júpiter (alternative)	Cadente/Apoklima	Entidades ocultas Interpretación Finales Subconsciente Aislamiento

En cuanto a la clasificación de los planetas, son los siguientes:

Casa	Nombre Sanscrito	Clasificación
Primera	Lagna Bhava	Neutral a Bueno
Segunda	Dhana Bhava	Bueno
Tercera	Sahaj Bhava	Neutral
Cuarta	Sukha Bhava	Bueno
Quinta	Putra Bhava	Bueno
Sexta	Roga Bhava	Bueno a Malo
Séptima	Kalatra Bhava	Neutral to Bueno
Octava	Mrityu Bhava	Malo
Novena	Bhagya Bhava	Bueno

Casa	Nombre Sanscrito	Clasificación
Décima	Karma Bhava	Bueno
Undécima	Labha Bhava	Bueno
Duodécima	Vyaya Bhava	Malo

Los aspectos negativos y positivos

El siguiente paso es identificar y analizar los aspectos negativos y positivos de los planetas. Cuando se hace esto en astrología védica, algunos aspectos se consideran negativos, mientras que otros se consideran positivos. Veámoslos con un poco más de detalle:

Aspectos positivos:
1. **Conjunción - Aspecto 0°**: cuando dos planetas están cerca el uno del otro, combinan sus energías y cada uno refuerza los efectos del otro. En las zonas que rigen estos planetas, esto puede dar lugar a una mayor intensidad y a una mejor concentración.
2. **Trígono - Aspecto 120°**: cuando tres planetas forman un aspecto de trígono, el flujo de energía resultante es armonioso. Esto fomenta la creatividad, la facilidad y los desarrollos positivos en todas las áreas gobernadas por los planetas.
3. **Aspecto sextil - 60°**: este aspecto representa posibilidades y oportunidades, fomentando la productividad, la cooperación y el crecimiento. Permite un trabajo equilibrado entre los planetas implicados.

Aspectos negativos:
- **Oposición - Aspecto de 180°**: este aspecto indica desafíos y tensión. Cuando los planetas están en oposición, se crean fuerzas opuestas y conflictos, que obligan a los individuos a realizar cambios en las áreas afectadas o a encontrar un equilibrio.
- **Cuadratura - Aspecto de 90°**: este aspecto tiene que ver con conflictos, obstáculos y luchas internas. Cuando los planetas se encuentran en un aspecto cuadrado, puede dar lugar a desafíos y fricciones, que deben superarse con resolución, determinación y esfuerzo.

- **Quincuncio - Aspecto 150°:** este aspecto sugiere ajuste y malestar, indicando que el individuo necesita comprometerse y adaptarse para asegurar que las energías de los planetas se reconcilien.

Aspectos principales

A continuación le explicamos con más detalle cómo afectan los Aspectos Mayores a su vida:

Conjunción

Las conjunciones se producen cuando dos planetas están cerca el uno del otro, normalmente compartiendo un signo del que solo les separan unos pocos grados. Su energía une fuerzas cuando esto ocurre, reforzando los efectos de cada planeta, creando una asociación positiva. El astro tiempo está relacionado con el tránsito de los planetas, lo que indica un aumento de la energía en un día en el que la energía de dos planetas se mezcla. La astrología de los tránsitos también nos dice que las conjunciones son un signo de nuevos comienzos. Por ejemplo, cuando la Luna y el Sol están en conjunción, se forma una Luna Nueva. Si esa conjunción es visible en su Kundli, usted ha nacido bajo uno de estos dos acontecimientos astrológicos: un eclipse solar o una Luna Nueva; esto significa que le resultará más fácil mantener coordinados su consciente y su subconsciente mientras persigue sus objetivos vitales actuales.

Sextil

Un sextil es un aspecto que se produce cuando 60 grados separan a un par de planetas; eso significa que hay dos Rashis entre ellos; esto se considera un aspecto agradable. Ambos planetas se encuentran en elementos que se complementan, por ejemplo, Fuego/Aire o Tierra/Agua. Esto significa que el flujo entre ellos es fácil y se proporcionan apoyo mutuo. Los Sextiles son personas ingeniosas, adaptables, versátiles y proactivas que siempre intentan mantener la armonía. Cuando se produce un Sextil, siempre que vayamos a por ello y nos esforcemos, podremos aprovechar nuevas oportunidades. Por ejemplo, si Neptuno y Venus están en sextiles en su carta natal, indica que usted es creativo y romántico. Supongamos que los planetas están en sextil en días aparentemente aleatorios. En ese caso, es probable que la persona sea más abierta de mente y de corazón, y que normalmente se sienta atraída por la belleza, el romanticismo y el arte.

Cuadratura

En este aspecto, existen tres signos zodiacales entre dos planetas, cada uno separado aproximadamente 90 grados. Es el momento de la batalla, ya que cada planeta se alinea para luchar. Estos planetas suelen compartir un tipo de signo, es decir, ambos son fijos, cardinales o mutables. Para ser justos, esto es todo lo que tienen; no tienen ningún otro punto en común. Como los dos planetas están en desacuerdo, este aspecto suele traer conflictos o tensiones, y la única salida es algún tipo de compromiso. Por ejemplo, Saturno y Marte aparecen en su carta natal en un aspecto Cuadrado; esto significa que suele sentir que todo el mundo está en su contra y que está sometido a críticas constantes por todo lo que hace. Según la astrología de tránsito, en los días en que Saturno y Marte se encuentran en este aspecto, debe esperar obstáculos y frustración. Sin embargo, aunque esto pueda parecer negativo, estos desafíos pueden ofrecerle las mayores recompensas; le enseñan a encontrar sus puntos fuertes y a producir soluciones.

Trígono

Un trígono es un aspecto que se produce cuando 120 grados separan un par de planetas; esto significa que hay cuatro Rashis entre ellos. Además, ambos planetas tienen el mismo elemento. Este aspecto trae suerte, oportunidades y mucha armonía, lo que facilita avanzar en la vida; normalmente, las oportunidades se presentarán allá donde vaya, sin ningún esfuerzo real por su parte. Sin embargo, esto puede provocar pereza; mientras que el aspecto cuadrado le obliga a trabajar para conseguir lo que desea, el trígono se lo entrega en bandeja. Por ejemplo, su carta natal muestra a Mercurio y Urano en trígono. Esto indica una persona de pensamiento rápido y mentalmente ágil, adaptable, de mente abierta, original y creativa. Son pensadores poco convencionales pero excelentes comunicadores. Es probable que los días en los que se produzca este trígono sean buenos, días que hagan que su creatividad y apertura mental unan sus fuerzas y brillen.

Oposición

Una oposición se produce cuando 180 grados separan a un par de planetas; eso significa que están enfrentados. Los signos opuestos pueden verse a continuación:

- Aries/Libra
- Tauro/Escorpio
- Géminis/Sagitario
- Cáncer/Capricornio
- Leo/Acuario
- Virgo/Piscis

Esta oposición puede aportar unión y equilibrio a través del compromiso, casi como si los planetas fueran dos piezas de puzle opuestas que encajan. Sin embargo, también puede presentar obstáculos. Los elementos planetarios son compatibles, por ejemplo, Tierra/Agua o Fuego/Aire. Esto demuestra que pueden unir sus fuerzas si lo desean. Sin embargo, como comparten un tipo de signo, es decir, fijo/cardinal/mutable, son algo obstinados y moverlos es como intentar mover el cielo y la tierra. Digamos que la Luna y el Sol están en oposición; podría significar que el Sol está en Aries mientras que la Luna está en Libra. Esto crea un tira y afloja entre la naturaleza individual y auto afirmativa de Aries y la naturaleza armoniosa de Libra (centrada en las relaciones). En la astrología de tránsito, la autoexpresión consciente del Sol y las necesidades emocionales de la Luna interactúan, aportando cierta tensión, pero proporcionando una visión de los patrones emocionales subyacentes. También puede afectar a las relaciones, pero le permite devolver la armonía y el equilibrio a su vida.

Aspectos menores

Pasemos ahora a los aspectos menores. Éstos no son tan pronunciados, pero aun así proporcionan una visión decente; suelen ser más mentales, espirituales o emocionales en sus efectos sobre usted.

Inconjunción/Quincuncio

Estos aspectos suelen provocar una sensación de inquietud. Una inconjunción se produce cuando un par de planetas están separados unos 150 grados. La relación entre ellos es desafiante pero sutil, y a veces provoca no poca incomodidad. Sin duda, uno de estos planetas tendrá una energía más dominante y fuerte que el otro.

La integración es necesaria, y trabajar con estas inconjunciones requerirá paciencia y voluntad para encontrar el camino correcto a seguir. Sin embargo, como las dos energías no son fluidas en su integración, esto no va a ser fácil. Podría pensar en este aspecto como un momento en el que necesita equilibrio en su vida y tiene que ser creativo en la forma de conseguirlo. Para ser justos, estos planetas no tienen puntos en común, así que será difícil conseguirlo, pero la perseverancia paga sus propios dividendos.

Quintil

Un aspecto en quintil tiene que ver con el acceso a sus talentos y sentidos agudizados, creando un ambiente de bienestar. Sin embargo, no sucederá así como así. Tiene que hacer que funcione. Los quintiles se producen cuando hay 72 grados entre dos planetas; una carta natal lo mostrará como un círculo que contiene una estrella de cinco puntas. Los quintiles le hacen más ambicioso, le permiten causar impacto y ser realmente usted mismo. También nos permiten ver las cosas desde una perspectiva diferente que los demás no perciben.

Semisextil

Un semisextil se produce cuando 30 grados separan a un par de planetas, y esto puede dar lugar a un flujo de energía suave y atractivo entre ellos. Esto nos indica que los planetas están interesados el uno en el otro, pero se necesita mucho trabajo para que surja algo. Los planetas están en signos zodiacales próximos, y los signos sucesivos o precedentes suelen ser diferentes, sin compartir nada, incluidas las modalidades, los elementos o las polaridades. Los planetas en semisextil se encuentran en signos zodiacales adyacentes y en signos zodiacales que les preceden. No pueden verse el uno al otro, por lo que resultan algo extraños, pero podemos obtener algún beneficio de los semisextiles. Se trata de una oportunidad de trabajar juntos para sacar lo mejor de una situación concreta. Aunque existe potencial para el entendimiento, este no se producirá automáticamente. Sin embargo, el riesgo de una mala comunicación puede evitarse, siempre que sea consciente de ello.

Semicuadrado

Estos dos planetas se miran de reojo. Están unidos en un ángulo de 45 grados en signos o casas contiguas. No hay tanta tensión como la que proporciona el aspecto cuadrado, pero sigue existiendo la posibilidad de que esa tensión le crispe un poco los nervios. El truco está en conectarse a tierra y mantener el equilibrio y la calma. De lo contrario, no superará la energía. Sea consciente de cómo responde a la tensión o al conflicto para poder tomar las mejores decisiones y mantener las cosas en su sitio.

Sesquicuadrado/Sescuadrado

Este aspecto se produce cuando 135 grados separan a dos planetas y crea una energía malhumorada. Ninguno de los planetas quiere trabajar con el otro, lo que crea una tensión sutil. La única forma real de hacer frente a esto es enfrentarse honestamente. No ceda al conflicto; en su lugar, ejerza el control y la moderación. Trabajar para superarlo es mejor que ser testarudo toda la vida.

Analice los yogas y los doshas

Para ello, necesita estudiar ciertas alineaciones y/o combinaciones de planetas en su carta natal. Estas tendrán una influencia específica en su vida y son muy significativas para usted. ¿Cuáles son? Siga leyendo y lo descubrirá.

A continuación le explicamos cómo analizarlos:

1. **Estudie las combinaciones planetarias:** Busque las combinaciones de planetas que forman los doshas y yogas en su carta natal. Para ello, fíjese en las colocaciones, los aspectos, las conjunciones y la fuerza de los planetas.

2. **Comprenda los yogas:** Los yogas son combinaciones planetarias favorables, que indican beneficios o puntos fuertes en determinadas áreas de su vida. Cada yoga tiene sus propios impactos y características, así que cuando identifique sus yogas, estudie sus efectos para ver su influencia en áreas de su vida como la espiritualidad, la salud, la carrera, la riqueza, etc.

3. **Interprete los Doshas:** Los doshas son combinaciones de planetas no muy favorables que indican obstáculos o desafíos en su vida y a menudo representan influencias negativas o desequilibrios kármicos. Cuando identifique sus doshas, estúdielos para identificar sus efectos en su vida. Tenga en cuenta que los doshas no son necesariamente indicadores de fatalidad, ni definitivamente negativos. También pueden enseñarle a crecer y brindarle oportunidades para ello.

4. **Piense en la dignidad y la fuerza:** Evalúe la dignidad y la fuerza de cada planeta. Un planeta fuerte bien situado puede acabar con los efectos negativos de los doshas y reforzar los efectos positivos de los yogas. Por el contrario, los planetas débiles pueden hacer que los desafíos de los doshas parezcan mucho mayores y debilitar las influencias positivas de los yogas.

5. **Fíjese en las posiciones de las casas:** Mire las casas en las posiciones de los yogas y los doshas. Estas le dan una idea de las áreas de su vida en las que influyen estas combinaciones planetarias. Piense en las implicaciones naturales de cada casa y en su interacción con las combinaciones para determinar sus efectos sobre usted y su vida.

6. **Pida ayuda:** Necesita entender la astrología védica para interpretar los yogas y los doshas, así que considere la posibilidad de pedir ayuda a un astrólogo profesional con mucha experiencia para que le ayude a comprender su significado.

Cada persona tiene una carta natal única, y debe analizar los yogas y los doshas de forma holística, asegurándose de tener en cuenta otros factores, como las posiciones planetarias.

Analizar los nakshatras y los dashas

Para ello debe comprender cómo influyen en su vida los Dashas (periodos planetarios) y los Nakshatras (mansiones lunares). Analícelos de la siguiente manera:

1. **Identifique el Nakshatra:** Averigüe en cuál estaba posicionada la Luna en el momento de su nacimiento. Como ya sabe, cada Nakshatra tiene una deidad regente, características y simbolismo. Estudie los rasgos y cualidades asociados a su Nakshatra particular para comprender sus tendencias, personalidad y temas potenciales a lo largo de su vida.

2. **Evalúe al Señor del Nakshatra:** Ya se mencionaron en el capítulo sobre los Nakshatras; son los planetas o señores del Nakshatra de la Luna en su momento de nacimiento. El señor influye en su comportamiento, bienestar emocional y experiencias vitales. Estudie sus aspectos, fuerza, posición y condición para comprender su impacto en su vida.

3. **Interprete los Nakshatra Padas:** Cada Nakshatra se divide en cuatro cuartos iguales llamados Pada. Éstos le proporcionan más información sobre determinadas áreas de su vida, como el crecimiento personal, la espiritualidad, las relaciones, etc. Fíjese en el Pada, donde están posicionados los planetas importantes, para saber más sobre ciertas influencias y resultados relacionados con esas áreas.

4. **Estudie los Dashas:** Un Dasha es un periodo planetario que se desarrolla en determinados momentos de su vida. Busque los períodos y subperíodos Dasha actuales, llamados Bhuktis, para determinar qué energías planetarias son dominantes en un momento dado. Estudie la naturaleza de los planetas en los Dashas y sus implicaciones, y averigüe cómo influyen en

determinadas áreas de su vida a lo largo de esos periodos. Preste mucha atención a las experiencias o acontecimientos importantes que se produzcan con determinados Dashas.

5. **Considere las interacciones de los Dasha:** Observe cómo interactúan los Dashas de diferentes plantas y analice sus relaciones. Algunos se complementarán y crearán buenos momentos, mientras que otros chocarán casi con toda seguridad, causando muchos desafíos. Estudie los Dashas para determinar su secuencia y duración y así conocer mejor la trayectoria de su vida y las experiencias y temas asociados a cada periodo.

6. **Pida ayuda:** Una vez más, interpretarlos no es fácil para un principiante, así que pida ayuda a un astrólogo profesional para que le ayude a comprender el significado de los Dashas y los Nakshatras en su carta natal.

Los Dashas y los Nakshatras son integrales en la astrología védica, y ser capaz de analizarlos proporciona una comprensión más profunda de su carta natal. La naturaleza cíclica de los Dashas y el rico simbolismo de los Nakshatras le dirán mucho sobre los temas de su vida y las distintas etapas por las que pasará.

Lectura de un Kundli védico

Terminemos con un rápido vistazo a cómo leer su propia carta:

Determine su signo ascendente

Como ya sabe, este signo es el que se encontraba en su primera casa cuando nació. El número de cada sección, o casa, representa el Ascendente o Signo Naciente del individuo. Puede ver a continuación que utilizamos números ordinarios para los signos del zodíaco; si ve números romanos en su carta, indican las casas:

1 - Aries
2 - Tauro
3 - Géminis
4 - Cáncer
5 - Leo
6 - Virgo

7 - Libra
8 - Escorpio
9 - Sagitario
10 - Capricornio
11 - Acuario
12 - Piscis

Comprenda cada casa y su influencia y significado:

Hay 12 casas y cada una aparece en la carta natal de un individuo; cada una está relacionada con un aspecto de usted y de su vida. Esto significa que cada planeta o signo de una casa tendrá cierta influencia en cómo le afecte esa casa. Ya sabe que los números romanos denotan las casas en la carta anterior; he aquí cuáles son:

Numeral Romano	Casa	Representación
I	Primera Casa	Auto Rasgos y características físicas Personalidad Características
II	Segunda Casa	Conocimientos primarios Riqueza Familia Finanzas
III	Tercera Casa	Habilidades Comunicación Hermanos menores Esfuerzos Hobbies
IV	Cuarta Casa	Madre Felicidad Tierra Educación secundaria Propiedad Vehículos

Numeral Romano	Casa	Representación
V	Quinta Casa	Creatividad Educación superior Amor Asuntos del corazón Ingenio Progenie Experiencias de vidas pasadas
VI	Sexta Casa	Profesión Deuda Defensa Enfermedad Enemigos
VII	Séptima Casa	Matrimonio Relaciones duraderas Parejas de larga duración Importación/exportación Imagen pública Cónyuge
VIII	Octava Casa	Acontecimientos inesperados Longevidad Investigación
IX	Novena Casa	Enseñanza superior Creencias Padre Suerte

Numeral Romano	Casa	Representación
		Religión Mentor Viajes de larga distancia
X	Décima Casa	Karma/acciones Profesión Trabajo Carrera
XI	Undécima Casa	Ingresos Ambición Ganancias Hermanos mayores
XII	Duodécima Casa	Experiencia

Identifique los nueve planetas de su carta natal

Cuando usted nace, su kundli único toma una instantánea del cielo, mostrando la posición de las constelaciones y los planetas en el momento exacto en que usted llega al mundo. Necesita comprender los planetas, los nombres abreviados que verá en su carta y su significado:

Planeta	Abreviación	Significado
Sol - ☼	Su	Regla Fuente de energía Fuente de vida Rey de todos los planetas Naturaleza masculina
Luna - ☾	Mo	Mente Interior

Planeta	Abreviación	Significado
		Intelecto Buena memoria Fertilidad Naturaleza femenina
Mercurio - ☿	Me	Discurso Comunicación Intelectual Ingenioso Calculador
Marte - ♂	Ma	Valentía Pasión Mal genio Físicamente cuerda Argumentativo Hermanos menores Atrevidos
Venus - ♀	Ve	Placer materialista Amor Belleza Romance Matrimonio Música Amistad Arte
Júpiter - ♃	Ju	Educación superior Espiritualidad Investigación

Planeta	Abreviación	Significado
Saturno - ♄	Sa	Terreno Propiedad Desgracia Secreto Pena Trabajo duro Nombre/fama Prestigio
Rahu	Ra	Extranjeros Abuelos Viajes al extranjero Juego Robos Problemas de salud aún por diagnosticar Finanzas Exceso de ambición Pérdida de reputación
Ketu	Ke	Inclinación espiritual Abuelos Electrónica Supersticiones

Determine la exaltación y la debilitación planetarias

A continuación, determine qué planetas se encuentran en exaltación y debilitación. La exaltación es cuando un planeta tiene una energía y cualidades más fuertes cuando se encuentra en una Rashi determinada. En este momento, el planeta está haciendo su mejor trabajo y se encuentra en su momento más positivo.

Por el contrario, la debilitación es cuando el planeta y el signo no están sincronizados; más bien, uno agita al otro, debilitando la influencia del planeta y proporcionando un resultado típicamente desfavorable. El siguiente gráfico muestra todos los detalles que necesita conocer de un vistazo:

Planeta	Signo Regente	Signo Exaltado	Signo Debilitado
Sol	Leo	Aries	Libra
Luna	Cáncer	Tauro	Escorpio
Venus	Tauro Libra	Piscis	Virgo
Marte	Aries Escorpio	Capricornio	Cáncer
Saturno	Acuario Capricornio	Libra	Aries
Júpiter	Sagitario Piscis	Cáncer	Capricornio
Mercurio	Géminis Virgo	Virgo	Piscis
Rahu	N/A	N/A	N/A
Ketu	N/A	N/A	N/A

Ser capaz de leer y comprender su Kundli le proporcionará una visión general de su vida, pero para obtener una visión más detallada y un conocimiento más profundo, debe buscar la orientación de un astrólogo experimentado.

Capítulo 9: Remedios astrológicos

Eleanor Roosevelt dijo una vez: «La felicidad no es un objetivo; es un subproducto de una vida bien vivida». La mayoría de la gente vive su vida buscando constantemente la felicidad y la paz y hará todo lo humanamente posible para que las cosas vayan como ellos quieren. Pero hay más de lo que es humanamente posible. Su vida está regida desde arriba por los planetas y sus posiciones maléficas y benéficas en sus cartas natales. En pocas palabras, los actos de un individuo -buenos o malos- y su Karma y las posiciones de los planetas son importantes para marcar su camino en la vida.

El buen Karma conduce a una vida buena y feliz, mientras que el mal Karma conduce a una vida llena de dificultades y problemas en muchas áreas de su vida, como las finanzas, la salud y más. Como tal, nada es aleatorio en su vida; todo lo que ocurre está predefinido debido a las colocaciones planetarias, de casas y signos cuando nace.

La astrología védica le dice que los planetas de su carta natal pueden ser benéficos, es decir, que resuenan con energía positiva y traen efectos positivos a su vida, o pueden ser maléficos, lo que significa que traen negatividad y malos efectos. También pueden ser neutrales, lo que significa que no aportan ni buena ni mala energía. La astrología védica también le dice que hay algunos remedios que puede utilizar para eliminar los signos maléficos. Estos remedios pueden mejorar su vida eliminando los efectos negativos del planeta maléfico.

La terapia con piedras preciosas es una forma de remedio astrológico[9]

Existen muchos tipos diferentes de remedios, entre los que destacan los védicos (los transmitidos a través del tiempo) y los contemporáneos (formulados pensando en el mundo actual). Como podrá discernir, algunos remedios son conceptos relativamente nuevos y no se habrían hecho en el pasado simplemente porque ciertos lugares y cosas no existían. Algunos ejemplos son donar dinero, bienes o tiempo a una residencia de ancianos o a un orfanato.

Por qué son eficaces los remedios

Los remedios son simplemente soluciones antitoxinas, salvo que se trata de antitoxinas mágicas, misteriosas y clarividentes. Estas soluciones eliminan, o al menos diluyen, los efectos que el mal Karma del pasado ha traído a su vida actual. A estas alturas, ya debería comprender que lo que hizo en sus vidas pasadas afecta a su vida actual.

Un remedio es un proceso por el cual usted hace algo o se abstiene de hacer algo que ha adquirido el hábito de hacer. Algunos remedios son védicos, lo que significa que se han hecho a través de las eras, mientras que otros son relativamente nuevos.

Antes de examinar algunos remedios, es necesario comprender lo que la gente ha estado haciendo durante muchos años, por lo que he aquí algunos de los remedios comunes que la gente practica:

Terapia con piedras preciosas:

Se cree que las piedras preciosas aprovechan la energía de ciertos planetas, canalizándola hacia la vida de la persona que las utiliza. Cada piedra está asociada a un planeta determinado, y llevarla o utilizarla puede potenciar sus aspectos beneficiosos al tiempo que elimina los efectos maléficos.

Las piedras preciosas suelen elegirse en función de las influencias planetarias de un individuo, tal y como aparecen en su carta astral. Por ejemplo, el zafiro azul se asocia con Saturno y llevarlo puede aportar riqueza, estabilidad y disciplina, mientras que el rubí se asocia con el Sol y puede reforzar las cualidades de liderazgo y la vitalidad.

Canto de mantras:

Un mantra es una frase o sonido sagrado que se repite para inducir una determinada vibración. Puede atraer energía positiva y equilibrio a su vida si canta un mantra relacionado con un planeta o deidad determinados. Cada planeta tiene mantras diferentes, que pueden cantarse tan poco o tan a menudo como sea necesario para apaciguarlos, y son poderosos, ya que resuenan con determinadas frecuencias del planeta.

El mantra «Om Namah Shivaya» se canta para reducir o eliminar los efectos negativos procedentes de Marte y se asocia con el Señor Shiva, mientras que el «Om Brihaspataye Namaha» apacigua a Júpiter.

Se cree que cantar mantras con regularidad proporciona beneficios espirituales, purifica la mente y alinea al individuo con las energías del planeta.

Meditación del yantra:

Un yantra es un diagrama geométrico que representa planetas o deidades. Se cree que meditar en uno ayuda a centrar la mente y alinear la energía con la del planeta o deidad concreto que representa el yantra. Los yantras se utilizan mucho en la meditación y para ayudar a una persona a atraer influencias positivas a su vida.

Rituales védicos y homas:

Los rituales védicos, también llamados pujas o yagyas, giran en torno a la realización de una ceremonia y la realización de una ofrenda a una fuerza planetaria o deidad. Suelen realizarlos astrólogos o sacerdotes cualificados, y se cree que aplacan las influencias de planetas específicos y traen buena suerte y bendiciones al individuo.

Los rituales y homas son bastante complejos y suelen comprender oraciones, ceremonias de fuego y ofrendas para apaciguar a los planetas. Un homa es un ritual de fuego en el que se ofrecen materiales sagrados como hierbas y ghee mientras se recita un mantra. Las ofrendas se hacen en un fuego consagrado.

Se cree que los rituales ayudan a traer armonía entre las energías y permiten que los planetas y las deidades envíen bendiciones.

Donaciones y/o actos caritativos:

Se cree que cuando una persona dona dinero, objetos o tiempo o realiza un acto caritativo, puede borrar el karma negativo y aplacar las influencias maléficas. Lo más frecuente es donar dinero, alimentos, ropa y otros artículos necesarios a los menos afortunados, con la esperanza de eliminar las influencias negativas.

Devolver algo a través de la caridad se considera honorable en algunas culturas, y se cree que estas cosas generan energías positivas y aportan equilibrio y armonía a su vida.

Ayunar:

El ayuno es comúnmente seguido en muchas religiones y culturas. En términos de astrología, se dice que una persona puede reducir las influencias negativas de un planeta ayunando en los días asociados a ese planeta. Por ejemplo, ayune un sábado si necesita apaciguar a Saturno, un martes para apaciguar a Marte o un jueves para apaciguar a Júpiter.

El ayuno es una forma de purificación y autodisciplina, y ayuda a limpiar la mente y el cuerpo y proporciona una conexión más fuerte con las energías divinas.

Objetos remediadores astrológicos:

Las piedras preciosas no son los únicos objetos que una persona puede utilizar para los remedios astrológicos. Hay muchos otros disponibles, como amuletos y talismanes. Se cree que éstos tienen una energía protectora y suelen guardarse en algún lugar personal o llevarse puestos. Los abalorios Rudraksha están hechos de semillas del árbol Rudraksha y suelen llevarse como pulseras o collares; se asocian con el bienestar y el crecimiento espiritual.

El objeto que utiliza una persona se basa en sus requisitos astrológicos y le proporcionará protección y potenciará la energía positiva.

Una cosa importante que hay que tener en cuenta es que los remedios astrológicos son totalmente subjetivos y se basan exclusivamente en sus necesidades y creencias. Algunas personas encuentran un gran consuelo cuando siguen los remedios astrológicos y creen que aportan cambios positivos a sus vidas. Sin embargo, debería consultar con un astrólogo cualificado o un practicante védico antes de empezar a utilizarlos.

¿Cuándo es el momento adecuado para los remedios?

Una de las partes más importantes del uso de remedios astrológicos es elegir el momento adecuado para hacerlo. La eficacia del remedio está influida por varios factores, entre ellos la posición de los planetas en determinados momentos. He aquí algunos aspectos que debe tener en cuenta a la hora de elegir el momento adecuado:

1. **Horas planetarias:** cada planeta está asociado a horas planetarias, que son horas específicas del día. Estas se basan en la hora de la salida y la puesta del sol, y elegir la hora que se alinea con el planeta que desea fortalecer o apaciguar puede hacer que el remedio sea más eficaz. Por ejemplo, si está cantando un mantra a Júpiter, elija la hora planetaria adecuada, pero tenga en cuenta que esto cambia a diario.

2. **Días propicios:** algunos planetas tienen días favorables o propicios, por ejemplo, el martes para Marte, el jueves para Júpiter, etc. Los efectos positivos aumentarán considerablemente si elige días propicios para realizar sus rituales o remedios para un planeta. Puede que necesite la ayuda de un astrólogo para determinar los días propicios para cada remedio.

3. **Tránsitos planetarios:** indica el movimiento planetario a través de cada signo del zodíaco y puede tener una gran influencia sobre el momento en que realice sus remedios. Cuando un planeta se mueve a través de una posición o signo favorable, ése es un buen momento para los remedios relacionados con ese planeta. Por ejemplo, supongamos que Venus está en Libra (su propio signo). En ese caso, es un buen momento para los remedios relacionados con Venus, como realizar rituales de armonía o amor.

4. **Carta natal personal:** su carta natal es uno de los mayores indicadores de cuándo es el momento adecuado para realizar remedios. La posición de los planetas en el momento de su nacimiento debe tenerse en cuenta junto con los tránsitos y progresiones planetarias actuales. De nuevo, busque el consejo de un astrólogo experimentado para encontrar el momento adecuado.

5. **Selección de Muhurta:** Muhurta es otra forma de referenciar el momento propicio para los remedios y otras actividades astrológicas. La selección de muhurta requiere que estudie las posiciones de los planetas e identifique sus influencias para averiguar cuál es el mejor momento para el remedio. Esto puede incluir aspectos como la alineación de los planetas benéficos, la ausencia de influencias maléficas y las condiciones favorables del momento propicio.

Fortalecimiento de los planetas

En la astrología védica, la vida de cada individuo está regida por nueve planetas. Si los nueve planetas son fuertes en la carta natal de un individuo, esa persona será lo suficientemente fuerte como para luchar contra lo que la vida le depare. Cada planeta desempeña un papel en la vida humana. Cuando un planeta se encuentra en una posición débil en el horóscopo, su efecto se experimentará de muchas maneras a lo largo de la vida. Por ejemplo, el individuo carecerá de habilidades y fortuna, no tendrá una vida tranquila y no será fuerte ni estable.

No puede cambiar su carta astral, pero puede trabajar para fortalecer los planetas utilizando remedios para apaciguarlos.

Hacerlo requerirá que haga cambios en su rutina, vida, alimentación y comportamiento, pero utilizar los siguientes remedios puede ayudarle a traer prosperidad y paz a su vida:

Cómo fortalecer el sol:

- Cada mañana, pase algún tiempo sentado a la luz del sol
- Coma su última comida del día antes de que se ponga el sol
- Beba el agua de un recipiente de cobre
- Utilice únicamente muebles de madera
- Cante el Surya Mantra a diario para dar energía al planeta de su carta natal

El Mantra de Surya:

Namah Suryaya Shantaya Sarvaroga Nivaarine,
Ayurarogya Masivairyam Dehi Deva Jagapate.

La traducción al español es:

Surya Deva, Gobernante del Universo, tú eres el removedor de toda enfermedad, el depositario de la paz. Me inclino ante ti, y por favor bendice a tus devotos con larga vida, salud y riqueza.

Cómo fortalecer la Luna:

- Cambie su dieta. Coma alimentos frescos e integrales y mucha fruta. No coma alimentos fríos por la noche
- No malgaste el agua

Cómo fortalecer Marte:

- No utilice palabras negativas
- Evite utilizar un tono enfadado
- Piense cinco veces o más antes de decir algo
- Cante el Hanuman Chalisa a diario

El Hanuman Chalisa

De 40 versos, el Hanuman Chalisa es un himno devocional, y los versos primero y último son:

Shri Guru Charan Saroj Raj,
Nij Man Mukur Sudhari,
Barnau Raghubar Bimal Jasu,
Jo Dayaku Phal Chari.

Traducido al español:

Con el polvo de los pies de loto de Sri Guru,
limpio el espejo de mi mente y recito
La gloria pura del Señor Ram, el supremo entre la dinastía Raghu,
Quien otorga los cuatro frutos de la vida.

Y el último verso:

Pavan Tanay Sankat Haran,
Mangal Moorti Roop,
Ram Lakhan Sita Sahit,
Hriday Basahu Sura Bhoop

Y la traducción al español:

Oh Hanuman, el hijo del viento,
el removedor de todas las penas, la encarnación de la auspiciosidad,
Reside en mi corazón, junto con el Señor Ram, Lakshman y Sita,
El Rey de los Devas

Cómo fortalecer a Buda
- Coma más verduras verdes a diario
- Escuche buena música
- No utilice productos cosméticos a todas horas
- Báñese con regularidad y mantenga limpio su entorno

Cómo fortalecer a Júpiter
- Respete a sus mayores
- No se involucre en cotilleos, ni ociosos ni de otro tipo
- Utilice el color amarillo: vista ropa amarilla, tenga enseres amarillos en su casa y utilice cúrcuma

Cómo fortalecer a Venus
- Respete a las mujeres de su familia y de su vida
- Evite el despilfarro
- Coma yogur natural a diario
- Lleve ropa limpia y brillante

Cómo fortalecer a Rahu y Ketu
- Para fortalecer a Rahu, evite los sentimientos celosos y piense y hable en positivo
- Para fortalecer a Ketu, deje ir el pasado y concéntrese firmemente en su futuro.

Remedios para la salud

La astrología védica proporciona varios remedios relacionados con la salud, y los más comunes son:

1. **Adore al Señor Dhanvantari y haga ofrendas apropiadas:** El Señor Dhanvantari es la deidad de la curación y la salud, y cuando le rinda culto y le haga las ofrendas apropiadas, entre ellas
    - Flores frescas, especialmente de loto
    - Queme incienso, resinas o hierbas aromáticas
    - Encender una lámpara de aceite delante de un ídolo o imagen del Señor Dhanvantari
    - Agua ofrecida en una caracola o pequeño recipiente
    - Prasadam - comida vegetariana bendecida (sin ajo ni cebolla)
    - Hojas de tulsi - albahaca santa
    - Recite el mantra del Dhanvantari

    Mantra del Dhanvantari:

    Om Namo Bhagavate Vasudevaya Dhanvantaraye

    Amritakalasha Hastaya Sarvamaya Vinashanaya

    Trilokya Nathaya Shri Mahavishnave Namaha

    Traducción al español:

    Saludos al Divino Señor Vasudeva (otro nombre del Señor Vishnu) y al Señor Dhanvantari,

    Quien sostiene la vasija de néctar en sus manos,

    El destructor de todas las dolencias y enfermedades,

    El Señor de los tres mundos (físico, astral y causal),

    Me inclino ante el gran Señor Vishnu

2. **Prácticas ayurvédicas:** El ayurveda es el antiguo sistema de medicina india que trabaja en estrecha colaboración con la astrología védica. Su salud florecerá cuando incluya prácticas ayurvédicas en su vida y siga los principios ayurvédicos. Esto incluye seguir una dieta sana y equilibrada según su tipo de cuerpo específico, practicar yoga y/o ejercicio con regularidad y utilizar remedios y hierbas ayurvédicas cuando sea necesario.

3. **Ofrecer o donar alimentos/dinero/artículos:** Donar a los menos afortunados que usted se considera un remedio muy poderoso. Cualquier acto desinteresado aporta energía positiva a su vida y aumenta su bienestar. Donar alimentos a orfanatos, hospitales y comedores o participar en una colecta de alimentos en su comunidad puede beneficiar su salud mental y física.
4. **Cantar mantras:** Cantar mantras específicos para la salud y el bienestar puede potenciar eficazmente su salud. Tres de los más comunes son el Dhanvantari Mantra, el Maha Mrityunjaya Mantra y el Gayatri Mantra, y cantados regularmente con pura intención y devoción, pueden repercutir positivamente en su salud mental y física.
5. **Realizar Yagya o Homa:** Como ya ha aprendido, estos rituales de fuego sagrado invocan las bendiciones de varias deidades. Puede realizar yagyas u homas relacionados con la salud, como el Maha Mrityunjaya Yagya o el Ayushya Homa, para asegurarse una buena salud y pedir intenciones divinas. Sin embargo, este tipo de rituales suelen realizarlos astrólogos o sacerdotes experimentados.
6. **Remedios planetarios:** Los planetas específicos están asociados con la salud y todos los asuntos relacionados en la astrología védica. Si un planeta específico de su carta natal le está dando problemas en el departamento de la salud, puede utilizar remedios para fortalecerlo. Esto podría incluir rituales específicos o llevar piedras preciosas asociadas con ese planeta.

Debe tener en cuenta que los remedios astrológicos védicos no deben sustituir a un tratamiento profesional. Si padece una afección médica grave o se siente indispuesto, también debe acudir al médico.

Remedios para la carrera

1. **Adore al Señor Ganesha:** El Señor Ganesha es considerado el eliminador de obstáculos y la deidad del éxito y la sabiduría. El Señor Ganesha debe ser adorado antes de que usted se dirija a un nuevo trabajo o cambie su trayectoria profesional en la vida; esto le ayudará a traerle bendiciones y a eliminar los obstáculos en su camino. Se deben hacer regularmente ofrendas de incienso, flores y dulces al Señor Ganesha, junto con sus oraciones más sinceras.
2. **Cantar mantras:** Elija un mantra asociado con el éxito y el crecimiento en su carrera, ya que se dice que son increíblemente beneficiosos. Algunos de los más comunes son el Navagraha

Mantra, el Saraswati Mantra y el Gayatri Mantra, todos ellos recitados para ayudar a mejorar las habilidades profesionales, el conocimiento y el éxito. Recitarlos regularmente con devoción y concentración le traerá nuevas oportunidades y energía positiva.

3. **Ofrezca agua al Sol:** En la astrología védica, el Sol representa el poder, la autoridad y el crecimiento profesional. Se considera que ofrecer agua al Sol al amanecer mientras se recita el Surya Mantra o el Gayatri Mantra trae suerte en el avance profesional. Se cree que invoca las energías positivas del Sol e impulsa sus perspectivas profesionales.

4. **Donaciones/Acciones caritativas:** Cuando lleva a cabo actos de compasión o caridad, crea buen Karma, que a su vez repercute favorablemente en su vida profesional. Los mejores actos caritativos son donar a instituciones educativas, participar en proyectos de servicio a la comunidad relacionados con el desarrollo de habilidades y apoyar a las personas menos afortunadas.

5. **Yantra para el éxito:** Ya sabe que un yantra es un diagrama geométrico y un mantra asociado a una influencia planetaria o deidad específica. Por ejemplo, el Sri Yantra es poderoso para la prosperidad y el éxito. Energizar un Sri Yantra y colocarlo en su lugar de trabajo o poner uno pequeño en su bolsillo o bolso puede impulsar el crecimiento de su carrera y sus vibraciones positivas.

6. **Realice una Puja Navagraha:** Este ritual está dedicado a los nueve planetas e implica oraciones y rituales diseñados para equilibrar y apaciguar las influencias planetarias sobre su carrera profesional. Este tipo de ritual suele llevarlo a cabo un astrólogo cualificado que le guiará a través del ritual en función de sus necesidades y posiciones planetarias.

7. **Terapia con piedras preciosas:** Se sabe que las piedras preciosas son portadoras de energías positivas cuando se utilizan de la forma adecuada. Llevar o utilizar piedras preciosas asociadas a los planetas relacionados con la carrera y la vida profesional - Saturno (Zafiro azul) o el Sol (Rubí) le ayudará a mejorar su crecimiento profesional. Elija las piedras preciosas adecuadas en función de su carta astral específica.

Practique sus remedios con fe, sinceridad, dedicación y trabajo duro. No son una panacea, sino que pretenden mejorar y apoyar sus esfuerzos.

Relaciones/matrimonio

1. **Adore a la Diosa Parvati y al Señor Shiva:** El Señor y la Diosa son la pareja divina, que representa la armonía en el matrimonio y las relaciones duraderas. Cuando les rinda culto, hágalo con devoción y ofrezca oraciones que le ayuden a solucionar los problemas de su matrimonio. Una pareja puede hacer un ritual o ceremonia conjunta, buscando las bendiciones del Señor Shiva y la Diosa Parvati para una relación larga, amorosa y armoniosa.

2. **Cantar mantras:** Hay algunos mantras específicos para la armonía, el amor y la felicidad conyugal, y cantarlos puede proporcionar ayuda. Los dos más recitados son los mantras Swayamvara Parvathi y Om Namah Shivaya, ambos atraen el amor y ayudan a fortalecer el vínculo entre las personas de la relación. Recitarlos con regularidad, solo o en pareja, puede aportar positividad al matrimonio.

3. **Observe el Vrat:** Esto significa ayunar; hacerlo en determinados días asociados con la armonía en una relación o matrimonio aporta vibraciones positivas. El Karva Chauth vrat lo suelen hacer las mujeres casadas y está dedicado a garantizar la longevidad y el bienestar de sus maridos. Ayunar en el día adecuado reforzará el vínculo entre ustedes.

4. **Realice una Puja Navagrah:** Como ya se ha mencionado, se trata de un ritual dedicado a los planetas. Cuando lo lleve a cabo, asegúrese de que su atención se centra en hacer más fuertes a los planetas benéficos asociados con las relaciones y el matrimonio - esto incluye a Júpiter y Venus. Hacerlo eliminará o reducirá muchos problemas matrimoniales.

5. **Lleve piedras preciosas:** Las piedras preciosas asociadas a los planetas de las relaciones, es decir, Júpiter (Zafiro amarillo) y Venus (Diamante), se recomiendan para mejorar la armonía en su matrimonio. Estas gemas potencian las energías positivas en torno a la comprensión, el compromiso y el amor.

6. **Busque ayuda astrológica:** Busque la orientación de un astrólogo experimentado para comprender mejor qué puede estar causando los problemas en su matrimonio o relación. Ellos examinarán su carta astral y le recomendarán remedios específicos, como los mencionados anteriormente, una vez que hayan analizado los planetas y su influencia e impacto en su relación.

Vida amorosa

1. **Adore al Señor Kamadeva:** La deidad védica del deseo y el amor, debería adorar al Señor Kamadeva con devoción y ofrecerle oraciones para ayudar a traer el amor a su vida o mejorar una relación romántica actual. Ofrezca regularmente oraciones o realice rituales para buscar las bendiciones del Señor Kamadeva para una relación amorosa.

2. **Cante mantras:** Algunos mantras se asocian con el romance y el amor; cantarlos puede atraer amor y vibraciones positivas a su vida. Dos de los más recitados son el Kamadeva Gayatri y los mantras Kleem, utilizados para invocar la energía del amor. Cántelos regularmente con sinceridad y concentración para aportar mejoras a su vida amorosa.

3. **Potencie su energía de Venus:** Venus es el planeta de la belleza, el romance y el amor, según la astrología védica. Cuando refuerza la energía de este planeta, puede beneficiar significativamente su vida amorosa. Para ello, lleve piedras preciosas asociadas a Venus, como un diamante, un topacio blanco o un zafiro blanco, y también puede añadir tonos pastel, rosas o blancos a su vestuario para crear una atmósfera romántica.

4. **Realice una Puja Navagraha:** Rendir culto a los nueve planetas puede aportar armonía y equilibrio a las energías planetarias que influyen en su vida amorosa. Más concretamente, debe prestar mucha atención a dónde están situados Venus y Marte en su carta natal, y sus influencias pueden ayudarle a realizar la Puja Navagraha para equilibrarlos y fortalecerlos.

5. **Ofrezca flores:** Identifique a las deidades asociadas con las relaciones y el amor y ofrézcales flores frescas, concretamente rosas. Hacer estas ofrendas a la Diosa Lakshmi o al Señor Krishna puede potenciar el romance y el amor en su vida. Haga sus ofrendas con devoción y oración, y exprese claramente su deseo de tener una relación amorosa.

6. **Practique el autocuidado y el amor propio:** Ambos son fundamentales para atraer y alimentar el amor en su vida. Cuide su bienestar emocional y físico, haga cosas que le hagan feliz y construya una mentalidad positiva. Sea autorreflexivo y trabaje duro en su crecimiento personal; la energía positiva irradia cuando

practica el amor propio y le ayudará a atraer las relaciones adecuadas.

7. **Busque ayuda astrológica:** Consulte a un astrólogo védico para conocer mejor los planetas y su influencia en su vida amorosa. Un astrólogo profesional examinará su carta natal, identificará las posiciones planetarias y cualquier desequilibrio u obstáculo, y le recomendará las prácticas y remedios adecuados para ayudarle.

No lo olvide; para que los remedios astrológicos funcionen, debe ser sincero en sus esfuerzos, abierto en su comunicación y desear genuinamente la conexión y el amor.

Esta guía termina con un capítulo importante: un glosario de términos que le ayudará a entender todo lo que lea y oiga sobre los nodos lunares y la astrología védica.

Capítulo extra: Glosario de términos

Aprender todo sobre la astrología védica y los nodos lunares ya es bastante difícil, pero lo es aún más cuando no se entienden las definiciones y los términos utilizados. A continuación encontrará los términos más comunes con los que es probable que se encuentre:

A

- **Akshavedamsa (uhk-shah-veh-dahm-suh):** más conocida como D-45, es una de las cartas divisionales o Varga, a veces llamada Pancha-Chatvaryansh. Se utiliza para ayudar a un astrólogo a determinar aspectos del carácter y la personalidad de un individuo.
- **Amrita (uhm-ree-tuh):** es el «néctar de la inmortalidad», y también se refiere a un momento en el que las influencias planetarias son favorables, lo que indica positividad y armonía.
- **Artha (ahr-thuh):** representa la riqueza y la prosperidad, los afanes materiales y los asuntos prácticos y profesionales.
- **Ascendente:** el signo en el horizonte oriental cuando nace una persona, indica su aspecto y personalidad.
- **Ashtakavarga (uhsh-tah-kah-vahr-guh):** sistema que analiza los puntos fuertes y débiles de los planetas en su carta natal.
- **Aspecto:** la influencia de un planeta dirigida a otro en su carta.

- **Atma (aht-muh):** representa el yo, la realidad absoluta del universo.
- **Avasthas (uh-vahs-thahs):** en astrología védica, indica las condiciones o estados de los planetas. Proporciona información sobre cómo se comportan los planetas en su carta natal, su actividad y su fuerza.
- **Ayanamsha (ah-yuh-nuhm-shuh):** la diferencia entre el zodíaco sideral y el tropical en longitud.
- **Ayurveda (ah-yoor-veh-duh):** sistema de medicina natural de la India.

B

- **Bala: (bah-luh):** este término se utiliza habitualmente en astrología védica para describir el poder o la fuerza de un planeta. Representa la capacidad inherente del planeta para producir efectos desfavorables o favorables en función de sus aspectos y posición.
- **Bhanga: (bahng-guh):** se utiliza para denotar cuando un yoga o combinación planetaria se anula o cancela. Esto sucede cuando factores o condiciones específicos contrarrestan el potencial o los efectos de una combinación planetaria, negando o disminuyendo el resultado.
- **Bhava (bahng-guh):** una carta natal tiene 12 bhava, o casas, cada una de las cuales representa un aspecto de la vida de un individuo: riqueza, carrera, personalidad, relaciones, etc.
- **Bhukti (bhuhk-tee):** un periodo dentro de un periodo mayor o dasha.

C

- **Cardinal:** estos cuatro signos del zodiaco son los primeros de cada estación: Aries es primavera, Cáncer es verano, Libra es otoño y Capricornio es invierno.
- **Chakra (chuh-kruh):** los centros energéticos del cuerpo, cada uno con una influencia específica de los planetas
- **Chaturthamsa (chuh-tur-thahm-suh):** la D-4, esta carta es también una Varga o carta divisional. Un astrólogo la utiliza para determinar el capital fijo, las propiedades mobiliarias y la suerte de un individuo.

- **Chaturvishamsa: (chuh-tur-vee-shahm-suh):** la D-10 es otra carta divisional o Varga que un astrólogo utiliza para determinar las propensiones de aprendizaje, educación, conocimiento y donación de un individuo a lo largo de su vida.
- **Chatvaryansh: (chuh-tvah-ryahn-shuh):** también llamada Chaturvimsamsa, es una de las cartas divisionales utilizadas en la astrología védica. Separa un signo del zodiaco en 24 partes, todas del mismo tamaño, cada una de las cuales representa una determinada área de la vida. Proporciona una visión del potencial, las capacidades y las habilidades de un individuo en diferentes ámbitos.
- **Combustión:** describe el estado de un planeta cuando está demasiado cerca del Sol; las significaciones de ese planeta se debilitan.
- **Conjunción:** se combinan las energías de dos o más planetas en la misma casa.
- **Cúspide:** línea invisible que separa dos signos zodiacales o casas contiguas en la carta natal.

D

- **Dasamsa (duh-suhm-suh):** la 10ª división de la carta natal ofrece más información sobre la trayectoria profesional del individuo.
- **Dasha (duhsha):** periodos planetarios que dividen la vida de un individuo en periodos separados, cada sección con un planeta regente diferente. Un astrólogo analizará el calendario y los efectos de cada periodo para hacer predicciones.
- **Dashmansh (duhsh-muhn-shuh):** la carta D-10 es diferente porque no tiene nada que ver con la carta natal lagna del individuo. En su lugar, se utiliza para determinar detalles sobre la trayectoria profesional actual de un individuo, sus posibles carreras para el futuro y sus objetivos empresariales y sociales.
- **Debilitación:** un planeta en debilitación se encuentra en su posición más débil y vulnerable, por lo que puede tener efectos negativos.
- **Dharma (duhr-muh):** el propósito y el deber de un individuo en la vida.

- **Carta divisional:** las cartas divisionales son cartas natales separadas y más pequeñas que se utilizan para proporcionar una visión adicional de determinadas áreas de la vida de un individuo.

- **Dosha (doh-shuh):** se trata de un periodo de aflicción o desequilibrio en una carta natal que puede causar algunas dificultades a un individuo. Los doshas primarios son Kapha, Vata y Pitta.

- **Drekkana (dreh-kah-nuh):** esta carta contiene las afinidades de la tercera casa y se relaciona con los hermanos.

- **Dreshkana (drehsh-kah-nuh):** la carta D-3 es una carta divisional/Varga que ayuda al astrólogo a determinar información sobre las aficiones y los hermanos de un individuo. Esto enlaza con la casa 3, que proporciona detalles sobre los hermanos, y la D-3 da información sobre la casa 3, el valor del individuo, sus habilidades comunicativas, sus hermanos y sus acciones para conseguir sus deseos.

- **Drishti (drish-tee):** se trata de cómo un planeta proyecta su energía a través de la carta astral; lo hace mediante su influencia en los signos zodiacales en los que no reside.

- **Dusthana (duhs-thah-nuh):** las casas 6ª, 8ª y 12ª son colectivamente las dusthana, todas ellas con una asociación a algún tipo de sufrimiento, es decir, la casa 6ª se asocia con la enfermedad, la 8ª con la muerte, mientras que la casa 12 se asocia con la pérdida.

- **Dwadamsha (dwah-duhm-shuh):** una de las cartas de división; proporciona más información sobre las vidas anteriores, los padres, la herencia (ancestral) y el karma de vidas pasadas.

- **Dwara: (dwuh-ruh):** Dwara es la palabra sánscrita que significa puerta o entrada. En astrología, se utiliza para referirse al punto de entrada o cúspide de un signo o casa específicos en la carta natal de un individuo. Indica una transición entre diferentes áreas vitales y describe el flujo de energía entre ambas.

E

- **Efemérides (ih-feh-muh-ris):** los astrólogos la utilizan para elaborar las cartas natales y los movimientos de los planetas.
- **Exaltación:** indica cuándo un planeta manifiesta su forma más elevada de energía y es increíblemente poderoso.

F

- **Fijos:** los rashis estables a los que no les gustan los cambios; los signos son Acuario, Leo, Escorpio y Tauro.

G

- **Gochara (goh-chuh-ruh):** es el estudio de las posiciones de tránsito de los planetas y de cómo afectan a los individuos. El movimiento planetario se analiza en relación con las posiciones natales de la carta natal.
- **Graha Drishti (gruh-huh- drish-tee):** describe el aspecto de un planeta sobre otro, haciendo referencia a la influencia que tiene la posición de un planeta sobre otro o sobre una casa específica.
- **Graha (gruh-huh):** palabra sánscrita que significa «planeta». Incluye los cuerpos celestes que todos podemos ver, como la Luna y el Sol, y los que no, como los nodos lunares (Rahu y Ketu).
- **Gyana: (gyah-nuh):** esta palabra sánscrita se traduce como sabiduría o conocimiento. En astrología, se refiere a la perspicacia y comprensión intuitivas que surgen del conocimiento metafísico o espiritual. También indica un alto nivel de iluminación y conciencia.

H

- **Hora (hoh-ruh):** la 2ª carta divisional, conectada con la 2ª casa en una carta Rashi; Hora está relacionada con la riqueza.
- **Horóscopo:** mapa o diagrama que indica la posición de los cuerpos celestes cuando nació una persona; se utilizan para hacer predicciones.
- **Casa:** el zodíaco se divide en 12, cada una de las cuales se denomina casa. Cada una influye en un aspecto determinado de la vida de un individuo.

J

- **Jaimini: (jai-mih-nee):** se refiere al sistema astrológico llamado Jaimini, que debe su nombre a un sabio llamado Jaomini Maharishi. Se trata de una antigua tradición con sus propias técnicas, principios e interpretaciones de cartas. Se centra en determinadas significaciones y aspectos planetarios.
- **Jyotish (jyoh-tish):** término sánscrito que significa astrología, concretamente astrología védica.
- **Jyotishi (jyoh-tish-ee):** astrólogo que utiliza el sistema de la astrología védica.

K

- **Kama (kah-muh):** representa la pasión y el deseo.
- **Kapha (kah-fuh):** energía o dosha ayurvédica que representa las cualidades tranquilas y estables.
- **Karaka (kah-ruh-kuh):** significador planetario de ciertos aspectos de la vida.
- **Karma (kahr-muh):** una influencia que causa un efecto, normalmente de acciones en una vida anterior. En pocas palabras, es un caso de lo que va, vuelve; cómo trate a los demás y lo que haga en una vida pasada volverá a usted.
- **Kendra (ken-druh):** representa las casas angulares, que representan los aspectos más importantes de la vida y son significativas; son las casas 1ª, 4ª, 7ª y 10ª. Dicho esto, los planetas en cualquiera de estas casas tendrán un impacto significativo en un individuo, pero los de la casa 10 se consideran los más influyentes y no deben subestiMartee.
- **Ketu (kay-too):** el nodo sur de la Luna, creado por la decapitación de Rahu.
- **Khavadamsha (khuh-vah-duhm-shuh):** la carta D-40 es una carta Varga/divisional que un astrólogo utiliza para determinar los resultados auspiciosos/inauspiciosos de un individuo. También se conoce como Chatvaryansh.
- **Krishna Paksha (krihsh-nuh-puhk-shuh):** la mitad oscura de un mes, también conocida como Luna menguante.
- **Kundli (koon-dlee):** Nombre védico de la carta natal.

L

- **Lagna (luhg-nuh):** el Ascendente o el signo ascendente en la carta natal de un individuo. Es el planeta que se elevaba en el horizonte oriental cuando nació una persona y determina su personalidad y su aspecto físico.
- **Señor del Lagna:** el planeta regente del Lagna, este planeta desempeña un papel importante a la hora de determinar su influencia y su fuerza.
- **Lahiri: (lah-hee-ree):** se refiere a una popular efeméride védica llamada Efeméride Lahiria. Ofrece posiciones precisas de los planetas y otros datos utilizados para los cálculos astrológicos. Esta efeméride se suele utilizar para realizar cálculos de cartas y predicciones precisas.
- **Lajjitaadi: (luh-jee-tah-dee):** es un término astrológico védico que describe un grupo de condiciones (avasthas) que se atribuyen a diferentes planetas. Estos avasthas representan las dignidades o estados de los planetas en función del lugar que ocupan en la carta natal de un individuo. Proporcionan una visión del comportamiento, la fuerza y el efecto del planeta en la vida de un individuo.

M

- **Mahadasha (muh-huh-dah-shuh):** palabra sánscrita que se traduce como «periodo importante». Es un periodo planetario que repercute en la trayectoria vital de un individuo durante una duración determinada desde el momento del nacimiento.
- **Mantra:** secuencia de palabras o sonidos que proporcionan vibración; se utilizan para apaciguar a los planetas y suelen emplearse como remedios astrológicos.
- **Maraka (muh-ruh-kuh):** significa literalmente «asesino». Sin embargo, significa muerte a la salud/longevidad en astrología. Las casas Maraka son la 2ª y la 7ª.
- **Moksha (mohk-shuh):** iluminación espiritual y el concepto de ser liberado del ciclo vida/muerte.
- **Moolatrikona (moh-luh-trih-koh-nuh):** un poderoso rango de grados en una Rashi con una fuerte influencia sobre un planeta específico. Los planetas en moolatrikona son más fuertes que en su propio signo, pero no tanto como cuando están en exaltación.

- **Muhurta (muh-hoor-tuh):** elección del momento adecuado para iniciar una nueva empresa u ofrecer remedios astrológicos. Debe realizarse un análisis cuidadoso para elegir el momento adecuado para obtener los mejores resultados.
- **Mutables:** los signos del zodíaco adaptables y variables. Son Géminis, Piscis, Sagitario y Virgo.

N

- **Astrología Nadi:** rama de la astrología védica centrada en las predicciones sobre el pasado, el presente y el futuro de un individuo. Utiliza manuscritos llamados Nadis u hojas de palma para hacer predicciones y se practica normalmente en el sur de la India.
- **Nakshatra (nahk-shah-truh):** las 27 constelaciones en las que se divide el zodiaco se denominan mansiones lunares o Nakshatras.
- **Nakshatra Dasha (nahk-shah-truh-duh-shuh):** periodos planetarios basados en las Mansiones Lunares; el sistema tiene en cuenta la secuencia de Nakshatra, incluido el planeta regente de cada uno, para elaborar los efectos y el calendario de los distintos periodos.
- **Señor del Nakshatra:** cada Nakshatra tiene un planeta regente conocido como Señor. El Señor del Nakshatra añade ciertas influencias y cualidades al individuo en función de su carta natal única.
- **Navagraha:** los nueve planetas de la carta natal de una persona: Sol, Moro, Marte, Mercurio, Júpiter, Venus, Saturno, Rahu y Ketu.
- **Navamsha (nuh-vuhm-shuh):** casi tan importante como la carta natal en la astrología védica, la navamsha se utiliza en la astrología occidental y proporciona una visión adicional de las relaciones a largo plazo. También ayuda a determinar si las indicaciones de una carta astral se manifestarán con facilidad o con dificultad. Algunos astrólogos dicen que el navamsha es el horóscopo del alma y que el Rashi representa otras condiciones de la vida de un individuo.

- **Neecha-Bhanga Raj Yoga (nee-chuh-buhn-guh rahj yoh-guh):** una combinación de planetas que mitiga o anula el debilitamiento de un planeta específico, aportando efectos más positivos, como éxito, poder y riqueza.
- **Nodos:** hay dos nodos en la sombra unidos a la Luna: Rahu (Norte) y Ketu (Sur). No se pueden ver, pero indican la intersección de la eclíptica y la Luna cuando esta orbita, provocando un eclipse.

P

- **Pakshala Bala (puhk-shuh-luh bah-luh):** es cuando la fuerza de la Luna cambia a un ciclo diferente. Su fuerza cambia a lo largo del mes lunar, lo que suele denominarse creciente (aumento) y menguante (disminución). Algunos astrólogos dicen que cuando la Luna está a menos de 120 grados del sol, es débil. Por el contrario, se considera fuerte cuando les separan más de 120 grados.
- **Pancha: (puhn-chuh):** esta palabra sánscrita significa cinco y, en astrología védica, se utiliza para describir el concepto de los cinco principios o elementos fundamentales: Tierra, Aire, Agua, Éter (espacio) y Fuego. Los elementos son sobre los que se construye el mundo material; cada uno tiene sus propias energías y cualidades.
- **Panchang (puhn-chahng):** almanaque o calendario utilizado para obtener información astrológica, como las posiciones planetarias. Puede utilizarse para ayudar a una persona o a un astrólogo a determinar el Muhurat para realizar una tarea o remedio específico, es decir, encontrar el mejor momento. El panchang tiene 5 miembros: Tithi (fecha), Nakshatra, Vaar (día), Karan y Yog.
- **Pitta (pih-tuh):** el dosha del Ayurveda que rige el elemento fuego.
- **Prakruti (pruh-kroo-tee):** constitución natural de una persona; es una indicación de los doshas irritantes y de la debilidad.
- **Prashna (pruhsh-nuh):** también llamada horaria, es una rama de la astrología que gira en torno a la respuesta a preguntas utilizando la información del momento en que se formularon. En el momento en que se formula la pregunta, un astrólogo analizará la carta astral.

- **Prishtodaya (prish-toh-dah-yuh):** los signos que se elevan en Oriente en la segunda parte del día: Aries, Cáncer, Capricornio, Sagitario y Tauro.

R

- **Rahu (rah-hoo):** el nodo Norte de la Luna
- **Rahu-Ketu:** el nombre colectivo de los nodos Norte y Sur; Rahu y Ketu son planetas sombra y son puntos celestes importantes con un enorme impacto en los patrones kármicos y la vida de un individuo.
- **Raja Yoga (rah-juh yoh-guh):** poderosas combinaciones planetarias o posiciones que representan la autoridad, el poder y el éxito.
- **Rashi (rah-shee):** otro término para los signos del zodíaco; hay 12 de ellos, cada uno ocupando 0 grados de todo el zodíaco.
- **Remedios:** rituales o prácticas que se realizan para reducir o eliminar las influencias negativas de un planeta. Pueden incluir mantras, piedras preciosas, oraciones, actos caritativos, etc.
- **Signo ascendente:** véase Lagna

S

- **Sandhi: (suhn-dhee):** este término sánscrito describe el concepto de fusión o unión. En astrología védica, se utiliza para referirse a la unión o fase de transición entre dos casas o signos. Se trata de una zona sensible que puede influir en los efectos y la interpretación de las posiciones planetarias y en el flujo de energía entre los distintos aspectos vitales.
- **Sánscrito (suhn-skrit):** lengua sagrada en el jainismo, el budismo y el hinduismo, utilizada en múltiples escrituras y textos.
- **Sanyasi (suhn-yuh-see):** persona que se ha declarado libre de posesiones materiales y ha seguido en su lugar el camino espiritual.
- **Saptamamsha (suhp-tuh-muhm-shuh):** la carta D-7 es otra carta divisional/Varga que ayuda a proporcionar información sobre los hijos de un individuo. Se utiliza al evaluar su casa 5 en la carta natal.

- **Saptvishansh (suhp-tuh-vee-shahn-shuh)**: se refiere a una carta divisional llamada D-27, utilizada en el análisis de las capacidades y la fuerza de un individuo basándose en las posiciones de los planetas.
- **Shadvarga (shuhd-vuhr-guh)**: se traduce como seis cartas, que son la Hora, la Drekkana, la Saptamsha, la Navamsha, la Dwadamsha y la Vishamsha. El más importante de ellos es el Navamsha, que suele utilizarse con la carta Rashi.
- **Shashtyamsa (shuhsh-tee-uhm-suh)**: también conocida como D-60, esta carta Varga/divisional determina los acontecimientos buenos o malos en la vida de una persona.
- **Shirshodaya (sheer-shoh-dah-yuh)**: signos que se elevan en el Este durante la salida del sol; los signos son Acuario, Géminis, Leo, Libra, Escorpio y Virgo.
- **Shodasamsa (shoh-duh-suhm-suh)**: la carta D-16 es una carta divisional/Varga que ayuda al astrólogo a obtener más información sobre lujos, accidentes, problemas y muertes relacionadas con vehículos en la carta natal de un individuo.
- **Shukla Paksha (shook-luh puhk-shuh)**: la mitad clara del mes lunar, cuando la Luna es creciente.
- **Zodíaco sideral (sy-deer-ee-uhl zoh-dee-ak)**: el zodíaco fijo es el más utilizado en astrología védica, ya que indica las constelaciones reales y sus movimientos en un momento dado.
- **Signo**: una constelación zodiacal.
- **Sthira (sthee-ruh)**: los signos fijos.

T

- **Tajika (tuh-jee-kuh)**: son el equivalente védico de los principales aspectos utilizados en la astrología occidental: conjunción, oposición, cuadratura, trígono y sextil. Miden los aspectos entre los planetas y no entre planetas y signos.
- **Trik (trihk)**: colectivamente la 6ª, 8ª y 12ª, o casas poco propicias - véase Dusthana.
- **Trimasamsa (tree-muh-suhm-suh)**: se trata de un tipo diferente de carta divisional. Es la 30ª armónica, pero no parece tener mucho que ver con la división de un signo por 30. Hay cinco

divisiones, ninguna de ellas igual, y no se menciona a Leo ni a Cáncer. Sin embargo, sí da información importante sobre cuestiones de salud y mala suerte.

- **Trishansh (trih-shahn-shuh):** la D-30 es una carta divisional/Varga utilizada por un astrólogo para determinar los retos a los que puede enfrentarse un individuo en el futuro. Puede indicar mala salud, mala suerte y problemas futuros.
- **Zodíaco tropical:** es el zodíaco utilizado habitualmente por los astrólogos occidentales y se conoce como el zodíaco «móvil»; a diferencia de la astrología sideral, no utiliza constelaciones naturales.

U

- **Ubhayodaya (oob-huh-yoh-dah-yuh):** planeta ascendente por ambos lados con algunas características de un planeta ascendente por delante y otras de un ascendente por detrás. Solo hay un planeta: Piscis.
- **Upachaya (oo-puh-chuh-yuh):** colectivamente las casas 3ª, 6ª, 10ª y 11ª. Upachaya se traduce como «mejorando» porque los planetas de esas casas aumentan su influencia y su fuerza con el tiempo. Este es especialmente el caso de la casa 11.
- **Upagrahas (oo-puh-gruh-huhs):** son puntos matemáticos adicionales o cuerpos planetarios utilizados en la astrología védica, que representan ciertas condiciones o influencias, por ejemplo, Mandi (financiero) y Gulka (desgracia).

V

- **Cartas Varga:** son cartas divisionales utilizadas por los astrólogos védicos para proporcionar más información sobre ciertos aspectos de la vida de un individuo. Cada carta se centra en un aspecto determinado.
- **Vata (vuh-tuh):** este dosha del Ayurveda está regido por una combinación de aire y espacio (éter).
- **Astrología védica:** véase Jyotish.
- **Vimshotari Dasha (vim-shoh-tuh-ree duh-shuh):** el sistema de Dasha más utilizado, también llamado Udu Dasha.
- **Vishamsa (vee-shahm-suh):** la carta D-20 es una carta divisional/Varga utilizada por un astrólogo para determinar

detalles sobre las inclinaciones espirituales y religiosas de un individual.

Y

- **Yoga (yoh-guh):** en Jyotish, yoga indica una combinación, normalmente de al menos dos planetas o un planeta/signo, o planeta/casa, que suele implicar el aspecto de otro planeta. A veces intervienen más de dos planetas.

- **Yogakaraka (yoh-guh-kah-ruh-kuh):** se trata de un planeta significativamente fuerte que crea combinaciones auspiciosas de yogas en la carta natal de un individuo. Este planeta puede traer éxito, prosperidad y resultados positivos.

Z

- **Zodíaco:** consta de doce divisiones equidistantes en un círculo de 360 grados. Cada división de 30 grados recibe el nombre de una constelación determinada, y se conocen como Rashis en astrología védica.

Conclusión

Gracias por leer "Los Nodos Lunares: Desvele los secretos de los Navagrahas, su carta natal, el karma, el Sol y la Luna en astrología y las doce casas del zodíaco". Esperamos que lo haya disfrutado y que haya aprendido algo nuevo.

La astrología védica es completamente diferente de la occidental, y explorar los nodos lunares le brinda la oportunidad perfecta para comprender los Navagrahas y desvelar sus secretos. También obtendrá una comprensión más profunda de las doce casas y su papel en el zodiaco y en su vida.

Rahu y Ketu, los nodos lunares, son significativos en la astrología védica, ya que representan la ambición y el deseo (Rahu) y la liberación y el desapego (Ketu) Comprender los nodos lunares en relación con su carta natal puede ayudarle a entender qué lecciones debe aprender de esta vida y las huellas kármicas de sus vidas pasadas. Ahora debería comprender que las doce casas representan diferentes aspectos de su vida. Aunque cada una se centra en un área específica, observar las doce puede darle una visión general perfecta de su vida.

Todo ello le permitirá comprender su vida, descubrir patrones ocultos, entender su viaje kármico y tomar las decisiones correctas en la vida. Ahora puede vivir de forma más consciente, comprender su verdadero potencial y tomar el camino correcto con mayor autoconciencia y sabiduría.

Con este libro ha emprendido un viaje increíblemente espiritual, pero esto es solo el principio. Tómese un tiempo para mejorar su comprensión y aprender cómo influyen los nodos lunares en su vida.

Segunda Parte: Rahu y Ketu

Una guía completa sobre los dos nodos lunares opuestos, la Astrología Védica y el culto a Navagraha

Introducción

¿Quiere entender el poder de Rahu y Ketu en la astrología védica? ¿Está buscando maneras de mitigar su efecto? Entonces esta guía es el recurso perfecto.

La astrología védica ya no es sólo una creencia. Ha ganado una gran popularidad mundial con los años por sus predicciones precisas y su eficacia. Como parte de la astrología védica, Rahu y Ketu, los dos planetas sombra, tienen una inmensa importancia debido a su influencia en la vida de las personas. Aunque ambos son planetas en la sombra, su impacto es profundo. Este libro profundiza en Rahu y Ketu, su naturaleza, poder y cómo influyen.

Los dos nodos de la Luna, Rahu y Ketu, son vistos como los planetas más poderosos en la astrología védica. Este completo libro proporciona todo lo necesario para entender su influencia en su vida. Este libro aborda los fundamentos de la astrología védica, Navagrahas (cuerpos celestes), y Nakshatras (mes lunar).

La posición de Rahu y Ketu en su carta natal deciden sus ciclos kármicos. Del mismo modo, la posición de Rahu y Ketu en las diferentes casas de la carta natal determina los retos y beneficios que traerá el camino de su vida. Este libro analiza la posición planetaria de Rahu y Ketu en la carta natal. Además, explica los remedios para los maleficios de Rahu y Ketu y cómo ayudarle a mitigar sus efectos.

El poder de Rahu y Ketu varía según su posición en la carta natal. Si Rahu está posicionado positivamente, trae prosperidad, fama, respeto, lujo y fortuna. Pero, si su posición es adversa, puede causar resultados negativos como problemas de salud mental, enfermedades crónicas y pérdidas económicas. Esta guía le ayudará a identificar las posiciones favorables y desfavorables de Rahu y Ketu.

Por último, este libro trata el culto Navagraha y los remedios que puede utilizar para apaciguar a Rahu y Ketu. Estos remedios son simples pero efectivos, y reducen los impactos negativos de Rahu y Ketu. Comprender las posiciones de Rahu y Ketu en su carta natal le proporcionará una comprensión profunda de sus ciclos kármicos, su trayectoria vital y los retos y oportunidades críticos a los que se enfrentará en esta vida.

Aunque Rahu y Ketu son planetas en la sombra y tienen efectos adversos, si sabe cómo equilibrar sus energías y aprovechar sus energías positivas, podrá comprender mejor su trayectoria vital y obtener valiosos conocimientos sobre su pasado y su futuro. Al final de esta guía, obtendrá una comprensión completa del poder de estos dos planetas sombra.

La antigua sabiduría de la astrología védica y el poder de Rahu y Ketu pueden transformarle positivamente si está dispuesto a explorarlo. Por tanto, siga leyendo para entender la influencia de Rahu y Ketu en la astrología védica.

Capítulo 1: Introducción a la Astrología Védica

La astrología védica es una ciencia milenaria. Es un complejo sistema de interpretación de los movimientos y posiciones de las estrellas y los planetas. Arraigada en la antigua India, la astrología védica se ha popularizado recientemente en todo el mundo, con la búsqueda de un conocimiento más profundo de uno mismo y del lugar que ocupa en el universo. A diferencia de la astrología occidental, que se centra en los signos solares, la védica adopta un enfoque más holístico, examinando toda la carta astral y la interacción entre planetas y constelaciones.

Este sistema permite conocer mejor la personalidad, la trayectoria vital y el destino de una persona. Hay mucha información que descubrir y explorar en este fascinante campo; este capítulo ofrece una visión general de la historia y los orígenes, sus influencias del hinduismo y sus componentes. Discute los símbolos y el simbolismo de los signos del zodiaco y las casas según la astrología védica. Al final de este capítulo, los lectores comprenderán mejor los fundamentos de la astrología védica.

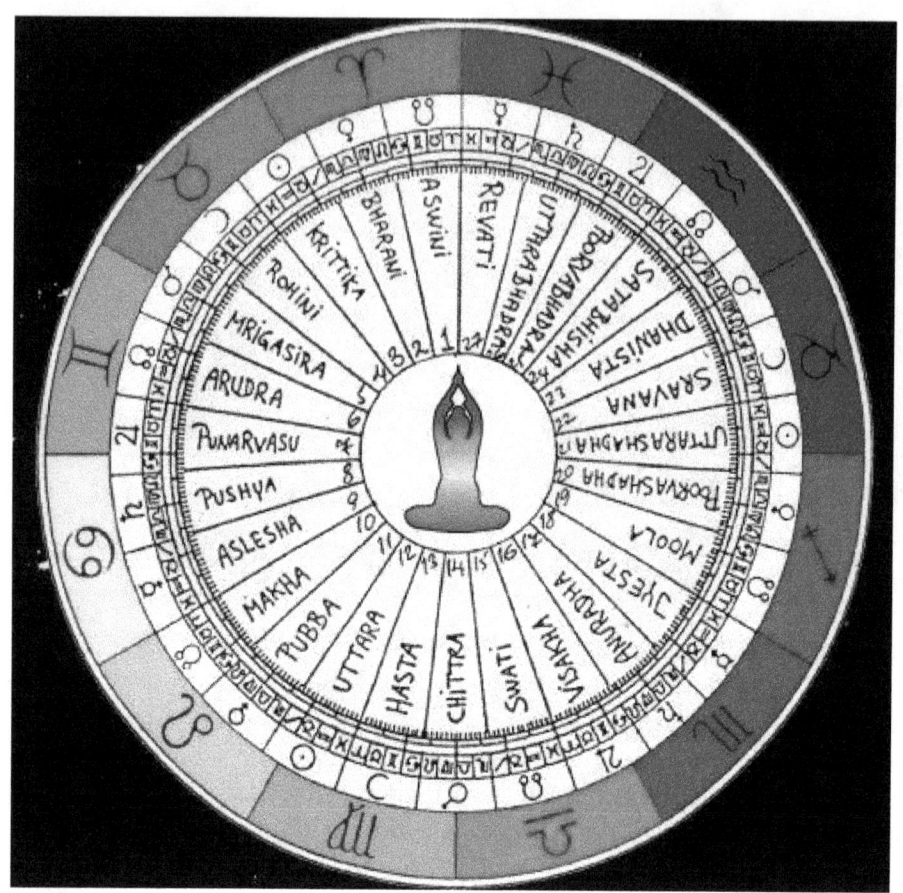

Carta Astrológica Védica[10]

Explorando las diferencias fundamentales entre la astrología védica y la occidental

La astrología es un tema fascinante y complejo que se ha estudiado y aplicado en diversas culturas desde hace siglos. Aunque los principios de la astrología siguen siendo los mismos en los distintos sistemas, el enfoque y la metodología de interpretación de la astrología varían de una cultura a otra. La astrología védica y la astrología occidental son dos sistemas que difieren en su fundamentación. Esta sección explora las principales diferencias entre la astrología védica y la occidental y destaca los puntos fuertes y débiles de ambos sistemas.

Origen e historia

Una diferencia significativa entre estos dos sistemas es su origen e historia. La astrología védica, conocida como *Jyotish*, se basa en las antiguas escrituras hindúes y se practica desde hace más de 5.000 años. Está profundamente arraigada en la cultura india e influida por diversos conceptos filosóficos hindúes. En cambio, la astrología occidental se originó en las antiguas Grecia y Roma y se basa en los movimientos de los planetas y las estrellas. El sistema occidental ha evolucionado, influido por diversos factores culturales y religiosos.

La astrología védica y la occidental tienen sus puntos fuertes y sus puntos débiles. Mientras que la astrología occidental es más precisa en cuanto a los tiempos, la védica proporciona una comprensión más profunda de la vida y el destino de una persona. El sistema védico es mejor para predecir el karma y el destino, mientras que el sistema occidental es más adecuado para analizar situaciones actuales. Además, la astrología védica no se limita a los doce signos del zodiaco, como la occidental. En su lugar, considera la colocación de nueve planetas y veintisiete constelaciones, llamadas Nakshatras. El sistema védico también considera los Bhavas o casas de cada carta.

Sistema Zodiacal

Otra diferencia significativa entre la astrología védica y la occidental es su sistema zodiacal. El sistema occidental sigue el zodiaco tropical, que se basa en la posición del Sol en el momento del nacimiento. Se define por las cuatro estaciones, solsticios y equinoccios. En cambio, el sistema védico utiliza el zodiaco sideral, basado en la posición real de las estrellas. Los signos del zodiaco en la astrología védica están separados unos 23 grados del sistema occidental, lo que a menudo da lugar a una interpretación diferente de la carta natal de una persona. La astrología védica se centra en la posición de los planetas en relación con las estrellas. La astrología occidental se centra más en la relación de los planetas con la Tierra.

Regímenes planetarios

Los regímenes planetarios en la astrología védica y occidental también difieren. En la astrología occidental, cada signo del zodiaco está regido por un planeta en particular. En contraste, la astrología védica asigna el gobierno a las dos luminarias, el Sol y la Luna, incluyendo los dos planetas sombríos, Rahu y Ketu. Por otra parte, mientras que el sistema occidental pone un énfasis significativo en el signo solar, el sistema védico considera la posición de la Luna igualmente importante, si no más. Los Nakshatras en la astrología védica están regidos por planetas particulares, añadiendo otra capa a la interpretación de la carta natal de una persona. Vale la pena señalar que el sistema védico no asigna un planeta a cada casa, como lo hace la astrología occidental.

Técnicas de predicción

Ambos sistemas tienen técnicas predictivas diferentes. Por ejemplo, la astrología védica utiliza un complejo sistema de Dashas, o periodos planetarios, que divide la vida de un individuo en segmentos y analiza las diferentes influencias de los planetas durante esos periodos. Por otro lado, la astrología occidental utiliza diversas técnicas de predicción como los tránsitos, las progresiones y los retornos solares, analizando los movimientos de los planetas y su influencia en la vida de una persona.

La astrología es un tema muy amplio que abarca diversos sistemas, símbolos y técnicas. La astrología védica y la occidental difieren en lo fundamental; sin embargo, proporcionan una valiosa visión de los puntos fuertes y débiles de una persona, así como de su trayectoria vital. La astrología védica ofrece un enfoque más holístico, teniendo en cuenta la influencia de las luminarias y los planetas en la sombra, y utiliza un complejo sistema de periodos planetarios para el análisis predictivo. La astrología occidental, por su parte, se centra en el signo solar y utiliza diversas técnicas predictivas como tránsitos, progresiones y retornos solares.

Desvelando la fascinante historia y los orígenes de la astrología védica

La astrología, el arte de interpretar la relación entre los cuerpos celestes y los asuntos humanos, forma parte de la cultura humana desde hace milenios. Uno de los sistemas de astrología más antiguos y profundos es la astrología védica. Su origen se remonta a los Vedas, los textos sagrados más antiguos del hinduismo. La astrología védica ha guiado a la gente durante siglos y todavía prevalece en la India y otras partes del mundo. Esta sección desvela la fascinante historia y los orígenes de la astrología védica y explora por qué sigue siendo relevante hoy en día.

Orígenes de la astrología védica

El nacimiento de la astrología védica se remonta a los antiguos sabios de la India. Los Rishis creían que la posición y el movimiento de los cuerpos celestes podían influir en la vida humana. Así que estudiaron las estrellas y los planetas durante años y observaron sus efectos en la salud, la riqueza y las relaciones de las personas. Los Vedas constan de cuatro partes: Rigveda, Samaveda, Yajurveda y Atharvaveda. El Atharvaveda hace referencia a la astrología y se cree que es el libro más antiguo sobre astrología. Los Rishis formularon un sistema que podía determinar los momentos favorables y desfavorables para acciones específicas como casarse, viajar o iniciar un negocio. Lo llamaron "Jyotish", o ciencia de la luz.

Estructura y elementos de la astrología védica

La astrología védica tiene reglas, métodos y cálculos únicos. El sistema divide el plano eclíptico en 27 partes iguales, cada una pertenece a un planeta o estrella. Estas divisiones, o Nakshatras, se subdividen a su vez en partes más pequeñas, cada una representada por una deidad. La posición de los planetas en estos Nakshatras y sus movimientos forman la carta del horóscopo. La carta consta de 12 casas, cada una representa un aspecto de la vida humana. El sistema utiliza siete planetas, incluyendo el Sol, la Luna, Marte, Mercurio, Júpiter, Venus, Saturno y los dos planetas sombra, Rahu y Ketu.

La importancia de la astrología védica en la actualidad

La relevancia de la astrología védica hoy en día se puede ver en el creciente interés en todo el mundo. La gente confía en la astrología para obtener información sobre su futuro, orientación situacional, pasión, sexualidad, relaciones y trayectorias profesionales. Los horóscopos se utilizan para comprender mejor una vida en la que la gente siente pérdida o desasosiego. Con una lectura completa del horóscopo, las personas pueden comprender sus necesidades, deseos y talentos. Usted puede aprender más acerca de su personalidad, fortalecer sus relaciones, y mejorar su trayectoria profesional con la ayuda de la astrología védica.

Cómo funciona la astrología védica

La astrología védica examina y analiza el estado kármico y cósmico de una persona, así como su presente, pasado y futuro. Cuanto más intrincados y exactos sean los cálculos basados en los detalles del nacimiento, más precisa será la lectura de la personalidad de una persona y de sus influencias cósmicas. La colocación de los planetas en los Nakshatras y las casas en las que residen tienen implicaciones sustanciales en la naturaleza y la vida del individuo. La astrología védica puede determinar momentos propicios para rituales, nuevos comienzos y decisiones vitales esenciales.

La historia y los orígenes de la astrología védica son fascinantes y muestran cómo la astrología ha arraigado en la cultura humana. Su estructura y sus elementos, complejos pero precisos, han ayudado a innumerables personas a comprender mejor su vida y mejorar su futuro. La relevancia y popularidad de la astrología védica en la actualidad demuestran su importancia en el mundo moderno. Sea creyente o escéptico, comprender la historia y los conceptos de la astrología védica es un viaje fascinante que merece la pena.

La intrincada influencia del hinduismo en la astrología védica

La India es una antigua civilización que contribuyó a desarrollar la antigua práctica de la astrología védica, Jyotish. La astrología védica tiene sus raíces en el hinduismo y es parte integrante de la cultura india. Proporciona una visión de la vida y puede ayudar a las personas a comprender su potencial y sus limitaciones. El hinduismo y la astrología védica están profundamente entrelazados, por lo que entender el hinduismo es crucial para comprender la esencia de la astrología védica. Esta sección discute la influencia del hinduismo en la astrología védica y su significado en la vida de las personas.

Los principios fundamentales de la astrología védica fueron establecidos en el antiguo texto, Brihat Parashara Hora Shastra. Este texto contiene una gran cantidad de conocimientos sobre diferentes aspectos de la astrología védica, incluida la importancia del hinduismo. Según la astrología védica, la vida de cada persona es un viaje determinado por las fuerzas cósmicas y la energía del universo. Por lo tanto, los diversos planetas, constelaciones y sus posiciones pueden influir en la vida de una persona, y el hinduismo es crucial para definir la relación entre estas fuerzas y energía.

La influencia del hinduismo en la astrología védica es evidente en las numerosas deidades y semidioses que se veneran. En la astrología védica, los nueve planetas están asociados a diferentes deidades de la mitología hindú. Por ejemplo, el Sol se asocia con el Señor Surya, la Luna con el Señor Chandra y Saturno con el Señor Shani. Se cree que estas deidades influyen en los planetas, afectando directamente a la vida de una persona.

El hinduismo determina sustancialmente los momentos propicios y desfavorables para diversas actividades. Por ejemplo, según la astrología védica, ciertos planetas favorecen actividades específicas, como casarse, iniciar un nuevo negocio o comprar una casa. Además, festivales como Diwali se celebran según los principios de la astrología védica. Por ejemplo, Diwali celebra el regreso de Rama a Ayodhya tras derrotar al rey demonio Ravana y coincide con los movimientos de los planetas.

Otra forma en que el hinduismo influye en la astrología védica es a través de las prácticas Yagyas o Homas. Yagya es un ritual védico donde las ofrendas se hacen a una deidad específica para invocar sus bendiciones para ayudar a superar los obstáculos en la vida y traer buena fortuna. La astrología védica concede gran importancia a las Yagyas y las considera excelentes para mejorar la vida de una persona. Se realizan en función de las posiciones planetarias en la carta natal, y la deidad se elige para que coincida con el planeta causante del problema.

La intrincada relación entre estas dos prácticas ancestrales es fascinante, y cuanto más se profundiza en ellas, más se observa su interconexión. La astrología védica es una poderosa herramienta que ofrece valiosos conocimientos sobre la vida, y comprender el papel del hinduismo aporta mayor profundidad y significado a estos conocimientos. La astrología ha evolucionado a lo largo de milenios, pero el vínculo entre el hinduismo y la astrología védica sigue siendo fuerte y continúa influyendo en la gente de todo el mundo.

Componentes de la carta astral védica

La carta astral védica, basada en la antigua astrología india, Jyotish Shastra, es un sistema global estudiado, analizado y escrito por expertos durante muchos años. La carta astral védica comprende varios componentes vitales que crean un perfil en profundidad de la personalidad, rasgos, fortalezas y debilidades de un individuo. Esta sección profundiza en los tres elementos principales de la carta astral védica, incluyendo los signos zodiacales, Navagrahas o planetas, y Bhavas o casas.

Signos del Zodiaco o Rashis

La carta astral védica utiliza doce signos zodiacales o Rashis para crear una imagen completa de los rasgos de personalidad de un individuo. Estos signos son Aries, Tauro, Géminis, Cáncer, Leo, Virgo, Libra, Escorpio, Sagitario, Capricornio, Acuario y Piscis. El signo zodiacal de un individuo viene determinado por la posición del Sol y la Luna en el momento del nacimiento. Cada signo tiene rasgos, atributos y tendencias positivos y negativos únicos. Por ejemplo, Aries es conocido por ser testarudo e impulsivo, mientras que Tauro es conocido por ser obstinado y trabajador. Comprender los signos del zodiaco de las personas puede proporcionar una valiosa perspectiva de su personalidad y ayudarles a tomar mejores decisiones en la vida.

Estos signos del zodiaco están relacionados con las deidades hindúes, y cada signo tiene asociado un dios concreto. Por ejemplo, Aries está asociado a Hanuman, Tauro a Varaha y Géminis a Shiva. Conocer las divinidades hindúes asociadas a cada signo le permite comprender mejor su personalidad y el propósito de su vida. Además, el simbolismo y la mitología asociados a cada signo ayudan a las personas a ser más conscientes de su potencial interior y a comprender mejor sus retos.

Navagrahas o planetas

La carta astral védica incluye nueve planetas o Navagrahas: el Sol, la Luna, Marte, Mercurio, Júpiter, Venus, Saturno, Rahu y Ketu. Cada planeta tiene significados y atributos únicos e influye en la vida del individuo. Por ejemplo, Marte representa la agresividad y la acción, Venus el amor y las relaciones, y Saturno la disciplina y el trabajo duro. La posición Navagraha de un individuo al nacer determina sus rasgos de personalidad. Por lo tanto, comprender los Navagrahas ayuda a las personas a tomar decisiones basadas en sus puntos fuertes, sus debilidades y sus características personales.

Si los Navagrahas no están bien alineados, pueden causar problemas en la vida del individuo. Para mejorar esta alineación se toman medidas correctivas especiales, como cantar mantras o llevar determinadas piedras preciosas. Los Navagrahas se asocian con los nueve planetas y las deidades hindúes, al igual que los signos del zodiaco, y comprender esta conexión proporciona una mayor comprensión de la vida. Los Navagrahas son esenciales en la astrología védica, pero su influencia es mucho más compleja y debe estudiarse con más detalle.

Bhavas o Casas

La carta astral védica incluye doce Bhavas o casas, que están interconectadas y representan áreas específicas de la vida de un individuo. El primer Bhava representa el yo, mientras que el duodécimo Bhava representa la liberación o Moksha. El segundo Bhava representa las finanzas, mientras que el séptimo representa el matrimonio y las relaciones de pareja. Cada Bhava es crucial en la vida de un individuo y determina las energías que le rodean. Comprender los Bhavas puede ayudar a los individuos a decidir mejor, planificar su vida y alcanzar sus aspiraciones.

La carta es un poderoso sistema que ofrece una valiosa visión de la personalidad de un individuo y su trayectoria vital. La comprensión de los componentes de la carta astral védica (incluyendo los signos del zodiaco o Rashis, Navagrahas o planetas, y Bhavas (casas)) ayuda a los individuos a entenderse a sí mismos más profundamente y tomar mejores decisiones en la vida. Las personas pueden liberar su potencial utilizando este antiguo sistema y alcanzar la prosperidad, la alegría y la plenitud.

El simbolismo de los signos del zodiaco y las casas según la astrología védica

La astrología ha sido un tema fascinante desde la antigüedad y forma parte integrante de la vida actual. Uno de los aspectos más apasionantes de la astrología es el simbolismo de cada signo y casa del zodíaco. La astrología védica ofrece una visión de las energías cósmicas y de cómo influyen en la vida de las personas. Esta sección explora el simbolismo de cada signo zodiacal y casa según la astrología védica.

Aries (Mesh) - Primera Casa: Aries está representado por un carnero, que simboliza la fuerza, el coraje y el liderazgo. Marte, el planeta de la acción y la energía, lo rige. La primera casa se llama la Casa del Yo y representa la personalidad, el aspecto físico y las características de un individuo. Esta casa se asocia con los nuevos comienzos, la autoexpresión y la independencia. Si está bien aspectada, puede traer suerte y éxito. La primera casa, conocida como *Ascendente o Lagna*, es la más importante de una carta natal, ya que establece el escenario para el resto del gráfico.

Tauro (Vrishabha) - Segunda Casa: Tauro está simbolizado por un toro, que representa la firmeza, la obstinación y la resistencia. La rige Venus, el planeta de la belleza, el amor y el lujo. La segunda casa se asocia con la riqueza, las posesiones y los recursos materiales. Esta casa representa los valores del individuo, su autoestima y su capacidad para acumular riqueza y recursos. Una segunda casa bien aspectada puede aportar estabilidad, abundancia y comodidad.

Géminis (Mithuna) - Tercera Casa: Géminis está representado por gemelos, que simbolizan la versatilidad, la comunicación y la curiosidad. La rige Mercurio, el planeta de la comunicación y el intelecto. La tercera casa está asociada a la comunicación, el aprendizaje y las capacidades mentales. Representa la capacidad del individuo para expresarse, la curiosidad y la sed de conocimiento, y las relaciones con hermanos y amigos íntimos. Una tercera casa bien aspectada puede aportar inteligencia, intuición y claridad.

Cáncer (Karkata) - Cuarta Casa: Cáncer está simbolizado por un cangrejo, que representa las emociones, la sensibilidad y la protección. Está regido por la Luna, el planeta de las emociones y la intuición. La cuarta casa, la Casa del Hogar y la Familia, representa los cimientos emocionales, las raíces y las tradiciones del individuo. Se asocia con la familia, la infancia y la seguridad. Una cuarta casa bien aspectada puede aportar seguridad emocional, fuertes lazos familiares y un sentimiento de pertenencia.

Leo (Simha) - Quinta Casa: Leo está representado por un león, que simboliza la confianza, la creatividad y la autoexpresión. Está regido por el Sol, el planeta de la vitalidad y la autoexpresión. La quinta casa se asocia con la creatividad, la autoexpresión y el placer. Representa la pasión y la creatividad de un individuo, su capacidad para asumir riesgos y mostrar su talento, y sus relaciones con los hijos y la pareja. Una quinta casa bien aspectada puede traer abundancia, alegría y éxito.

Virgo (Kanya) - Sexta Casa: Virgo está simbolizado por una doncella, que representa el sentido práctico, la precisión y la salud. Está regido por Mercurio, el planeta del intelecto y la comunicación. La sexta casa se asocia con la salud, el trabajo y el servicio. Esta casa representa la capacidad de un individuo para ser productivo y organizado diariamente, comprometerse con el servicio y el deber, y mantenerse sano. Una sexta casa bien aspectada puede aportar eficiencia, productividad y salud.

Libra (Tula) - Séptima Casa: Libra está representado por una balanza, que simboliza el equilibrio, la armonía y las relaciones. Venus, el planeta de la belleza y el amor, la rige. La séptima casa se asocia con las relaciones, las asociaciones y el matrimonio. Esta casa representa la capacidad de un individuo para llevarse bien con los demás, las relaciones con sus seres queridos y las cualidades que busca en una pareja. Una casa séptima bien aspectada puede aportar relaciones sólidas, armonía y equilibrio.

Escorpio (Vrishchika) - Octava Casa: Escorpio está simbolizado por un escorpión, que representa la transformación, la muerte y el renacimiento. Marte, el planeta de la acción y la energía, la rige. La octava casa se asocia con la muerte, el renacimiento, la transformación y lo oculto. Esta casa representa la capacidad de un individuo para enfrentarse a cuestiones complejas, una comprensión profunda de los misterios de la vida y el interés por los aspectos misteriosos de la existencia. Una octava casa bien aspectada puede aportar una visión profunda y una transformación personal.

Sagitario (Dhanus) - Novena Casa: Sagitario está representado por un arquero, que simboliza la ambición, la espiritualidad y el aprendizaje superior. La rige Júpiter, el planeta de la expansión y la sabiduría. La novena casa se asocia con la educación superior, los viajes, la filosofía y la religión. Esta casa representa la capacidad de un individuo para ampliar sus horizontes a través de la educación, los viajes y las creencias y valores espirituales. Una novena casa bien aspectada puede aportar sabiduría, conocimiento y comprensión espiritual.

Capricornio (Makara) - Décima Casa: Capricornio está simbolizado por una cabra marina, que representa la ambición, la responsabilidad y la carrera. Saturno, el planeta de la estructura y las limitaciones, la rige. La décima casa se asocia con el empleo, el estatus público y la reputación. Esta casa representa la capacidad de un individuo para triunfar en su campo o profesión y sus cualidades para mostrar liderazgo. Una casa décima bien aspectada puede aportar éxito profesional, respeto y reconocimiento.

Acuario (Kumbha) - Undécima Casa: Acuario está representado por un hombre que vierte agua, simbolizando el humanitarismo, la amistad y la conciencia de grupo. La rige Saturno, el planeta de la estructura y las limitaciones. La undécima casa se asocia con las amistades, las esperanzas y los deseos. Esta casa representa la capacidad de un individuo para construir conexiones sólidas y redes sociales, su capacidad para el idealismo y el altruismo, y las esperanzas para su futuro. Una undécima casa bien aspectada puede aportar éxito social y amistades sólidas.

Piscis (Meena) - Duodécima Casa: Piscis está simbolizado por dos peces, que representan la imaginación, la intuición y la compasión. La rige Júpiter, el planeta de la expansión y la sabiduría. La duodécima casa se asocia con los enemigos ocultos, los secretos y la autodestrucción. Esta casa representa la capacidad de compasión y comprensión de un individuo, su potencial para la imaginación creativa y su vulnerabilidad a la mala fortuna. Refleja el crecimiento espiritual y el conocimiento que buscan. Una duodécima casa bien aspectada puede aportar iluminación espiritual y una fuerte conexión intuitiva con lo divino.

La astrología védica proporciona una comprensión más profunda del simbolismo de cada signo del zodiaco y casa, ofreciendo una visión de la personalidad, los valores y las relaciones. Al explorar estas energías cósmicas, puede entenderse mejor a sí mismo y a los demás, y saber cómo utilizarlas para llevar una vida plena. Tanto si cree en la astrología como si no, puede ser una herramienta para descubrirse a sí mismo y comprender el mundo que le rodea. Así que, la próxima vez que mire a las estrellas, tenga en cuenta su poderoso impacto en la vida de las personas y examine detenidamente el simbolismo de cada signo del zodiaco y de cada casa.

Este capítulo le ha introducido en los fundamentos de la astrología védica y en cómo le influye el hinduismo. Se han analizado los componentes de una carta astrológica védica, incluyendo los signos zodiacales o Rashis, los Navagrahas o planetas, y los Bhavas o casas. Por último, el capítulo profundiza en cada concepto y proporciona una visión general de cada signo del zodiaco y el simbolismo de la casa, de acuerdo con la astrología védica. Con este conocimiento, puede explorar el significado profundo de su carta astral védica y entender mejor la vida y como ésta es afectada por los planetas. Ahora que está armado con esta información, sus decisiones pueden conducirle a una vida más plena.

Capítulo 2: Los Navagrahas en la Astrología Védica

En astrología védica, los Navagrahas son los nueve cuerpos celestes fundamentales en la vida. Cada graha (uno de los nueve planetas de los Navagrahas) representa una energía específica con el poder de influir en las emociones, el comportamiento y el destino. Desde la energía ardiente del Sol hasta la naturaleza reflexiva de Saturno, cada graha ocupa un lugar único en el panorama cósmico. La comprensión de los Navagrahas y su impacto en la vida puede ayudarle a navegar por los giros y vueltas que la vida le depare de forma rápida y elegante.

Todos los apasionados creyentes en el poder de la astrología védica están de acuerdo en que los Navagrahas son parte integral de sus vidas. Este capítulo profundiza en cada uno de los siete planetas para conocerlos mejor. Explora sus antecedentes mitológicos, su simbolismo y sus características. Además, analiza los ciclos y periodos planetarios por los que atraviesa cada planeta y su impacto en la trayectoria vital y las experiencias del individuo. Por último, examina los efectos de las combinaciones planetarias y los aspectos del Navagraha.

El Sol (Surya)

Surya, el Sol Navagraha

El componente esencial de la astrología védica son los Navagraha, los nueve planetas con influencia astronómica y astrológica sobre la vida humana. Esta sección explora el impacto planetario del Sol o Surya, uno de los Navagraha más prominentes y venerados de la tradición védica. Profundiza en el trasfondo mitológico, las características, el simbolismo, los ciclos y periodos planetarios y el impacto en la trayectoria vital de un individuo. Abróchese el cinturón y embárquese en un esclarecedor viaje por la astrología india.

Antecedentes mitológicos

En la antigua mitología hindú, el Sol o Surya se considera la deidad de la verdad, el valor y el poder. Surya es hijo del sabio Kashyapa y de Aditi, la madre de los dioses. Se le considera el padre de Yama, el dios de la muerte, y el maestro del rey de los dioses, Indra. A menudo, se le representa montado en su carro por el cielo, tirado por siete caballos que representan los siete colores del arco iris. La importancia de Surya en el hinduismo queda patente en las numerosas oraciones e himnos que se le dedican, como el Aditya Hridayam, que se recita para pedir salud, prosperidad y éxito.

La importancia de Surya en la cultura védica y la astrología

La importancia de Surya en la astrología védica se manifiesta de numerosas maneras. Surya es la fuente de la vida y el centro del sistema solar. Por lo tanto, se asocia con la vitalidad, la energía y la fuerza de voluntad. Representa el alma (o Jeevatma) y confiere inteligencia, creatividad y cualidades de liderazgo. Surya significa la figura paterna en el horóscopo y rige el signo zodiacal de Leo, gobernando la quinta casa. En la carta astral de un individuo, la posición y la fuerza de Surya determinan el grado de éxito, fama y reconocimiento que puede alcanzar en la vida.

Características y simbolismo

Cada planeta se asocia con características y simbolismo en la astrología védica. Surya es un planeta caliente y temperamental, que representa el elemento fuego. Se le conoce como el planeta Karaka o el planeta que representa un aspecto particular de la vida. Surya significa ego, autoestima y confianza en uno mismo. Surya rige el ojo derecho del cuerpo, el corazón y el sistema digestivo. Clásicamente, Surya se representa con cuatro brazos y sosteniendo un loto, un disco, una caracola y una maza. El loto representa la pureza. El disco indica la luz del conocimiento, la caracola simboliza la victoria y la maza representa la fuerza.

Ciclos y periodos planetarios

Cada planeta tiene un período de tránsito específico en la astrología védica, determinando las diversas fases propicias o desfavorables de la vida de un individuo. El tránsito de Surya a través de múltiples signos zodiacales y casas puede cambiar significativamente la vida. Se cree que Surya está exaltado en el signo zodiacal de Aries y debilitado en el signo zodiacal de Libra. El prolongado Mahadasha de Surya (período significativo) puede traer nombre, fama y riqueza.

Impacto en la trayectoria vital

La posición de Surya en el horóscopo de un individuo en la astrología védica puede determinar su trayectoria vital y sus rasgos de personalidad. La fuerza de Surya en el horóscopo puede evaluar la confianza, el coraje y las cualidades de liderazgo del individuo. Puede indicar su éxito en política, gobierno, finanzas y actividades creativas. La posición débil de Surya puede conducir a diversos problemas relacionados con la salud y a una falta general de vitalidad y energía en la vida.

El Sol o Surya es un Navagraha importante en la astrología védica, que influye en varios aspectos de la vida de un individuo. Representa la fuente de la vida y la energía, la vitalidad y la fuerza de voluntad. La posición y la fuerza de Surya en el horóscopo de un individuo puede determinar su éxito, fama y reconocimiento en la vida. Comprender el papel y el impacto de Navagraha en su horóscopo le ayudará a tomar decisiones informadas y le permitirá disfrutar de una vida más plena y alegre.

La Luna (Chandra)

Chandra, el Navagraha de la Luna[11]

La astrología védica se ha practicado durante siglos para comprender e interpretar la influencia de los cuerpos celestes en la vida humana. Entre los nueve cuerpos celestes o Navagraha en la astrología védica, la Luna o Chandra es significativo debido a su asociación con las emociones, estados de ánimo y la conciencia. Esta sección explora la mitología, significado, características, simbolismo y ciclos planetarios de la Luna en la astrología védica.

Antecedentes mitológicos

En la mitología hindú, la Luna o Chandra es el hijo del sabio Atri y Anusuya, conocido como Soma, el dios del néctar de la inmortalidad. Según la leyenda, Chandra estuvo casado con las 27 hijas de Daksha, el dios de la creación. Sin embargo, mostró más amor y afecto a Rohini, que era la más bella. Daksha maldijo a Chandra para que padeciera una enfermedad debilitante. Más tarde, el Señor Shiva le dio el elixir de la vida, curándole de la enfermedad, pero también haciendo que creciera y menguara.

El significado de la Luna en la cultura védica y la astrología

La Luna se asocia con la energía femenina, la fertilidad y la creatividad en la cultura védica y se considera el gobernante de la mente, las emociones y los estados mentales. La posición y el movimiento de la Luna en relación con los otros Navagraha influyen en la personalidad, el comportamiento y el destino de un individuo. Gobierna los fluidos corporales y los ciclos menstruales.

Características y simbolismo

La Luna está asociada al elemento agua, y su deidad regente es la diosa Parvati. Representa la esencia de los seres vivos, y su creciente y menguante simbolizan la naturaleza cíclica de la vida, la muerte y el renacimiento. La Luna se caracteriza por su espíritu suave, sensible, emocional y nutritivo, y se asocia con la inteligencia, la memoria y la intuición.

Ciclos y periodos planetarios

La Luna recorre los 12 signos del zodiaco en 27,3 días, lo que se denomina mes lunar o Nakshatra. Cada Nakshatra tiene una energía única, y la posición de la Luna en estos Nakshatras al nacer influye en los rasgos y características de un individuo. La Luna afecta a los ciclos menstruales mensuales de las mujeres, y su posición en la carta astral determina los patrones emocionales, mentales y psicológicos de una persona.

Impacto en la trayectoria vital

La posición de la Luna en la carta natal influye en la naturaleza emocional, las tendencias mentales y la expresión creativa del individuo. Las personas con una fuerte influencia lunar suelen ser intuitivas, imaginativas, artísticas y empáticas. Son sensibles a las emociones de los demás y tienen estados de ánimo e impresiones fluctuantes. La Luna influye en la relación de una persona con su madre, su familia y su hogar, y es significativa en sus carreras relacionadas con las emociones, la psicología, la sanidad y el arte.

La Luna, o Chandra, es un cuerpo celeste esencial en la astrología védica, y su influencia en la vida humana no puede ser subestimada. Representa la energía femenina y la esencia de la vida. Comprender la posición de la Luna, sus ciclos y su impacto en la carta astral puede ayudar a las personas a navegar por sus emociones, patrones psicológicos y camino vital. Al honrar y alinearse con las energías de la Luna, las personas pueden aprovechar su intuición, creatividad y naturaleza nutritiva y encontrar el equilibrio y la armonía.

Marte (Mangal)

Mangal, el Navagraha de Marte [13]

El sistema Navagraha tiene un significado inmenso en la mitología y la astrología hindúes. Uno de estos cuerpos celestes es Marte, conocido como *Mangal*. Además de ser el dios de la Guerra en la mitología hindú, este planeta tiene un significado y una influencia significativos en la astrología. Esta sección discute los antecedentes mitológicos, el significado en la cultura védica, las características y el simbolismo, los ciclos y periodos planetarios y los impactos en la trayectoria vital de Marte en Navagraha en la astrología védica.

Antecedentes mitológicos

Según la mitología hindú, Marte es hijo de la diosa Tierra y del sabio Kashyap. Es el dios de la Guerra, y se cree que nació con un arma en la mano. Se le conoce por ser feroz, asertivo y agresivo, se le considera amante de las artes y la belleza, y se le asocia con la energía femenina. Marte es el dios que puede hacer que un individuo sea valiente, apasionado y ambicioso para alcanzar metas.

El significado de Marte en la cultura védica y la astrología

Marte o Mangal ocupa un lugar importante en la astrología y la cultura védica. Se considera un planeta beneficioso que puede impulsar a las personas a tener éxito. El planeta es conocido por otorgar energía, vitalidad e inspiración a aquellos que lo buscan. Es el protector del dharma o la rectitud. En la cultura hindú, el martes está dedicado a Marte, y la gente realiza pujas y rituales para buscar las bendiciones del planeta.

Características y simbolismo

Marte es un planeta ardiente que significa coraje, agresividad, pasión y empuje. Este planeta representa la vitalidad, la fuerza y la energía, está asociado al elemento fuego y rige sobre Aries y Escorpio. El planeta está representado en rojo y simbolizado por un círculo con una flecha apuntando hacia arriba y a la derecha. El símbolo representa la dirección ascendente y la fuerza dinámica del planeta.

Ciclos y periodos planetarios

Marte tarda entre 45 y 47 días en transitar por un signo y aproximadamente 1,5 años en recorrer los 12 signos zodiacales. Tiene un periodo retrógrado, cuando parece retroceder, que dura unos 80 días. Marte puede causar más daños que beneficios durante el periodo retrógrado, provocando conflictos, accidentes y lesiones.

Impacto en la trayectoria vital

Marte influye significativamente en la trayectoria vital de una persona, ya que rige la energía, la fuerza y la pasión. Puede hacer que una persona sea valiente, asertiva y ambiciosa. Negativamente, Marte puede hacer que un individuo sea agresivo, impulsivo e inquieto. En astrología médica, Marte está asociado con la cabeza, la sangre y el sistema muscular. Por lo tanto, una aflicción de Marte en la carta astral puede provocar problemas de salud en estas áreas.

Marte o Mangal es un planeta importante en Navagraha en la astrología védica. Este planeta es conocido por otorgar energía, vitalidad e inspiración a aquellos que lo buscan. El planeta es un símbolo de coraje, pasión y fuerza. Gobierna Aries y Escorpio, y el martes está dedicado a él. Conocer las características e impactos de Marte puede ayudar a las personas a aprovechar las energías positivas de este planeta. Pedir bendiciones y realizar pujas por Marte ayuda a las personas a llevar una vida sana y próspera.

Mercurio (Budha)

Budha, el Navagraha de Mercurio[18]

La astrología védica es conocida en todo el mundo por sus predicciones precisas y métodos que han resistido la prueba del tiempo. Esta sección profundiza en el tercer graha en Navagraha: Mercurio (Budha). Explora su mitología, significado en la cultura védica y la astrología, características, simbolismo, ciclos planetarios y periodos, e impacto en el camino de la vida de un individuo.

Antecedentes mitológicos

En la mitología hindú se cree que Mercurio es hijo de la Luna y de Rohini, una de sus 28 esposas. Según la leyenda, Budha nació como un príncipe que renunció a su posición para convertirse en un destacado intelectual y erudito. En las escrituras se le conoce como el dios de la inteligencia. Su asociación con la educación y el aprendizaje se considera uno de los temas centrales de Mercurio.

El significado de Mercurio en la cultura y astrología védica

Budha es considerado uno de los planetas más críticos en la astrología védica. Tiene un impacto en la capacidad intelectual de las personas, habilidades de comunicación, ingenio y humor. Los nacidos bajo la influencia de este planeta son generalmente elocuentes, inteligentes y de ingenio rápido. Tienen facilidad para aprender y adaptarse a nuevas situaciones.

Características y simbolismo

Mercurio se representa como un hombre joven, musculoso, con bigote y adornado con piedras preciosas. Sostiene una espada y un escudo y está sentado sobre un león. Este planeta está relacionado con la lógica, el razonamiento, la comunicación y el comercio. Es esencial en los negocios y el comercio, y se cree que representa las matemáticas, la ciencia y la investigación.

Ciclos y periodos planetarios

El ciclo planetario de Mercurio dura 88 días en la astrología védica. El planeta está cerca del Sol, y su periodo de tránsito suele variar entre dos semanas y un mes. Se cree que, durante su retrogradación, que ocurre de tres a cuatro veces al año, es mejor evitar tomar decisiones importantes o firmar contratos, ya que la energía del planeta está en su punto más bajo.

Impacto en la trayectoria vital

Un Mercurio fuerte en el horóscopo de una persona significa que probablemente tendrá una carrera de éxito en campos que requieran una excelente comunicación y capacidad analítica. Las personas con un

Mercurio débil pueden sufrir contratiempos en su vida profesional, no comunicarse con eficacia o tener problemas de confusión mental. Las personas nacidas bajo la influencia de Budha están bendecidas con reflejos rápidos, mentes agudas y una enorme capacidad para resolver problemas. Además, es el planeta del positivismo, que trae buena suerte y prosperidad a los nacidos bajo su influencia.

Mercurio, o Budha, es un planeta esencial en la astrología védica, ya que desempeña un papel fundamental en el crecimiento intelectual, la capacidad de comunicación y la vida profesional de una persona. El impacto del planeta es crucial para el pensamiento analítico de un individuo y sus habilidades para resolver problemas, convirtiéndolo en un componente esencial de su personalidad. Entender el planeta y sus ciclos ayuda a comprender mejor su importancia en la vida y a navegar por su impacto para desbloquear un crecimiento y unos logros enormes.

Júpiter (Gurú o Brihaspati)

Gurú (Brihaspati), el Navagraha de Júpiter[14]

Júpiter, o Gurú, es uno de los planetas más destacados de la astrología védica. Se le considera el planeta más beneficioso del sistema solar y simboliza la sabiduría, la fortuna y el conocimiento. Esta sección explora el significado de Júpiter en la cultura védica, astrología, características y simbolismo. Profundiza en los ciclos y periodos planetarios y explora su impacto en el camino de la vida de un individuo.

Antecedentes mitológicos

Júpiter está asociado al Gurú, que significa maestro, y a Brihaspati, considerado el sacerdote de los dioses en la mitología hindú. Según la mitología hindú, el planeta nació del sabio Angiras. Júpiter está asociado al dios Chandra. El planeta disipa la oscuridad y la ignorancia y bendice a las personas con sabiduría.

El significado de Júpiter en la cultura védica y la astrología

En la cultura védica, Gurú o Júpiter es considerado como el planeta más influyente y significativo de Navagrahas. Representa el conocimiento, la inteligencia y la espiritualidad. El planeta gobierna el hígado, la glándula pituitaria y el metabolismo de las grasas en el cuerpo. La colocación de Júpiter en el horóscopo de un individuo significa el camino espiritual del individuo y la búsqueda del conocimiento en la astrología védica.

Características y simbolismo

Júpiter se representa como el planeta gigante del sistema solar y aparece como una estrella brillante en el cielo. El planeta se asocia con el color amarillo y la piedra preciosa zafiro amarillo. El símbolo de Júpiter es una media luna situada sobre una cruz, que simboliza la estabilidad y la expansión. La naturaleza de Júpiter se considera benévola y significa crecimiento, conocimiento y evolución.

Ciclos y periodos planetarios

Júpiter tarda unos trece meses en completar su órbita alrededor del Sol. Los ciclos y periodos del planeta influyen profundamente en la trayectoria vital de una persona. Su posición en el horóscopo de un individuo determina su inclinación hacia la espiritualidad, la fortuna, el conocimiento y el crecimiento en general. Júpiter vuelve a su posición original cada doce años, y este periodo se conoce como el "Retorno de Júpiter".

Impacto en la trayectoria vital

Júpiter es conocido como el planeta de la fortuna, y su posición en el horóscopo de un individuo influye en su fortuna. Los individuos con una fuerte influencia de Júpiter son más optimistas, intuitivos y se inclinan hacia búsquedas espirituales. Júpiter significa riqueza, éxito y abundancia. Por el contrario, un Júpiter débil indica falta de dirección, confusión y falta de enfoque en la trayectoria vital del individuo.

Júpiter, o Gurú, es uno de los planetas más importantes de Navagrahas en la astrología védica. Su influencia en un individuo refleja su fortuna, expansión y crecimiento. A través de sus poderosos ciclos y periodos, Júpiter moldea el camino de la vida de un individuo, dirigiéndolo hacia búsquedas espirituales, éxito y abundancia. Comprender el poder de Júpiter crea una vida de crecimiento positivo, cantidad y plenitud.

Venus (Shukra)

Shukra, el Navagraha de Venus[15]

La astrología, como ciencia, ocupa un lugar destacado en la cultura india desde hace muchos años. En la astrología védica, Venus es crucial para forjar el destino de las personas. Esta sección explora a Venus (Shukra) y su significado en la cultura védica y la astrología.

Antecedentes Mitológicos

En la mitología hindú, Venus está asociada con la diosa de la belleza y el amor, Shukra. Según las leyendas, Shukra era uno de los Ashtadikpalakas (los ocho guardianes de los puntos cardinales) y el Gurú de los Asuras (demonios). Se cree que Shukra fue el responsable de devolver la vida a los asuras después. Más tarde, Shukra se convirtió en uno de los Navagrahas, y Venus pasó a ser su representación astrológica.

El significado de Venus en la cultura védica y la astrología

La cultura védica considera a Venus el planeta del amor, la belleza y el lujo. Rige los placeres materialistas, el arte, la música, la danza y la creatividad. Las personas nacidas bajo la influencia de Venus se sienten atraídas por la estética y poseen personalidades agradables. Venus es el significador o regente de las casas segunda y séptima en astrología. Se considera un planeta benéfico, y su posición y aspectos en la carta astral indican resultados favorables en el amor, las relaciones, las finanzas y la creatividad.

Características y simbolismo

Una hermosa mujer representa a Venus o Shukra, montada en un carro de antílope o loro. Este planeta personifica la feminidad, la belleza, el amor y la caridad. Refleja los instintos del individuo hacia el amor, las relaciones, las posesiones materiales y las actividades creativas. Se dice que Venus tiene un efecto magnético y rige la estética y la atracción. Confiere sensualidad, encanto, gracia y refinamiento, lo que hace que la personalidad de un individuo sea encantadora; la gente suele sentirse atraída por él.

Ciclos y periodos planetarios

Venus completa un ciclo zodiacal en aproximadamente 225 días y permanece en un signo alrededor de un mes. El periodo de Venus se denomina Shukra Dasha en astrología. Durante este periodo, Venus bendice al individuo con felicidad, ganancias materiales y éxito en las relaciones. El Shukra Dasha comienza a la edad de 25 años y su duración es de 20 años. Sin embargo, el período real y los resultados de Shukra Dasha varían dependiendo de la posición de Venus en la carta natal.

Impacto en la trayectoria vital

La posición de Venus en la carta natal influye significativamente en la trayectoria vital de un individuo. Un Venus fuerte y bien situado aumenta su creatividad, habilidades artísticas y ganancias mundanas. Aporta el potencial para una relación sana y armoniosa y una personalidad agradable. Sin embargo, un Venus débil y mal situado puede causar problemas en las relaciones, las finanzas y la salud, lo que lleva a una falta de creatividad y desinterés por la estética.

Como planeta de la astrología védica, Venus tiene un gran significado. Su posición en la carta natal de un individuo influye en varios aspectos de la vida, como el amor, las relaciones, la creatividad y las ganancias mundanas. Entender a Venus y su simbolismo ayuda a navegar los desafíos de la vida y maximizar la influencia favorable del planeta. Venus representa la belleza, el encanto y el lujo en el mundo que le rodea, y comprender su papel le ayudará a aprovechar todo su potencial.

Saturno (Shani)

Shani, el Navagraha de Saturno[16]

El universo está lleno de energía. La ubicación y el movimiento de cuerpos celestes como planetas, estrellas y asteroides afectan significativamente a la vida de las personas. La astrología védica se basa en la colocación exacta de estos objetos cósmicos para estudiar su influencia en la vida de las personas. Uno de los más importantes entre estos cuerpos celestes es Saturno, conocido como *Shani* en la astrología védica. El planeta Saturno tiene un gran significado en la cultura védica y la astrología. Esta sección explica los antecedentes mitológicos y las características de Saturno y explora su impacto en el camino de la vida de un individuo.

Antecedentes mitológicos

Saturno es conocido como Shani Dev, el hijo del Señor Surya o el Señor del Karma, que trae la justicia en la mitología hindú. Se le conoce por su comportamiento estricto y disciplinado y a menudo se le representa como una deidad de piel oscura o azul que porta un arco y una flecha. Según las leyendas, el Señor Ganesha maldijo una vez a Shani Dev, lo que le hizo arrogante y distante con el mundo. Más tarde, fue salvado por el Señor Hanuman y dedicó su vida a servirle.

Significado de Saturno en la cultura védica y la astrología

Saturno simboliza la disciplina, el trabajo duro y el karma en la cultura védica. En astrología, representa la décima casa, que está directamente asociada con la carrera y la vida profesional de una persona. Como Saturno está relacionado con el trabajo duro, se le considera el planeta "Maestro de Tareas", y su influencia puede causar retrasos y dificultades en la carrera de una persona. Saturno es el "Señor del Tiempo", que significa longevidad, madurez y estabilidad.

Características y simbolismo

Los atributos de Saturno son la disciplina, el trabajo duro y la responsabilidad. Se asocia con el elemento aire y se considera un planeta seco y frío. Saturno rige Capricornio y Acuario en la astrología védica. Su símbolo es una *"Gada"* o maza, que representa la fuerza y la masculinidad. Su piedra preciosa es el zafiro azul, que se dice que trae éxito, fama y fortuna a quien lo lleva. El impacto de Saturno en la carta astral de una persona le da firmeza y sentido práctico a su enfoque de la vida.

Ciclos y Periodos Planetarios

Los ciclos de Saturno se encuentran entre los más esenciales y vigilados de la astrología védica. Tarda unos dos años y medio en atravesar un signo zodiacal, por lo que su ciclo se conoce como *"Sade Sati"*. El periodo de Sade Sati es desafiante, ya que la influencia de Saturno puede traer obstáculos y dificultades. Puede ser un periodo de madurez y crecimiento si el individuo es capaz de soportar las pruebas que plantea. Saturno tiene un ciclo de 29 años, conocido como su "retorno" o "Sade Saath", que marca un punto de inflexión importante en la vida de una persona.

Impacto en la trayectoria vital

La influencia de Saturno en la carta natal de una persona se asocia con la disciplina, el trabajo duro y los retos. Conlleva periodos duros, pero también grandes recompensas para quienes pueden soportar sus dificultades. Un Saturno fuerte en una carta significa buenas perspectivas profesionales, ya que promueve la disciplina y la perseverancia en el enfoque de un individuo. Favorece el éxito, la sabiduría y la longevidad. Por el contrario, un Saturno débil trae obstáculos en la carrera y la vida personal del individuo. Se aconseja apaciguar a Saturno realizando rituales y llevando su gema Zafiro Azul para mitigar sus efectos adversos.

Saturno, o Shani, es un planeta de contradicciones. Su influencia puede traer desafíos y obstáculos, pero también promueve el éxito, la madurez y la disciplina. El impacto de Saturno en la carta astral de una persona es seguido de cerca en la astrología védica, y es conocido por recompensar a aquellos que soportan sus dificultades. Llevar la piedra preciosa de Saturno, el zafiro azul, y realizar rituales propiciatorios puede ayudar a frenar sus efectos adversos. Comprender las características, el simbolismo y los ciclos de Saturno es esencial para navegar por su impacto en la trayectoria vital de una persona.

Aspectos y combinaciones planetarios

La astrología puede explicar los patrones del universo y las fuerzas cósmicas que actúan. Ayuda a comprender las combinaciones planetarias y su impacto en la carta astral. La astrología védica sigue de cerca la influencia de los planetas para evaluar su efecto en la trayectoria vital de una persona. Cuando dos o más planetas forman aspectos en una carta natal, crean combinaciones conocidas como *"yogas"*. La presencia de estos yogas en la carta de un individuo puede traer gran fortuna o causar dificultades. Exploremos los aspectos planetarios y las combinaciones de

Navagrahas en la astrología védica.

- **El Sol:** El Sol es un planeta ardiente asociado a la vitalidad y el coraje. Se cree que es la fuente de toda la energía de la Tierra y representa el liderazgo y la autoridad. El Sol tiene una influencia positiva cuando se sitúa en la primera o la décima casa. Sin embargo, puede perjudicar la vida de un individuo cuando se sitúa en la octava o duodécima casa.

- **La Luna:** La Luna es un planeta acuático asociado con las emociones y la intuición. Representa la energía femenina e influye en la salud mental y emocional del individuo. La Luna puede influir positivamente cuando se sitúa en la cuarta o sexta casa. Sin embargo, puede causar problemas de salud mental y emocional cuando se sitúa en la octava o duodécima casa.

- **Marte:** Marte es un planeta ardiente asociado a la agresividad, el valor y la fuerza física. Representa la energía masculina y afecta al bienestar físico del individuo. Marte puede influir positivamente cuando se sitúa en la primera u octava casa. Sin embargo, puede causar problemas de salud en el sistema reproductivo cuando se sitúa en la séptima o la duodécima casa.

- **Mercurio:** Mercurio es un planeta terrestre asociado a la inteligencia, la comunicación y la lógica. Representa el pensamiento analítico e influye en la destreza mental del individuo. Mercurio tiene una influencia positiva cuando se sitúa en la segunda o sexta casa. Sin embargo, puede causar problemas de comunicación cuando se sitúa en la octava o duodécima casa.

- **Júpiter:** Júpiter es un planeta aéreo asociado con la sabiduría, la prosperidad y la espiritualidad. Representa al Gurú o maestro e influye en los conocimientos y la riqueza del individuo. Júpiter tiene una influencia positiva cuando se sitúa en la primera o quinta casa. Sin embargo, su presencia en la sexta o duodécima casa puede causar problemas financieros.

- **Venus:** Venus es un planeta acuático asociado con el amor, la belleza y las relaciones. Representa la armonía y la paz e influye en la vida personal del individuo. Venus tiene una influencia positiva cuando se sitúa en la primera o quinta casa. Sin embargo, su presencia en la sexta o duodécima casa puede causar conflictos en las relaciones personales.

- **Saturno:** Saturno es un planeta de aire asociado a la disciplina, el trabajo duro y el karma. Representa la décima casa, directamente asociada con la carrera y la vida profesional de una persona. Como Saturno está relacionado con el trabajo duro, se le considera el planeta "Maestro de Tareas", y su influencia puede causar retrasos y dificultades en la carrera de un individuo.

Los Navagrahas tienen un profundo impacto en la vida de un individuo y pueden influir en su bienestar físico, emocional y mental en la astrología védica. Es esencial consultar a un astrólogo védico para entender los aspectos planetarios de su horóscopo y las combinaciones para llevar una vida plena y feliz. Los Navagrahas representan las fuerzas del universo, y mediante la comprensión y el aprovechamiento de sus energías, un individuo puede tener éxito en todos los aspectos de la vida.

Capítulo 3: Rahu: El Nodo Lunar Norte

El Nodo Lunar Norte es un tema fascinante que ha intrigado a astrónomos y astrólogos durante siglos. Este punto místico del cielo es vital en la astrología hindú, ya que influye en el destino y la personalidad de un individuo. Rahu se asocia a menudo con el engaño, la ilusión y los deseos mundanos, pero también tiene el poder de lograr un gran éxito y fama. Su posición en la carta astral de una persona puede revelar aspectos profundos de su carácter y su trayectoria vital. A pesar de su naturaleza mística, los astrónomos han estudiado a Rahu y han observado sus movimientos y su efecto sobre otros cuerpos celestes.

Rahu sigue siendo una parte enigmática del universo, y su influencia en la vida de las personas continúa inspirando curiosidad y asombro. Este capítulo profundiza en el simbolismo de Rahu, su significado astrológico y sus conexiones con Ketu, el Nodo Lunar Sur. Explora la mitología asociada a Rahu, sus representaciones y sus cualidades. Este capítulo examina por qué a menudo se le considera un planeta maléfico y su gran potencial analizando sus implicaciones astrológicas. En última instancia, este capítulo proporciona una comprensión más profunda del poder y la influencia de Rahu en la vida de las personas.

Rahu[17]

Rahu en la mitología

El papel de Rahu en la mitología hindú es fascinante e intrincado. Este misterioso nodo lunar y su homólogo Ketu son conocidos por su poderosa influencia en nuestra vida y nuestro destino. Esta sección explora el significado de Rahu en la mitología, incluyendo sus representaciones simbólicas, su papel como embaucador cósmico y sus apariciones en otros mitos. Tanto si está familiarizado con la mitología hindú como si no, esta sección le intrigará e iluminará sobre las complejidades de esta entidad celeste.

La cabeza del dragón

En la mitología hindú, Rahu es conocido como la *Cabeza de Dragón* o el *Nodo Lunar Norte* y nació de un hada llamada Sinhika y del rey demonio Viprachitti. En el arte hindú, Rahu es representado como una serpiente sin cuerpo que se traga el Sol o la Luna durante los eclipses. Su aspecto se asocia a menudo con la oscuridad, el caos y el engaño. Según la creencia popular, Rahu es una fuerza maligna que causa confusión e ilusiones. Sin embargo, en algunas culturas, Rahu se considera una fuerza poderosa que representa la transformación y el despertar espiritual, animando a la gente a liberarse de las limitaciones autoimpuestas.

Embaucador cósmico

Rahu también desempeña el papel de embaucador cósmico en la mitología hindú, tejiendo una red de engaños e ilusiones. Es conocido por su habilidad para disfrazarse y manipular las circunstancias para conseguir sus objetivos. Sin embargo, los trucos de Rahu son de doble filo y pueden traer prosperidad o desgracia, dependiendo de las acciones de una persona. La mitología sugiere que la influencia de Rahu es más sustancial durante los eclipses, cuando el Sol y la Luna se alinean y Rahu parece devorarlos. Se aconseja meditar y evitar las decisiones arriesgadas durante esta época.

El papel de Rahu en otros mitos

Además de su legendario papel como cabeza de dragón y embaucador cósmico, Rahu también aparece en varios mitos hindúes. Se le asocia con el rey demonio Bali y la diosa Kali, que representan la ambición, el poder y la transformación. En un relato, Rahu se disfraza de dios para beber el néctar divino y alcanzar la inmortalidad, pero el Sol y la Luna lo desenmascaran y le cortan la cabeza, que se convierte en el nodo lunar norte. Como consecuencia, Rahu jura vengarse de ellos y provoca eclipses que los devoran. En otros mitos, Rahu aparece como un sabio que ayuda a los dioses a luchar contra los demonios.

El papel de Rahu en la mitología hindú es complejo y polifacético, ya que representa la malevolencia y la iluminación. Como entidad celeste, Rahu ejerce una poderosa influencia en la vida de las personas, guiándolas hacia el crecimiento espiritual o llevándolas al engaño. Puede comprender mejor el significado de este nodo lunar en su vida explorando las representaciones simbólicas de Rahu, su papel como embaucador cósmico y sus apariciones en otros mitos. Honre la presencia de Rahu y utilice su energía para trascender sus limitaciones y abrazar la transformación.

Simbolismo de Rahu

El universo está lleno de misterios, y uno de ellos es la astrología. La astrología es algo más que los signos de las estrellas: es una herramienta de orientación, autoconocimiento y superación personal. Todos los planetas y cuerpos celestes desempeñan un papel importante en la vida de las personas y ofrecen valiosas perspectivas. Rahu es un planeta sombrío crucial en la astrología védica. Este misterioso planeta tiene un carácter complejo y encierra un simbolismo significativo.

Ambición y materialismo

Rahu se considera un planeta maléfico, ya que representa la ambición y el materialismo. Simboliza el deseo de tener más, especialmente posesiones materiales. Se asocia con la mentalidad de "nunca es suficiente" y la búsqueda de riqueza y estatus. La influencia de Rahu puede inspirar a las personas a perseguir sus objetivos con entusiasmo y determinación. Sin embargo, también puede hacer que las personas se vuelvan codiciosas, egoístas y materialistas, creando a menudo una ilusión de éxito y felicidad y haciéndoles perseguir sueños inalcanzables. La clave está en equilibrar la ambición con la espiritualidad y centrarse en objetivos significativos que se alineen con sus valores.

Engaño e ilusión

Otro simbolismo de Rahu es el engaño y la ilusión. Rahu es el maestro del disfraz, que puede crear una falsa sensación de realidad. Hace que las personas sean ciegas a la verdad y propensas a las ilusiones. El impacto de Rahu puede manifestarse como autoengaño, manipulación y traición. Su energía puede provocar desconfianza y cinismo, creando discordia entre las intenciones y las acciones. La clave es desarrollar la conciencia, aprender a ver las cosas como son y practicar la honestidad y la transparencia.

El yo en la sombra

El simbolismo más potente de Rahu es el yo en la sombra. Rahu representa los miedos más profundos, los deseos ocultos y las emociones reprimidas de las personas. Simboliza la mente subconsciente y contiene la clave para el autodescubrimiento. La influencia de Rahu puede crear confusión y obligarle a enfrentarse a sus sombras. El trabajo con las sombras es difícil pero esencial para el crecimiento personal y la plenitud. Puede curar heridas, superar miedos y transformar vidas abrazando su yo sombrío.

Rahu es un planeta poderoso con un simbolismo significativo en astrología. Su influencia puede inspirar a las personas a alcanzar la grandeza y crear una ilusión de éxito y felicidad. Comprender el simbolismo de Rahu ayuda a las personas a navegar por su energía y a utilizar su poder para obtener grandes beneficios. Al equilibrar la ambición con los valores espirituales, desarrollar la conciencia y abrazar su yo sombrío, puede transformar su vida y alcanzar su máximo potencial. Deje que esta exploración de Rahu le inspire para profundizar en su conocimiento astrológico y abrazar su camino hacia el autodescubrimiento.

Conexiones y diferencias entre Rahu y Ketu

La astrología es un tema fascinante que ha intrigado a la gente durante siglos. Permite conocer la personalidad y la trayectoria vital en función de la posición de las estrellas y los planetas en el momento del nacimiento. Dos planetas específicos conocidos por su poder e influencia son Rahu y Ketu. Estos dos planetas, el Nodo Norte y el Nodo Sur, tienen una conexión y una diferencia únicas que influyen significativamente en la vida. Esta sección explora el significado compartido, las cualidades contrastantes y los diferentes impactos en la vida que poseen Rahu y Ketu.

Significado compartido

Rahu y Ketu son planetas de los que a menudo se habla simultáneamente en astrología. Comparten el mismo eje y tienen una relación kármica, influyendo de forma más potente en la vida de las personas. Rahu es conocido por su poder y ambición, mientras que Ketu lo es por sus cualidades espirituales y místicas. Juntos, representan el equilibrio entre la riqueza material y la iluminación espiritual.

En la astrología védica, Rahu y Ketu son los planetas sombra, lo que significa que no tienen existencia física. Esto les permite ser más asertivos a la hora de influir en la vida de un individuo. Son planetas transpersonales, lo que significa que afectan a generaciones enteras en lugar de a una sola persona, lo que los hace esenciales a la hora de estudiar acontecimientos sociales, políticos o históricos.

Cualidades opuestas

A pesar de estar conectados, Rahu y Ketu tienen cualidades opuestas que los hacen únicos. Rahu es sombrío y representa las tendencias materialistas, las ilusiones y los deseos mundanos. Anima a las personas a buscar riqueza material y poder, lo que a menudo los lleva a tomar decisiones impulsivas con consecuencias negativas. Este planeta se asocia con el juego, las adicciones y otros vicios.

Por el contrario, Ketu es conocido por sus cualidades espirituales y místicas. A menudo, se asocia con el desapego, la renuncia y la liberación. Anima a las personas a buscar la paz interior y la iluminación espiritual. Este planeta se asocia con la meditación, el yoga y otras prácticas espirituales.

Diferentes impactos en la vida

El impacto de Rahu y Ketu en la vida varía según la carta natal del individuo y su posición planetaria. La influencia de Rahu es fuerte durante sus períodos planetarios, creando altibajos en la vida de un individuo. Puede provocar cambios repentinos, tanto positivos como negativos, y hacer que las personas se vuelvan ambiciosas, motivadas e impulsivas. Su energía puede causar confusión, miedo y ansiedad, lo que lleva a decisiones impulsivas y comportamientos arriesgados.

La influencia de Ketu es más suave y tiene un efecto más lento y constante. A menudo, proporciona una sensación de desapego y anima a las personas a centrarse en su camino espiritual. Aporta introspección y contemplación, lo que conduce a la autorrealización y al despertar espiritual.

Rahu y Ketu tienen conexiones y diferencias que los hacen esenciales a la hora de estudiar astrología. Representan el equilibrio entre la riqueza material y la iluminación espiritual e influyen poderosamente en la vida de un individuo. Aunque comparten el mismo eje y tienen una relación kármica, poseen cualidades opuestas que llevan a la gente a ver que toda moneda tiene dos caras. El poder, la ambición y las tendencias materialistas de Rahu pueden mejorar o arruinar su vida. Por el contrario, las cualidades espirituales y místicas de Ketu pueden ayudar a las personas a centrarse en su camino espiritual hacia la liberación y la autorrealización. Ambos planetas son esenciales y deben estudiarse en profundidad para comprender su impacto en la vida de las personas.

Rahu como planeta maléfico

En la astrología hindú, los nueve planetas se consideran fuerzas divinas que determinan en gran medida la vida de las personas. Sin embargo, de los nueve, un planeta, Rahu, suele considerarse maléfico por su influencia negativa en diversos aspectos de la vida. Rahu es el Nodo Lunar Norte, conocido por su potencia para crear confusión e incertidumbre. Esta sección trata sobre las razones de la naturaleza maléfica de Rahu, sus efectos adversos en la vida de las personas y cómo neutralizarlos.

Razones de su naturaleza maléfica

La naturaleza maléfica de Rahu se debe principalmente a su interacción con otros cuerpos celestes. Los astrólogos creen que la energía de Rahu es muy potente y, cuando se conecta con otros planetas, forma patrones sólidos que alteran la vida y provocan el caos. Su posición en la carta natal de un individuo es crucial, ya que influye enormemente en su trayectoria vital y sus experiencias. Rahu es conocido por su afinidad con las ganancias materialistas y puede hacer que las personas persigan sus deseos sin descanso, lo que a menudo conduce a la insatisfacción.

Efectos negativos de Rahu

Uno de los efectos adversos más significativos de Rahu es la confusión y el caos en la vida. Debido a su naturaleza maléfica, las personas con Rahu fuerte en su carta natal a menudo luchan con la identidad y la dirección. Sufren diversos cambios y transiciones que les causan angustia y ansiedad. La influencia de Rahu en la salud, las relaciones y la carrera profesional también es evidente. Puede causar trastornos repentinos, cambios inesperados y deseos insatisfechos. Rahu es conocido por causar obstáculos en el crecimiento espiritual.

Neutralizar los efectos negativos

Aunque Rahu se considera un planeta maléfico, no es necesariamente *malo*. Sus efectos adversos pueden neutralizarse y su energía canalizarse positivamente. Una forma es trabajar en su crecimiento espiritual y practicar la atención plena. La meditación, el yoga y otras prácticas espirituales son excelentes para conectar con su yo interior y combatir la confusión y el caos causados por Rahu. Otra forma es trabajar la autodisciplina y fijarse objetivos claros. Puede evitar desilusionarse con deseos interminables canalizando su energía hacia metas específicas.

Otra sugerencia es llevar piedras preciosas como hessonita o gomed, asociadas a Rahu. Estas gemas absorben la energía negativa generada por Rahu y protegen al portador de sus efectos maléficos. Consulte a un astrólogo para encontrar la gema adecuada para su carta astral. Por último, es esencial reconocer y aceptar la energía y las lecciones que ofrece Rahu. En lugar de evitarlo, trabaje en la integración positiva de la energía para alcanzar nuevas metas.

Rahu es una poderosa fuerza celestial que puede provocar caos y confusión en la vida de una persona. Sin embargo, su energía puede canalizarse positivamente comprendiendo su naturaleza maléfica y neutralizando sus efectos adversos. En última instancia, depende de usted utilizar la energía de Rahu para mejorar y crecer. Con esfuerzo, disciplina y conciencia, conviértala en una fuerza de positividad y crecimiento interior que le conduzca hacia la felicidad espiritual y material.

Liberar el potencial positivo de Rahu

En la astrología védica, Rahu es a menudo demonizado como un planeta maléfico que causa caos, destrucción y negatividad. Sin embargo, Rahu posee un fuerte potencial positivo que puede aprovecharse para infundir progreso, innovación y crecimiento. Todo depende de cómo se canalice su energía. Esta sección explora el poder de Rahu y cómo utilizarlo para el bien.

Comprender el poder de Rahu

Rahu es conocido como el planeta de los deseos, las obsesiones y las ambiciones. Representa el mundo material y los deseos mundanos de las personas. Cuando se sitúa positivamente en la carta natal de un individuo, Rahu puede otorgar una tremenda creatividad, inteligencia y la capacidad de pensar con originalidad. La energía de Rahu es intensa y puede ayudarle a liberarse de creencias limitantes y a explorar nuevas vías de crecimiento. Sin embargo, si se deja llevar por sus deseos y obsesiones, podría ser víctima de la adicción, la codicia y la autodestrucción. Por ejemplo, si tiene un Rahu positivo en su carta, puede parecer que tiene una pasión y un impulso infinitos. Pero, para aprovecharlos al máximo, debe centrarse en sus objetivos y evitar perderse en placeres temporales.

Utilizar la energía de Rahu para el bien

La energía de Rahu puede dirigirse hacia actividades productivas y significativas. Puede utilizar el poder de Rahu para innovar, crear y alcanzar la grandeza. Por ejemplo, si tiene un Rahu positivo en su carta astral, puede destacar como empresario, inventor o artista. Podría desarrollar un enfoque láser en su trabajo, sin miedo a asumir riesgos y experimentar con nuevas ideas. La energía de Rahu no sólo tiene que ver con el éxito material; puede elevar la conciencia y profundizar en la práctica espiritual. Utilice el poder de Rahu para liberarse de viejos patrones, soltar traumas del pasado y buscar una sabiduría superior.

Equilibrar la energía de Rahu

Para liberar el potencial positivo de Rahu, debe equilibrar su energía con la de su planeta opuesto, Ketu. Ketu representa el desapego espiritual, la sabiduría interior y el desapego. Cuando la energía de Ketu se integra con la de Rahu, puede utilizar el potencial de Rahu de forma equilibrada y armoniosa. Ketu le ayuda a permanecer enraizado, reflexivo y alineado con su propósito superior. Suelte los apegos materiales y encuentre la paz interior cultivando su conciencia espiritual.

Rahu es un planeta poderoso que puede ser perjudicial y beneficioso. Todo depende de cómo aproveche su energía. Si se da cuenta del potencial de Rahu, lo utiliza para el bien y lo equilibra con la energía de Ketu, podrá dar rienda suelta a su fuerza creativa y alcanzar sus objetivos. Siguiendo la guía de un astrólogo experimentado y siendo consciente de sus deseos y obsesiones, maximizará la energía de Rahu. Utilice la energía de este planeta sabiamente y trascienda a nuevas alturas.

Beneficios astrológicos de Rahu

Imagine tener la capacidad de mejorar el crecimiento de su carrera, traer paz y estabilidad a su vida, mejorar las relaciones, aumentar su confianza y proporcionar crecimiento espiritual, todo a la vez. Puede experimentarlo precisamente comprendiendo los beneficios astrológicos de Rahu, el Nodo Lunar Norte. Rahu es uno de los planetas más poderosos del sistema solar, con una influencia significativa en la vida de las personas. Esta sección profundiza en los cinco beneficios astrológicos más significativos de Rahu y en cómo aprovecharlos para transformar su vida.

Mejora el crecimiento profesional

Rahu está estrechamente relacionado con la fama y el éxito, lo que lo convierte en un planeta maravilloso para el crecimiento profesional. Rahu se asocia con la innovación, el pensamiento no convencional y la ambición. Debido a su naturaleza implacable, la energía de Rahu puede ayudarle a lograr un progreso notable en su carrera. Cuando Rahu es favorable, genera excelentes oportunidades de crecimiento profesional, ascensos y aumentos salariales. Aprovechando la energía positiva de Rahu, puede aprovechar su potencial para ascender por la escalera del éxito en el campo que elija.

Paz y estabilidad

Rahu tiene una relación única con la Luna, y cuando se coloca en casas favorables, puede aportar estabilidad emocional y paz a la vida de un individuo. Cuando se sitúa en las casas primera, sexta y undécima, Rahu puede aportar crecimiento personal, inteligencia y éxito. Esta energía positiva puede ayudar a las personas a sentirse más conectadas con su yo interior, lo que conduce a una mayor paz interior.

Mejora las relaciones

Rahu puede influir positiva y negativamente en las relaciones. Puede propiciar términos favorables con la pareja, mejorando la calidad de las relaciones cuando se sitúa en la séptima casa y tiene una posición favorable. Bajo la influencia energética de Rahu, las personas pueden experimentar una profunda comprensión, cooperación y apoyo por parte de sus parejas. Cuando es favorable en el horóscopo, Rahu mejora la comunicación y facilita el entendimiento mutuo en las relaciones.

Aumenta la confianza

Rahu está estrechamente asociado con la confianza en uno mismo, el poder personal y el carisma. Cuando Rahu favorece a los individuos en sus horóscopos, se sienten con más poder y confianza en todas las áreas de sus vidas. Rahu puede ayudar a los individuos a superar sus inhibiciones, permitiéndoles dar pasos decisivos y seguros hacia sus objetivos. La energía de Rahu puede dar a los individuos el valor para tomar decisiones audaces y poco convencionales, ayudándoles a alcanzar sus objetivos.

Proporciona crecimiento espiritual

Rahu no sólo tiene que ver con el éxito material y la fama. También influye profundamente en la espiritualidad y el crecimiento personal. La energía de Rahu puede provocar una profunda introspección y experiencias místicas, que conducen al crecimiento espiritual y a la iluminación. Los individuos desarrollan una conciencia espiritual que los lleva a eliminar energías, pensamientos y hábitos negativos cuando Rahu se sitúa en la octava o duodécima casa. La energía de Rahu ayuda a los individuos a comprender mejor el universo y su lugar en él, lo que conduce a un despertar espiritual.

Rahu, el Nodo Lunar Norte, tiene sin duda un impacto poderoso y beneficioso en la vida de las personas. Desde el crecimiento profesional hasta el personal, desde el aumento de la confianza hasta la mejora de las relaciones, la energía de Rahu tiene muchos beneficios astrológicos. Sin embargo, el poder de Rahu puede conducir a situaciones perjudiciales cuando se alinea desfavorablemente. Por lo tanto, es fundamental trabajar con astrólogos expertos para comprender cómo interactúa la energía de Rahu con su horóscopo. Aprovechará el increíble potencial de la energía de Rahu y experimentará enormes beneficios en todos los ámbitos de su vida.

Capítulo 4: Ketu: El Nodo Lunar Sur

Ketu, conocido como el *Nodo Lunar Sur*, es un cuerpo celeste que ha captado la atención de muchas personas a lo largo de la historia. Ketu es una fuerza poderosa en el ámbito de la astrología que representa la liberación espiritual y la iluminación. Como punto opuesto a Rahu, el Nodo Lunar Norte, Ketu se asocia a menudo con el pasado y la liberación del Karma. Crea o no en la astrología, es innegable la intriga y la mística que rodean a Ketu. Su energía y simbolismo han inspirado innumerables interpretaciones y análisis, convirtiéndolo en un tema fascinante para los buscadores de conocimiento.

Este capítulo proporciona una mirada en profundidad a Ketu y su importancia en la mitología hindú, Jyotish Shastra (Astrología Védica), y otras prácticas espirituales. En primer lugar, se hace un breve repaso de Ketu en la mitología hindú, explorando las historias y leyendas asociadas y su papel en el Mahabharata. A continuación, se profundiza en el simbolismo de Ketu, su papel en la astrología y sus efectos en los doce signos del zodiaco. Por último, se analizan las influencias negativas y positivas de Ketu y algunos remedios para superar sus efectos maléficos.

Ketu[18]

Ketu en la mitología hindú

La mitología hindú está llena de historias y personajes fascinantes que han intrigado a la gente durante siglos. Entre estos personajes se encuentra Ketu, un cuerpo celeste conocido como el *nodo sur de la Luna*. Ketu es un planeta peculiar, ya que no tiene una existencia física, sin embargo, tiene una inmensa importancia en la astrología hindú. Esta sección explica el significado de Ketu en la mitología hindú y explora sus leyendas e historias asociadas.

Leyenda de la Cola del Dragón

La mitología hindú suele llamar a Ketu "la cola del dragón". La leyenda detrás de este nombre se ha transmitido durante generaciones. Una vez, durante la agitación del océano o el Samudra Manthan, apareció un ser celestial que adoptó la forma de un dragón. Este dragón se conoce como *Ketu*. Los dioses y demonios que agitaban el océano estaban aterrorizados por el dragón. El Sudarshan Chakra del Señor Vishnu lo mató. Esta escena se representa en varias formas de arte hindú.

Papel en el Mahabharata

Ketu también se menciona en la epopeya Mahabharata. Durante la Guerra de Kurukshetra, Ketu fue quien salvó a los Pandavas. Ketu era invisible para los Kauravas, por lo que ayudó a los Pandavas atacando en secreto a sus enemigos. Sin embargo, Arjuna, el guerrero de los Pandavas, sintió la presencia de Ketu durante la guerra y disparó una flecha hacia él. El Señor Agni interfirió y ayudó a Ketu, lo que le valió a Arjuna la maldición de que nunca volvería a utilizar su arma divina.

Samudra Manthan

Ketu es vital en Samudra Manthan, ya que el dragón reaparece en este cuento. Durante la agitación del océano, se liberó un veneno tóxico que podía destruir el mundo. El Señor Shiva bebió el veneno con inmenso poder, y Ketu acudió en su ayuda. Debido a Ketu, la garganta de Lord Shiva se volvió azul, lo que le valió el nombre de *Neelkanth*.

Características astrológicas de Ketu

La importancia de Ketu no se limita a la mitología; tiene un gran significado en astrología. Según la astrología védica, Ketu es conocido como un planeta sombra que se cree que daña la carta natal de una persona. Ketu representa cosas experimentadas, buenas o malas, en la vida pasada de un individuo. Indica las áreas de la vida de una persona en las que debe centrarse para crecer y mejorar.

Ketu puede ser un planeta invisible a simple vista, pero es muy importante en la mitología hindú. Las historias y leyendas asociadas son intrigantes y enriquecedoras al mismo tiempo. Desde el Samudra Manthan hasta la Guerra de Kurukshetra, Ketu ha sido profundamente significativo. Su papel en la astrología lo hace aún más crucial, ya que muestra a las personas las áreas que deben mejorar en sus vidas. La Cola del Dragón seguirá fascinando a la gente durante generaciones.

Simbolismo de Ketu

En el Jyotish Shastra, Ketu es un planeta muy conocido con un profundo significado espiritual. Este planeta espiritual tiene el poder de liberar a una persona del ciclo de nacimiento y muerte y hacer que un individuo trascienda el mundo materialista. Un Ketu fuerte en la carta astrológica de un individuo significa orientación espiritual y una visión profunda de los misterios del universo. Esta sección se sumerge en el simbolismo místico de Ketu y desentierra el profundo significado de este planeta en el Jyotish Shastra.

Liberación de la esclavitud terrenal

Ketu posee el poder de romper el vínculo entre un individuo y el mundo materialista. Ayuda a las personas a darse cuenta de que todo lo que ven, hacen y experimentan es temporal y perecedero. Ketu le despierta al hecho de que el logro espiritual es el objetivo último de la vida humana. Un Ketu fuerte en una carta astrológica significa que la persona se esfuerza por crecer espiritualmente, lo que en última instancia conduce a la liberación del ciclo del nacimiento y la muerte. Ketu también ayuda a las personas a obtener poderes sobrenaturales y alcanzar la iluminación.

Significado en el Jyotish Shastra

En el Jyotish Shastra, Ketu está relacionado con el destino, el crecimiento espiritual y la iluminación del individuo. El planeta puede iluminarle sobre el karma de vidas pasadas y sus consecuencias en esta vida. Representa el misticismo, la adivinación y las ciencias ocultas. Una persona con un Ketu fuerte suele poseer una intuición y unas capacidades psíquicas inigualables. Sin embargo, Ketu puede traer negatividad a un individuo, lo que lleva a desafíos de la vida personal y profesional. Un Ketu fuerte en la carta astrológica de un individuo puede causar desgracias y dificultades.

Impacto en el karma

Ketu impacta en el karma de un individuo, o acciones y hechos. Como el alma de un individuo se mueve de una forma de vida a otra, lleva el karma de vidas anteriores. Ketu significa que un individuo debe desprenderse de estos karmas para alcanzar el crecimiento espiritual y la iluminación. Destaca la importancia de vivir en el presente mientras se lucha por el objetivo final. Un Ketu fuerte en la carta astrológica de un individuo indica que la persona está trabajando hacia la desintoxicación del karma y la realización del verdadero propósito del alma.

Navegar por la influencia de Ketu

Ketu afecta profundamente la vida de un individuo con influencias negativas y positivas. Los individuos deben incorporar prácticas espirituales para manejar el impacto de Ketu, incluyendo la meditación, la introspección y la autorreflexión. El camino hacia el crecimiento espiritual y la iluminación requiere sacrificio, paciencia y una vida consciente. Las personas deben evitar las prácticas poco éticas e inmorales que podrían empeorar el impacto de Ketu.

Ketu representa el crecimiento espiritual, la iluminación y la liberación del ciclo del nacimiento y la muerte. Tiene un inmenso significado en el Jyotish Shastra y afecta al karma. El viaje hacia el crecimiento espiritual no es fácil, pero un Ketu fuerte en la carta astrológica de un individuo significa que la persona está en el camino correcto. Comprender el simbolismo místico de Ketu es esencial para canalizar positivamente su influencia. Incorporar a su vida prácticas espirituales y una vida consciente puede ayudarle a aprovechar el poder transformador de Ketu.

El papel de Ketu en la astrología

La astrología es una práctica antigua en la que muchas personas siguen creyendo hoy en día. Un aspecto esencial de la astrología que a menudo se pasa por alto es Ketu, uno de los nueve planetas de este sistema. Ketu es un planeta único, considerado un planeta benéfico y maléfico, dependiendo de su posición e interacción con otros planetas. Entender el papel de Ketu en la astrología puede ayudar a comprender la personalidad, las relaciones y el futuro de un individuo. Esta sección explora la importancia de Ketu en la astrología, sus efectos en los doce signos y su naturaleza maléfica.

La influencia de Ketu sobre los doce signos varía según su posición en la carta natal de una persona. Por ejemplo, si Ketu está en Aries, tendrá un impacto diferente que si está en Tauro o en otros signos. Ketu suele indicar crecimiento espiritual y desapego, y las personas con ubicacioness sólidas de Ketu en su carta astral suelen sentirse atraídas por la espiritualidad. Influye en la intuición y en las capacidades psíquicas, guiando a la persona a través de las experiencias de la vida. Ketu en los diferentes signos afecta a los rasgos de personalidad del individuo.

Conocido por su naturaleza maléfica, Ketu puede provocar cambios repentinos, acontecimientos inesperados y accidentes en la vida de una persona. Puede empeorar los efectos de otros planetas maléficos como Saturno y Marte. Sin embargo, debe recordar que su naturaleza maléfica no es constante, sino que depende del perfil astrológico de cada persona. Para algunas personas, Ketu puede no tener efectos perjudiciales.

Ketu también tiene varias partes del día. Se le considera el regente diurno de Escorpio y el regente nocturno de Sagitario, lo que significa que su influencia es más potente durante estos periodos. Por ejemplo, si ha nacido durante estos periodos y tienes una fuerte posición de Ketu en su carta natal, sentirá con más fuerza el impacto del planeta.

Ketu tiene implicaciones para las relaciones, especialmente las románticas. Simboliza un amor poco convencional y espiritual que no suele ser comprendido por los demás porque Ketu se centra en el camino espiritual, que es diferente de lo que la sociedad considera la norma en las relaciones. Aquellos a quienes Ketu influye en las relaciones suelen contentarse con la soledad y no requieren validación social. Dan prioridad al crecimiento espiritual sobre las ganancias materiales y las expectativas sociales.

Ketu es un jugador esencial en la astrología que la gente a menudo pasa por alto. Comprender la posición de Ketu en su carta astral puede conducirle a una mejor comprensión de sí mismo, de sus relaciones y de su camino espiritual. Los efectos maléficos y benéficos de Ketu están determinados por su interacción con otros planetas y el perfil astrológico de una persona. Al conocer los regímenes de Ketu en diferentes partes del día y su impacto en las relaciones, puede utilizar este conocimiento para tomar decisiones informadas.

Influencias negativas de Ketu

Conocido como el *Nodo Sur*, Ketu es el planeta generalmente asociado con las lecciones kármicas y el crecimiento espiritual. Sin embargo, tiene efectos adversos que podrían perturbar su vida de diversas maneras. Cuando eclipsa a otros planetas, Ketu podría traer contratiempos inesperados, problemas de salud y estrés emocional que disminuyen su capacidad para tener éxito. Esta sección explora algunos impactos negativos críticos del planeta Ketu, incluyendo su efecto adverso en la salud, el impacto perturbador en las relaciones y los obstáculos para el crecimiento profesional.

Efectos adversos sobre la salud

Ketu tiene una influencia notablemente negativa cuando ensombrece el planeta de la salud, haciendo a las personas vulnerables a problemas de salud y enfermedades. El impacto puede ser problemas de salud mental, como depresión, ansiedad, adicción, o dolencias físicas, como dolor crónico, alergias e infecciones. Cuando Ketu eclipsa al planeta asociado con la vitalidad, las personas pueden sentirse aletargadas, faltas de energía y desmotivadas para seguir adelante. Por lo tanto, es esencial vigilar de cerca la salud, ya que la influencia negativa de Ketu podría ser difícil de detectar.

Impacto negativo en las relaciones

Ketu afecta a las relaciones, especialmente a las románticas. La influencia perturbadora de Ketu hace que los individuos se distancien emocionalmente, lo que conduce a una falta de confianza, compromiso y comunicación ineficaz en las relaciones románticas. Se producen malentendidos, discusiones y rupturas. Los individuos pueden ser continuamente incapaces de conectar con la gente o de establecer relaciones significativas. La influencia de Ketu puede provocar soledad y confusión emocional, lo que dificulta la vida.

Obstáculos al crecimiento profesional

Ketu puede perturbar el crecimiento profesional, dificultando la identificación de oportunidades que podrían beneficiar la carrera de una persona. El impacto negativo de Ketu podría causar una falta de claridad en la toma de decisiones, impidiendo los avances profesionales. Además, Ketu ensombrece al planeta asociado con la riqueza, haciendo que una persona sea incapaz de acumular riqueza o recursos. Por lo tanto, es difícil invertir o buscar nuevas oportunidades profesionales que podrían tener un impacto positivo en el bienestar financiero de una persona.

Las personas deben prestar atención a las influencias negativas de Ketu. Su impacto podría manifestarse de varias maneras, como efectos adversos en la salud, impactos perturbadores en las relaciones y obstáculos para el crecimiento profesional. Sin embargo, comprender las influencias negativas de Ketu puede ayudar a los individuos a navegar por la vida y a tomar decisiones más sabias para superar los efectos nocivos del planeta. Buscar orientación espiritual, comprenderse a sí mismo a través de la autorreflexión y practicar el autocuidado son formas prácticas de combatir el impacto negativo de Ketu y vivir una vida más plena.

Influencias positivas de Ketu

Ketu es uno de los planetas más incomprendidos pero poderosos de la astrología védica. A menudo se le llama el "planeta sombra" porque no tiene forma física y es sólo un punto matemático en el horóscopo. Sin embargo, el impacto de Ketu en la vida puede ser significativo, trayendo transformación espiritual, oportunidades de crecimiento y acceso al conocimiento. Esta sección explora las influencias positivas de Ketu en la vida de las personas y cómo puede aprovechar su energía en su beneficio.

Transformación espiritual

Ketu se asocia con la espiritualidad, la iluminación y la liberación. Es el planeta que le ayuda a desprenderse del materialismo y a buscar un propósito más elevado en la vida. Si Ketu está bien situado en su horóscopo, puede llevarle a una transformación y crecimiento espiritual significativos. Las personas con una fuerte influencia de Ketu podrían sentirse muy inclinadas hacia la meditación, el yoga y otras prácticas espirituales. Podrían comprender el mundo más allá de lo que es visible a simple vista.

Oportunidades de crecimiento

Ketu suele considerarse un planeta de desapego y desenlaces. Sin embargo, puede ofrecer oportunidades de crecimiento y transformación. La energía de Ketu puede ayudarle a dejar atrás su pasado y crear espacio para que surjan nuevas posibilidades. Puede liberarle de viejos patrones y creencias que ya no le sirven. Por ejemplo, una fuerte posición de Ketu en su horóscopo puede motivarle a dejar un trabajo o una relación tóxica y perseguir sus verdaderas pasiones, ayudándole a encontrar la paz y la satisfacción a través de una vida sencilla.

Acceso al conocimiento

Ketu es conocido por sus habilidades intuitivas y psíquicas. Es el planeta que ayuda a las personas a acceder al conocimiento más allá de lo que se enseña en las escuelas o los libros de texto. La energía de Ketu puede acercarle a su sabiduría interior y a su intuición, permitiéndole acceder al conocimiento universal. Las personas con una fuerte influencia de Ketu podrían tener un don natural para la adivinación, la astrología, la sanación u otros temas esotéricos. Ketu representa el conocimiento ancestral y la herencia espiritual. Por lo tanto, conectar con la energía de Ketu le permite acceder a la sabiduría de tus antepasados y aprender de sus experiencias.

Ketu puede traer enormes influencias positivas a su vida si aprende a aprovechar su energía. Puede lograr un crecimiento espiritual, crear oportunidades de transformación y acceder al conocimiento universal. Sin embargo, la energía de Ketu puede ser intensa y desafiante. Por lo tanto, es esencial trabajar con un astrólogo experimentado que le guíe a través de los matices de la influencia de Ketu. Comprender y abrazar la energía de Ketu puede liberar todo su potencial y ayudarle a llevar una vida plena.

Remedios Ketu

Un elemento esencial de la astrología védica es la posición de los cuerpos celestes, incluyendo el Sol, la Luna, los planetas y los Nakshatras, en la determinación de la fortuna de un individuo. Ketu influye significativamente en la vida de un individuo, representando la iluminación espiritual y la liberación. Sin embargo, una alineación adversa de Ketu en la carta natal puede causar varios problemas, incluyendo cuestiones financieras, problemas de salud e inestabilidad en la vida personal y profesional. Esta sección explora los remedios para Ketu más eficaces para ayudarle a combatir los efectos adversos de una colocación desafiante de Ketu.

Veneración a Ketu Yantra

Uno de los remedios más potentes y eficaces para Ketu es adorar a Ketu Yantra. Un Yantra es una representación geométrica de una deidad o planeta en particular, que genera energías cósmicas y atrae fuerzas positivas. Un Ketu Yantra debe colocarse en la esquina noreste de la casa u oficina, mirando hacia el norte. Lo mejor es encender incienso y una lámpara mientras se reza al Ketu Yantra. La adoración a Ketu Yantra puede ayudar a aliviar los efectos adversos de Ketu y proporcionar paz mental e iluminación espiritual.

Ayuno los martes

El martes es considerado el día del Señor Hanuman, y ayunar los martes puede beneficiar sustancialmente a un individuo afectado por Ketu. Cuando ayune los martes, coma sólo una vez, preferiblemente durante las horas diurnas. El ayuno ayuda a purificar el cuerpo y la mente, así como a la introspección. Durante el ayuno, se recomienda leer el Hanuman Chalisa y ofrecer oraciones al Señor Hanuman para buscar sus bendiciones para hacer frente a los efectos maléficos de Ketu.

Donación de aceite de mostaza

Otro remedio eficaz para Ketu es donar aceite de mostaza los sábados. Ketu está asociado con el Señor Ganesha, conocido por su afición al aceite. Por lo tanto, la donación de aceite de mostaza puede reducir significativamente el impacto negativo de Ketu en la vida de una persona. Es vital ofrecer el aceite a un sacerdote o donarlo a un templo o a una persona necesitada. Este gesto ayuda a generar Karma positivo y bendice al individuo con beneficios significativos.

Ofrecer plegarias al Señor Shiva

Según la astrología védica, el Señor Shiva es la deidad gobernante de Ketu. Por lo tanto, ofrecer oraciones y realizar pujas al Señor Shiva ayuda a aliviar los efectos adversos de Ketu. Recite el Mahamrityunjaya Mantra mientras realiza la puja para buscar las bendiciones del Señor Shiva para neutralizar los efectos maléficos de Ketu.

Realizar Pariharams

El último remedio de Ketu que puede emprender es realizar Pariharam, un ritual para apaciguar a un planeta en particular. Un astrólogo védico puede guiar a un individuo para realizar el Pariharam apropiado basado en su carta natal. Estos rituales implican la realización de una puja específica, el uso de una piedra preciosa en particular, o la peregrinación a un templo en particular o lugar sagrado. Los Pariharams se consideran los remedios más potentes para cualquier planeta, ya que implican una comunicación directa con el poder divino.

La astrología védica ofrece una gama de remedios y soluciones para ayudar a los individuos a lidiar con los efectos maléficos de una colocación desafiante de Ketu. Los remedios mencionados en esta sección pueden ayudarle a superar obstáculos y encontrar paz, estabilidad y prosperidad. Sin embargo, es crucial buscar la guía de un astrólogo védico para determinar el remedio más efectivo para su caso específico. Puede atraer energía positiva, lograr crecimiento espiritual y vivir una vida plena con los remedios y enfoques adecuados.

Este capítulo ha explorado la mitología de Ketu como planeta sombra asociado a la cola del dragón y su papel en la astrología hindú. Se ha analizado cómo Ketu puede aportar enormes influencias positivas en la vida de las personas, como el crecimiento espiritual, las oportunidades de transformación y el acceso al conocimiento. Se han explorado los remedios más eficaces para Ketu, como adorar a Ketu Yantra, observar el ayuno los martes, donar aceite de mostaza, ofrecer oraciones al Señor Shiva y realizar Pariharams. Con el enfoque y los remedios adecuados, puede superar los efectos de una posición desafiante de Ketu y vivir una vida plena.

Capítulo 5: Los nodos lunares y los Nakshatras

El estudio de los nodos lunares y los Nakshatras es un viaje fascinante a los misterios del universo. Estos cuerpos celestes encierran la clave para comprender la sabiduría y los conocimientos ancestrales transmitidos de generación en generación. Con un enfoque seguro y apasionado, podrá desvelar los secretos de los nodos lunares y los Nakshatras y explorar su conexión con la vida. Al descubrir el significado y el poder que hay detrás de estos fenómenos celestes, podrá comprender mejor su verdadero propósito y encontrar el equilibrio y la armonía en su interior y en el mundo que le rodea.

Este capítulo le ofrece una visión en profundidad de los Nakshatras, explorando sus asociaciones con deidades específicas, cualidades y características, y su relevancia para la astrología predictiva. Explora la relación entre los nodos lunares y los Nakshatras, analizando cómo influyen Rahu y Ketu en la estrella que ocupan. Por último, este capítulo le ofrece orientación sobre cómo utilizar los Nakshatras para el crecimiento y el desarrollo personal. Así pues, ¡sumérjase en las maravillas de los nodos lunares y los Nakshatras y embárquese en un increíble viaje de autodescubrimiento e iluminación!

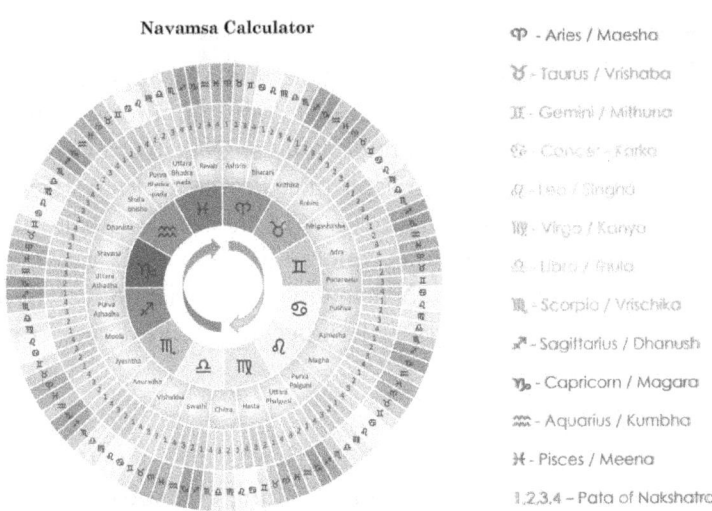

Los Nakshatras son cruciales en la astrología védica, ya que constituyen la base para determinar los horóscopos, las posiciones planetarias y los doshas o desequilibrios kármicos[19]

Comprensión de los Nakshatras

En la astrología hindú, los Nakshatras o mansiones lunares son importantes cuerpos celestes que dividen todo el zodiaco en 27 segmentos. Cada Nakshatra posee una energía y un simbolismo únicos, que influyen de diversas maneras en la vida de las personas. Comprender los Nakshatras es crucial para cualquier persona interesada en la astrología o que busque comprender su destino, personalidad y trayectoria vital. Esta sección explora exhaustivamente la esencia de los Nakshatras, su asociación con las deidades y las cualidades y características que aportan a la vida de las personas.

¿Qué son los Nakshatras?

Los Nakshatras son grupos de estrellas visibles en el cielo nocturno. Corresponden al movimiento de la Luna a través del zodiaco y son esenciales para calcular los momentos propicios para diversas actividades como el matrimonio, el parto y los viajes. Cada Nakshatra ocupa un intervalo de 13 grados y 20 minutos dentro de un signo y se asocia a un sonido, un símbolo y un regente concretos. Los Nakshatras se dividen en tres grupos en función de sus características fundamentales o temperamentos: de fuego, de tierra y de aire. Conocer su Nakshatra puede ayudarle a comprender sus puntos fuertes, sus puntos débiles y sus áreas de crecimiento.

Asociaciones con deidades

Cada Nakshatra está asociado con una deidad, una influencia planetaria y un elemento en particular. Comprender las propiedades de estas asociaciones le ayuda a invocar la energía de su Nakshatra y potencia su crecimiento personal y su evolución espiritual. Por ejemplo, Ashwini, el primer Nakshatra, se asocia con los gemelos con cabeza de caballo de la mitología védica, los Ashwini Kumaras, que simbolizan la curación y el rejuvenecimiento. Revati, el último Nakshatra, se asocia con el Señor Vishnu, el preservador del universo, y bendice a los creyentes con la liberación espiritual y la plenitud.

Cualidades y características

Los Nakshatras tienen cualidades y características únicas que influyen en la vida de muchas maneras. Por ejemplo, Rohini, el cuarto Nakshatra, se asocia con el lujo, la belleza y la sensualidad y otorga prosperidad material y talento artístico a los nacidos bajo él. Anuradha, el decimoséptimo Nakshatra, simboliza la lealtad, el compromiso y un profundo vínculo emocional, y bendice a los creyentes con relaciones duraderas e influencia social.

Impacto en la astrología védica

Los Nakshatras son cruciales en la astrología védica, ya que forman la base para determinar los horóscopos, las posiciones planetarias y los doshas o desequilibrios kármicos. Cada Nakshatra tiene un regente planetario único, determinando su impacto en el camino de la vida de un individuo y su destino. Por ejemplo, Punarvasu, el séptimo Nakshatra, está regido por Júpiter, el planeta de la sabiduría y la expansión, y bendice a los creyentes con prosperidad, conocimiento y crecimiento espiritual.

Aplicación en la vida cotidiana

La comprensión de los Nakshatras ayuda a las personas a afrontar los retos de la vida, aprovechar su genio inherente y tomar decisiones conscientes alineadas con su propósito divino. Conocer su Nakshatra puede identificar sus puntos fuertes y mejorar sus puntos débiles. Utilice la energía divina de su Nakshatra para mejorar sus prácticas espirituales, cultivar un autoconocimiento más profundo y alinearse con su verdadera naturaleza. Tanto si es un principiante o un practicante avanzado de la astrología védica, los Nakshatras tienen la clave para una vida más próspera y plena.

Los Nakshatras ofrecen una profunda visión del cosmos y de su lugar único. Al comprender la esencia de cada Nakshatra, puede aprovechar su potencial divino, sacar partido de los dones inherentes a su personalidad y crear una vida alineada con su verdadero destino. Tanto si busca el éxito material como la iluminación espiritual o la realización emocional, los Nakshatras le proporcionan una hoja de ruta probada a lo largo del tiempo para sortear los retos de la vida y alcanzar su máximo potencial.

Tipos de Nakshatras

Los Nakshatras han tenido una relevancia significativa en la astrología védica desde la antigüedad. "Nakshatra" deriva del sánscrito y significa "una estrella". Se refiere a la posición de la Luna en una de las 27 constelaciones o Nakshatras en el momento del nacimiento. Cada Nakshatra tiene un significado, unas características y un impacto únicos en la vida de una persona. Esta sección trata de los tres Nakshatras: Nakshatras móviles, Nakshatras fijos y Nakshatras de doble naturaleza.

Nakshatras móviles

Los Nakshatras móviles son los primeros nueve Nakshatras, desde Ashwini hasta Ashlesha. Estos Nakshatras significan cambio, movimiento y nuevos comienzos. Los individuos nacidos bajo estos Nakshatras están naturalmente inclinados a hacer cambios y a buscar nuevas oportunidades en la vida. Tienen un espíritu inquieto y un deseo de aventura. Son excelentes líderes, asumen riesgos y toman decisiones. Las personas con Nakshatras móviles suelen ser precipitadas, impulsivas e impacientes.

Nakshatras fijos

Los Nakshatras fijos son los segundos nueve Nakshatras, de Magha a Revati. Estos Nakshatras significan estabilidad, permanencia y determinación. Los individuos nacidos bajo estos Nakshatras tienen una gran fuerza de voluntad y se centran en alcanzar sus objetivos. Son prácticos, disciplinados y pacientes. Suelen tener éxito y ser adinerados. Sin embargo, las personas con Nakshatras fijos pueden ser obstinadas y resistentes al cambio. Pueden caer en una zona de confort y volverse rígidos en su forma de pensar.

Nakshatras de doble naturaleza

Los Nakshatras de doble naturaleza son los últimos nueve Nakshatras, desde Uttarashada hasta Abhijit. Estos Nakshatras mezclan características de Nakshatras móviles y fijos. Los individuos nacidos bajo estos Nakshatras son adaptables, versátiles y equilibrados. Pueden moverse entre ser aventureros y prácticos según la situación. Suelen tener excelentes dotes de comunicación y se les suele dar bien entablar relaciones. Sin embargo, las personas con Nakshatras de doble naturaleza pueden ser indecisas y necesitar ayuda para ceñirse a un plan.

La importancia de comprender los Nakshatras

Comprender los Nakshatras le puede dar una idea de sus tendencias naturales, sus puntos fuertes y débiles y su trayectoria vital. Ayuda a las personas a tomar mejores decisiones vitales y a comprender los aspectos que deben mejorar. Los astrólogos utilizan los Nakshatras para analizar diferentes aspectos de la vida de una persona: relaciones, carreras, finanzas, salud y mucho más. Muchos seguidores de la astrología védica utilizan remedios basados en los Nakshatras para superar retos y mejorar el bienestar general.

Los Nakshatras son aspectos esenciales de la astrología védica, y la comprensión de los mismos da una valiosa visión de la vida de las personas. Los Nakshatras móviles significan cambio y nuevos comienzos, los Nakshatras fijos representan estabilidad y determinación, y los Nakshatras de doble naturaleza encarnan una mezcla de ambos. Conocer su Nakshatra puede aclarar sus tendencias naturales y ayudarle a tomar mejores decisiones en la vida. En la astrología védica, los Nakshatras son una luz guía que ayuda a las personas a llevar una vida feliz y plena.

Significado de los Nakshatras

Cada Nakshatra tiene características únicas, que representan diferentes puntos fuertes y débiles en la vida de un individuo. Se describen en varios textos antiguos, como el Surya Siddhanta, los Vedas y los Puranas, y son fundamentales en la astrología védica. Sin embargo, su importancia va más allá de la astrología. Esta sección profundiza en el significado práctico, astrológico y cultural de los Nakshatras.

Significado astrológico

Los Nakshatras influyen en los rasgos de la personalidad de un individuo, en los acontecimientos de su vida y en su trayectoria profesional. En la astrología védica, cada planeta posee su Nakshatra, que controla sus efectos en el horóscopo. Por ejemplo, si la Luna está en el Nakshatra Rohini, trae abundancia, belleza y fertilidad a la vida de un individuo. Si la Luna está en el Nakshatra Mula, puede traer pérdidas, malestar y desafíos. Los astrólogos utilizan los Nakshatras para predecir el horóscopo de una persona y guiarla hacia su destino.

Significado práctico

Los Nakshatras tienen un significado práctico en muchos aspectos de la vida. Por ejemplo, determinan el momento más propicio para realizar rituales como bodas y ceremonias de bautismo. Cada Nakshatra influye en el calendario de los acontecimientos en función de sus cualidades. Además, se utilizan en Ayurveda para determinar el momento adecuado para tratar distintas dolencias. Las propiedades curativas de las hierbas y plantas en Ayurveda varían en función de la posición de la Luna en el Nakshatra en el momento de la cosecha. El significado práctico de los Nakshatras es evidente en las artes marciales indias, donde las técnicas se desglosan y practican según los distintos Nakshatras.

Significado cultural

Los Nakshatras están estrechamente ligados al patrimonio cultural de la India. Influyen en el nombre de las personas: se tiene en cuenta el Nakshatra de una persona a la hora de elegir un nombre. Los Nakshatras representan a las distintas deidades y personajes mitológicos del hinduismo. Por ejemplo, Krittika Nakshatra representa a Agni, el dios del fuego, y se considera propicio para realizar rituales relacionados con el fuego. En la mitología hindú, cada Nakshatra tiene sus historias y significados y se considera sagrado. El significado cultural de los Nakshatras es evidente en los diversos festivales y rituales de la India.

Los Nakshatras tienen un significado inmenso en la cultura india. Prevalecen en la astrología védica, las artes marciales, el Ayurveda y otros aspectos de la vida. Representan a las distintas deidades del hinduismo y son esenciales en los rituales y festivales culturales. Comprender el significado de los Nakshatras ayuda a apreciar el rico y profundo patrimonio cultural de la India.

Los Nakshatras en astrología predictiva

La astrología existe desde hace siglos, y es por una buena razón. Se trata de mucho más que una pseudociencia o una forma de identificar rasgos de la personalidad. La astrología es una herramienta para guiar a las personas en la vida, ayudarlas a tomar decisiones con conocimiento de causa y a comprenderse mejor a sí mismas y al mundo que las rodea. Los Nakshatras son un aspecto vital de la astrología, que a menudo se pasa por alto en la astrología occidental.

Los Nakshatras son mansiones lunares en la astrología hindú y ayudan a determinar el destino, el carácter y la trayectoria vital de una persona.

Esta sección explora el uso de los Nakshatras en la astrología predictiva para determinar los períodos favorables y desfavorables, analizar los tránsitos actuales y futuros, y hacer predicciones precisas.

Determinación de períodos favorables o desfavorables

La primera forma de utilizar los Nakshatras en astrología predictiva consiste en determinar los periodos favorables y desfavorables, examinando la posición de la Luna en la carta natal e identificando su Nakshatra. Cada Nakshatra tiene cualidades únicas y se asocia con áreas específicas de la vida. Por ejemplo, Rohini Nakshatra se asocia con la riqueza, mientras que Uttra Bhadrapada se asocia con la espiritualidad.

Durante los periodos desfavorables, podría experimentar obstáculos o desafíos relacionados con las cualidades del Nakshatra. Comprender las cualidades del Nakshatra puede prepararle para los momentos difíciles y tomar decisiones informadas en consecuencia. Del mismo modo, durante los periodos favorables, podría experimentar una racha de buena suerte o éxito en áreas relacionadas con el Nakshatra. Si identifica previamente estos patrones, podrá utilizarlos en su beneficio.

Análisis de tránsitos actuales y futuros

La segunda forma de utilizar los Nakshatras en astrología predictiva es analizando los tránsitos actuales y futuros. Los tránsitos son los movimientos de los planetas y los cuerpos celestes que afectan a la vida de las personas, al igual que la posición de los planetas en la carta natal. Comprender las cualidades de los Nakshatras le ayudará a entender cómo le afectan los tránsitos actuales y futuros.

Por ejemplo, supongamos que un planeta está transitando por un Nakshatra asociado a los obstáculos. En ese caso, debe prepararse emocional y mentalmente para afrontar los retos. Del mismo modo, si el tránsito es a través de un Nakshatra asociado con el éxito y la prosperidad, espere un periodo de buena suerte, así que aprovéchelo.

Hacer predicciones basadas en los Nakshatras

La tercera forma de utilizar los Nakshatras en astrología predictiva consiste en realizar predicciones precisas. Se pueden predecir varios aspectos de la vida, como el matrimonio, la carrera y la salud, examinando las colocaciones de los Nakshatras en la carta natal y analizando los tránsitos actuales y futuros.

Por ejemplo, si la Luna de una persona está en el Magha Nakshatra, podría haber un fuerte deseo de reconocimiento y fama. Si un planeta transita por este Nakshatra, podría haber una oportunidad para la fama y la gloria. Sin embargo, podría ser un reto, ya que Magha Nakshatra puede asociarse con el orgullo y la arrogancia.

Desarrollo personal

La cuarta forma en que los Nakshatras pueden utilizarse en astrología predictiva es como herramienta para el desarrollo personal. Comprender las cualidades de los Nakshatras puede ayudar a identificar sus puntos fuertes y débiles para mejorar. Por ejemplo, si la Luna de una persona está en el Nakshatra Revati, puede que sea creativa y empática. Sin embargo, puede tener problemas de indecisión y preocuparse en exceso. Conocer estas cualidades puede ayudar a una persona a trabajar en sus habilidades de toma de decisiones y aprender a gestionar sus preocupaciones.

Los Nakshatras son poderosas herramientas de la astrología predictiva que ayudan a las personas a comprenderse mejor a sí mismas, a tomar decisiones informadas y a realizar predicciones precisas. Al utilizar los Nakshatras para determinar los periodos favorables y desfavorables, analizar los tránsitos actuales y futuros, hacer predicciones basadas en los Nakshatras y utilizarlos para el desarrollo personal, puede tomar las riendas de su vida, sorteando los retos que le surjan con mayor facilidad y claridad. Así que, si está interesado en explorar más a fondo el mundo de la astrología, explore los Nakshatras y descubra las múltiples formas en las que podrá mejorar su vida.

La relación entre los Nakshatras y los nodos lunares

Los Nakshatras se utilizan para crear un mapa celeste que determine las posiciones de las estrellas y los planetas. Los nodos lunares, Rahu y Ketu, son planetas sombra que tienen un impacto significativo en sus vidas. Esta sección explora la relación entre los Nakshatras y los nodos lunares. Explica y proporciona ejemplos de cómo Rahu y Ketu influyen en el Nakshatra que ocupan.

Influencia de Rahu en el Nakshatra que ocupa

Rahu es un planeta maléfico en la astrología védica. Está asociado con las ilusiones, el materialismo y la oscuridad. Cuando ocupa un Nakshatra, puede afectarlo de muchas maneras. Por ejemplo, puede hacer que la persona nacida bajo ese Nakshatra sea ambiciosa y materialista o propensa a tentaciones y adicciones. De ahí que Rahu sea conocido como el planeta de la tentación.

Influencia de Ketu en el Nakshatra que ocupa

Por otro lado, el otro planeta en la sombra, Ketu, se asocia con el crecimiento espiritual, la liberación y el desapego. Cuando ocupa un Nakshatra, puede hacer que la persona nacida bajo él sea desapegada, reservada y espiritual. Sin embargo, demasiada influencia de Ketu en un Nakshatra puede hacer que la persona sea antisocial, reservada y retraída. Por lo tanto, la colocación de Ketu en un Nakshatra es compleja y debe analizarse cuidadosamente.

Ejemplos de cómo afectan los nodos lunares a los Nakshatras

Los nodos lunares son esenciales en la vida de las personas porque están relacionados con el karma y el destino. La posición de los nodos lunares en una carta indica los retos y las lecciones que hay que aprender en esta vida.

Estos son algunos ejemplos de cómo los nodos lunares influyen en los Nakshatras. Si Rahu se sitúa en Krittika Nakshatra, puede hacer que la persona se vuelva ambiciosa y ávida de poder, lo que provocará conflictos y desafíos. Si Ketu se sitúa en Revati Nakshatra, puede hacer que la persona sea espiritual y desapegada o antisocial y reservada.

La relación entre los nodos lunares y los Nakshatras es esencial para la astrología védica. La posición de los nodos lunares en una carta y los Nakshatras que ocupan pueden indicar retos críticos, lecciones y oportunidades en esta vida. Por lo tanto, es esencial comprender el impacto de estos planetas en la sombra en sus vidas y analizar su ubicación cuidadosamente para sacar el máximo provecho de ellos.

Utilizar los nakshatras en su vida

Los Nakshatras, o estrellas natales, han sido esenciales para la astrología hindú y la cultura védica durante siglos. Existen constelaciones específicas que revelan información importante sobre su personalidad, sus puntos fuertes y los retos de su vida. Al comprender su estrella natal y utilizar sus energías únicas, puede encontrar mayor armonía, equilibrio y realización en todos los aspectos de su vida. Esta sección explora el poder de los Nakshatras y cómo pueden mejorar su vida.

Cómo determinar su estrella natal

El primer paso es determinar su estrella natal conociendo su hora, fecha y lugar de nacimiento. Con esta información, puede utilizar calculadoras en línea o consultar a un astrólogo para descubrir su Nakshatra. Cada Nakshatra tiene energías únicas, planetas regentes y deidades asociadas. Algunos Nakshatras se consideran más favorables que otros, dependiendo de su carta astral y de las circunstancias de su vida. Al comprender las cualidades y características de su Nakshatra, obtendrá información valiosa sobre su personalidad y su trayectoria vital.

Encontrar parejas compatibles

Otra poderosa forma de utilizar los Nakshatras es para encontrar parejas compatibles en el amor y el matrimonio. Ciertos Nakshatras son considerados más compatibles con otros en la astrología védica, que está basada en sus planetas regentes y cualidades elementales. Conociendo su Nakshatra y su pareja potencial, puede entender mejor su compatibilidad y los desafíos potenciales en una relación. Podrá tomar decisiones más informadas y construir relaciones más sólidas y armoniosas.

Mejorar su vida con los Nakshatras

Más allá del amor y de las relaciones, los Nakshatras pueden mejorar varios aspectos de su vida. Cada Nakshatra está asociado a cualidades y energías diferentes. Al conocerlos, puede aprovechar su poder para lograr un mayor equilibrio y armonía. Por ejemplo, supongamos que tiene problemas de confianza en sí mismo o bloqueos creativos. En ese caso, puede trabajar con las energías del Rohini Nakshatra asociadas a la creatividad, la abundancia y la sensualidad. Si necesita más estabilidad y arraigo, trabaje con las energías de Uttara Phalguni Nakshatra, asociadas a la paz, la fuerza y el sentido práctico.

Tomar decisiones personales con los Nakshatras

Utilizando los Nakshatras, puede tomar decisiones más fundadas sobre su vida personal y profesional. Comprender las energías y cualidades de los distintos Nakshatras le permitirá elegir el mejor momento y enfoque en diversas situaciones. Por ejemplo, si planea iniciar un nuevo proyecto o negocio, consulte a un astrólogo para determinar qué Nakshatra es más favorable para comenzar nuevas empresas. Si se enfrenta a una decisión difícil o a un obstáculo, medite sobre las cualidades de su estrella natal y busque orientación en su interior.

Encontrar la fuerza en su estrella natal

Una de las formas más poderosas de trabajar con los Nakshatras es cultivar una conexión más profunda con su estrella natal. Al comprender y abrazar las cualidades y energías asociadas con su Nakshatra, puede aprovechar sus fortalezas y cualidades innatas. Por ejemplo, si ha nacido bajo el Nakshatra Vishakha (asociado con el aprendizaje, la exploración y el crecimiento), puede centrarse en alimentar su curiosidad natural y su amor por el conocimiento. Supongamos que ha nacido bajo el Nakshatra Purva Bhadrapada, asociado a la espiritualidad, la intuición y el misticismo. En este caso, explore prácticas como la meditación, el yoga o las enseñanzas espirituales que se alineen con estas energías.

Meditación y rituales Nakshatra

Para aprovechar plenamente el poder de los Nakshatras en su vida, incorpore prácticas de meditación y rituales a su rutina diaria. Diversos mantras, meditaciones y ofrendas específicos de Nakshatra pueden ayudarle a conectar con las energías y cualidades de su estrella natal y a encontrar más equilibrio y armonía. Por ejemplo, realice una meditación diaria en la que visualice a su estrella natal y su deidad asociada y céntrese en encarnar sus cualidades. Podría realizar ofrendas o rituales para honrar a su estrella natal y buscar sus bendiciones en diversas áreas.

Los Nakshatras son una poderosa herramienta para el autodescubrimiento, el crecimiento y la transformación. Comprendiendo a su estrella natal y trabajando con sus energías únicas, puede encontrar más equilibrio, armonía y plenitud. Tanto si busca el amor, el éxito o la paz interior, los Nakshatras pueden proporcionarle una valiosa visión y orientación para ayudarle en su viaje. Así que, aprenda sobre su estrella natal y explore las infinitas posibilidades de esta antigua sabiduría védica.

Capítulo 6: Los nodos lunares en las cartas natales

Los nodos lunares son un aspecto fascinante para explorar en las cartas natales. Cada individuo posee un conjunto único de nodos, por lo que los conocimientos que se obtienen al analizarlos pueden ser increíblemente reveladores. El Nodo Norte representa el propósito de su alma y el camino para alcanzarlo. El Nodo Sur indica los rasgos y hábitos de vidas pasadas. Al aprovechar la energía de nuestros nodos planetarios, podemos comprender mejor nuestro destino y trabajar para alinearnos con él.

Este capítulo pretende ofrecer una visión en profundidad de las diferentes posiciones de los nodos lunares en una carta astral. Comprenderá sus energías examinando su posición en relación con otros planetas, casas y signos. Además, dado que se cree que los tránsitos a los nodos son increíblemente potentes, este capítulo le muestra cómo calcular su eje nodal para rastrear fechas importantes. Tanto si es un astrólogo experimentado como si acaba de empezar a sumergirse en el análisis de cartas natales, los nodos lunares son una visita obligada. Prepárese para dejarse sorprender por la sabiduría que encierran.

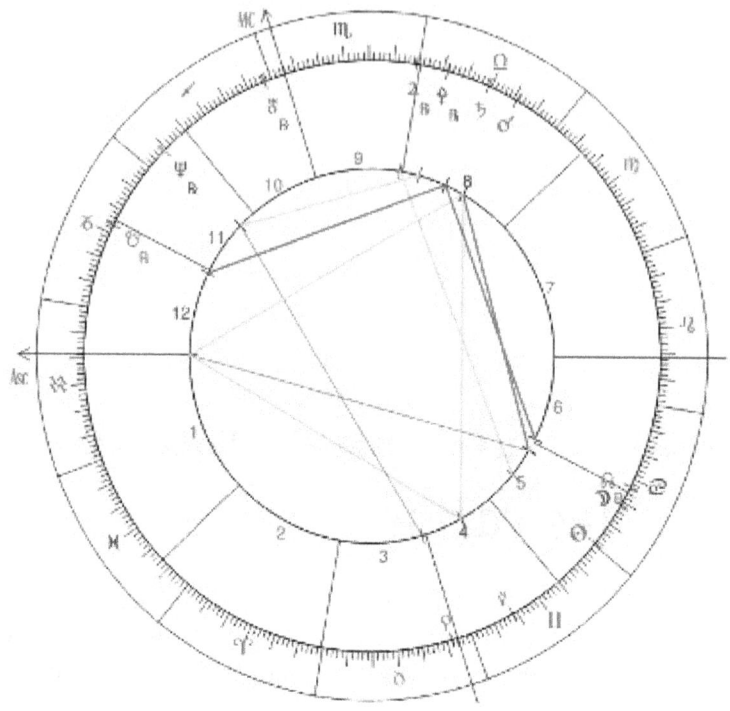

Ejemplo de carta natal[80]

Posición de los nodos lunares en la carta natal

¿Se ha preguntado alguna vez qué significan los nodos lunares de su carta astral? Algunas personas pasan por alto estos puntos celestes, pero tienen un significado y un simbolismo importantes en astrología. El Nodo Norte y el Nodo Sur representan su destino y sus vidas pasadas, respectivamente. Comprender sus posiciones puede ayudarle a conocer el propósito de su vida y su evolución. Esta sección profundiza en el significado de los nodos lunares, cómo interpretar su colocación en la carta astral y los efectos de un eje nodal. Exploremos el místico mundo de los nodos lunares.

Comprender el significado de los nodos lunares

Antes de interpretar las posiciones de los nodos lunares, debe comprender su significado. En astrología, el Nodo Norte representa su dirección futura, la misión de su alma y su potencial de crecimiento. El Nodo Sur simboliza sus vidas pasadas, talentos y patrones kármicos.

Juntos, estos puntos celestes forman un eje nodal que revela el propósito de su vida y las áreas que requieren crecimiento y transformación espiritual. Mientras que el Nodo Norte se asocia a experiencias beneficiosas, el Nodo Sur representa zonas de confort que podrían impedirle cumplir su destino.

Interpretación del Nodo Norte y del Nodo Sur

Para conocer las posiciones del Nodo Norte y del Nodo Sur es necesario calcular la carta natal. Las posiciones del Nodo Norte y del Nodo Sur son opuestas y cada una cae en un signo astrológico y una casa específicos. El signo y la casa del Nodo Norte representan su nuevo camino potencial, mientras que el signo y la casa del Nodo Sur apuntan a sus experiencias y talentos pasados. Por ejemplo, si su Nodo Norte está en Aries y en la décima casa, es posible que se sienta impulsado a seguir una carrera empresarial o una posición de liderazgo en su campo. Por el contrario, si su Nodo Sur está en Libra y en la cuarta casa, es posible que le cueste equilibrar su vida familiar y profesional, ya que sus experiencias vitales pasadas dan prioridad a la armonía y la paz.

Análisis de los efectos de un eje nodal

Cuando las posiciones del Nodo Norte y del Nodo Sur forman un eje nodal, se experimentan períodos de crecimiento y desafíos relacionados con el destino y las vidas pasadas. Un retorno nodal (cuando el Nodo Norte en tránsito alcanza la posición de su Nodo Norte natal) puede ser un momento crucial de autodescubrimiento, despertar espiritual y transformación. Es cuando siente una atracción hacia nuevos intereses, personas y oportunidades que se alinean con el propósito de su vida. Sin embargo, una oposición nodal (cuando el Nodo Norte en tránsito se opone al Nodo Sur natal) puede causar conflictos internos, miedos y desafíos que bloqueen su crecimiento espiritual. En estos momentos, debe enfrentarse a su bagaje de vidas pasadas y abandonar los viejos patrones que le impiden avanzar.

Exploración de los tránsitos a los nodos

Los planetas en tránsito afectan a sus nodos lunares, desencadenando acontecimientos y lecciones que se alinean con su eje nodal. Cuando el planeta se conjuga o sitúa su Nodo Norte o Sur, activa el eje nodal, trayendo oportunidades o desafíos alineados con su destino y vidas pasadas. Por ejemplo, cuando Plutón en tránsito se sitúa en cuadratura con su Nodo Norte natal, es posible que experimente un cambio profundo en su trayectoria profesional o vital, en consonancia con la misión de su alma. Pero cuando Saturno en tránsito se opone a su Nodo Sur natal, podría enfrentarse a obstáculos y limitaciones relacionados con sus patrones de vidas pasadas.

Cálculo del eje nodal

Calcular su eje nodal es fácil. Puede generar su carta natal gratuitamente en línea o consultar a un astrólogo para un análisis en profundidad. Sin embargo, interpretar su eje nodal requiere autorreflexión y conciencia espiritual. Entender que su Nodo Norte no es una solución rápida a los retos de su vida, sino una búsqueda permanente hacia un propósito y la plenitud, es esencial. Puede alinearse con su máximo potencial y manifestar sus sueños abrazando la misión de su alma y liberándose de su pasado.

La posición de los nodos lunares en su carta natal aporta valiosa información y simbolismo sobre el propósito y la evolución de su alma. Puede entender mejor su viaje vital y su camino espiritual comprendiendo el significado de los nodos lunares, interpretando sus posiciones, analizando sus efectos, explorando sus tránsitos y calculando su eje nodal. El eje nodal representa un viaje hacia el crecimiento espiritual, la conciencia y el propósito. Abrace la llamada de su alma y cumpla su destino.

Nodos lunares y otros planetas

Los nodos lunares son los puntos en los que la órbita de la Luna se cruza con la órbita de la Tierra alrededor del Sol. Los nodos lunares, el Nodo Norte y el Nodo Sur, son esenciales en astrología, ya que representan las energías kármicas de sus vidas pasadas y su destino en esta vida. Esta sección explora cómo los nodos lunares interactúan con los planetas y cómo sus conjunciones, tránsitos y aspectos afectan a su vida y a su carta natal.

1. **Sol:** Cuando los nodos lunares se alinean con el Sol, esto puede indicar un momento de destino y propósito en la vida de las personas. El Nodo Norte se asocia con la trayectoria vital y el Nodo Sur con el karma pasado. Una conjunción entre el Nodo Norte y el Sol puede significar crecimiento y desarrollo, mientras que una conjunción entre el Nodo Sur y el Sol puede representar la liberación de viejos patrones o hábitos. Un tránsito del Nodo Norte sobre el Sol en la carta natal se considera un momento importante de manifestación y éxito. Por el contrario, un tránsito del Nodo Sur

sobre el Sol puede indicar la liberación del ego y de los deseos mundanos.

2. **Luna:** Como los nodos lunares están directamente conectados con la órbita de la Luna, influyen fuertemente en las emociones y el subconsciente. Una conjunción entre el Nodo Norte y la Luna puede representar crecimiento emocional y desarrollo espiritual. También puede traer nuevas conexiones y relaciones esenciales. Por otro lado, una conjunción entre el Nodo Sur y la Luna puede representar la curación emocional y la liberación de heridas y traumas del pasado. Un tránsito del Nodo Norte sobre la Luna puede traer plenitud emocional y crecimiento, mientras que un tránsito del Nodo Sur sobre la Luna puede traer emociones reprimidas o desapego.

3. **Mercurio:** Como planeta de la comunicación, Mercurio tiene una sólida conexión con los nodos lunares. Una conjunción entre el Nodo Norte y Mercurio puede indicar crecimiento intelectual y éxito en la comunicación. También puede traer nuevas ideas y oportunidades. Una conjunción entre el Nodo Sur y Mercurio puede representar la revisión de viejas ideas o patrones de comunicación que necesitan ser liberados. Un tránsito del Nodo Norte sobre Mercurio puede traer avances intelectuales y éxito en la comunicación. Por el contrario, un tránsito del Nodo Sur sobre Mercurio puede traer desafíos de comunicación o dejar ir ciertas creencias.

4. **Venus:** Como planeta del amor y las relaciones, Venus está fuertemente conectado con los nodos lunares. Una conjunción entre el Nodo Norte y Venus puede indicar plenitud romántica y nuevas relaciones. También puede traer abundancia financiera y éxito artístico. Una conjunción entre el Nodo Sur y Venus puede liberar viejos patrones de relación o hábitos financieros. Un tránsito del Nodo Norte sobre Venus puede traer nuevos amores y oportunidades económicas, mientras que un tránsito del Nodo Sur sobre Venus puede traer desafíos en el amor o pérdidas financieras.

5. **Marte:** Como planeta de la acción y la motivación, Marte tiene una sólida conexión con los nodos lunares. Una conjunción entre el Nodo Norte y Marte puede indicar inspiración e impulso hacia el propósito y los objetivos de su vida. También puede traer nuevas oportunidades de liderazgo y éxito. Una conjunción entre el Nodo

Sur y Marte puede liberar viejas frustraciones o patrones de ira que le frenan. Un tránsito del Nodo Norte sobre Marte puede traer éxito en la carrera y metas personales, mientras que un tránsito del Nodo Sur sobre Marte puede traer desafíos en motivación y energía.

6. **Júpiter:** Júpiter representa la expansión, el optimismo y el crecimiento. Cuando está en conjunción con los nodos lunares, amplifica los efectos del Nodo Norte, proporcionando una oportunidad para el crecimiento espiritual y personal. El tránsito de Júpiter sobre el eje nodal puede señalar progresos y éxitos significativos. Del mismo modo, el sextil o trígono de Júpiter con los nodos natales puede traer buena fortuna y abundancia. Sin embargo, si Júpiter está en cuadratura u oposición con los nodos, puede indicar excesos, indulgencia y falta de moderación.

7. **Saturno:** Saturno representa la disciplina, la responsabilidad y las limitaciones. Amplifica los efectos del Nodo Sur en conjunción con los nodos lunares, promoviendo la introspección, la organización y la autodisciplina. El tránsito de Saturno sobre el eje nodal puede señalar retos y crecimiento significativos. Del mismo modo, el sextil o trígono de Saturno con los nodos natales puede aportar un mayor propósito y responsabilidad. Sin embargo, si Saturno está en cuadratura u oposición a los nodos, puede indicar dudas sobre uno mismo, miedo y falta de confianza.

8. **Urano:** Urano representa el cambio, la innovación y la independencia. Amplifica los efectos del Nodo Norte cuando está en conjunción con los nodos lunares, proporcionando una oportunidad para la transformación radical y el autodescubrimiento. El tránsito de Urano sobre el eje nodal puede ser señal de agitación e imprevisibilidad. Del mismo modo, el sextil o trígono de Urano con los nodos natales puede traer consigo repentinos avances y percepciones. Sin embargo, supongamos que Urano está en cuadratura u oposición con los nodos. En ese caso, puede indicar rebelión, inquietud y falta de estabilidad.

9. **Neptuno:** Neptuno representa la espiritualidad, la creatividad y la ilusión. Amplifica los efectos del Nodo Sur en conjunción con los nodos lunares, promoviendo la introspección, la expresión artística y la sanación emocional. El tránsito de Neptuno sobre el eje nodal señala un crecimiento y una conexión espirituales significativos. Del mismo modo, el sextil o trígono de Neptuno con los nodos natales

puede aportar un aumento de la intuición y la empatía. Sin embargo, si Neptuno está en cuadratura u oposición con los nodos, puede indicar confusión, delirio e inestabilidad emocional.

10. **Plutón:** Plutón representa la transformación, el poder y la regeneración. Amplifica los efectos del Nodo Norte cuando está en conjunción con los nodos lunares, proporcionando una oportunidad para la transformación profunda y el renacimiento. El tránsito de Plutón sobre el eje nodal señala crisis y renovación significativas. Del mismo modo, el sextil o trígono de Plutón con los nodos natales puede aportar un intenso crecimiento y fortalecimiento personal. Sin embargo, si Plutón está en cuadratura u oposición con los nodos, puede indicar manipulación, obsesión y control.

En astrología, estudiar la ubicación de los planetas es esencial para obtener información sobre la vida de las personas, incluido el destino, la misión del alma y las lecciones kármicas. Los nodos lunares brindan una visión única del crecimiento espiritual y personal, particularmente cuando examinan su relación con otros planetas. Puede obtener mayor claridad y conciencia del camino de su vida y su destino si comprende cómo Júpiter, Saturno, Urano, Neptuno y Plutón interactúan con los nodos lunares.

Nodos lunares y casas

La astrología siempre ha intrigado a la gente desde tiempos inmemoriales. La ciencia de la astrología se originó hace miles de años. Esta ciencia se basa en ciertas posiciones planetarias que influyen en el comportamiento, el pensamiento y las acciones humanas. Una posición planetaria crucial son los nodos lunares. Los nodos lunares, o Nodos Norte y Sur, se calculan tomando el punto de intersección de la órbita de la Luna y la eclíptica. En astrología, los nodos lunares son importantes para comprender el karma, el propósito de la vida y el crecimiento del alma. Esta sección explora los nodos lunares relacionados con las casas.

1. **Primera Casa:** El Nodo Norte en la primera casa significa nuevos comienzos, autodescubrimiento y autoexpresión. Esta posición indica que los individuos deben centrarse en su individualidad, asumir riesgos y confiar en sus instintos. El Nodo Sur en la primera casa significa que los individuos deben liberar su dependencia de los demás y de su ego y concentrarse más en desarrollar su personalidad.

2. **Segunda Casa:** El Nodo Norte en la segunda casa significa estabilidad financiera, autoestima y seguridad. Esta posición indica que los individuos deben crear una base estable y prosperidad material. El Nodo Sur en la segunda casa significa que los individuos deben liberarse de las tendencias materialistas y del acaparamiento y concentrarse más en el crecimiento espiritual.
3. **Tercera Casa:** El Nodo Norte en la tercera casa significa comunicación, creación de redes y aprendizaje. Esta posición indica que las personas deben concentrarse en desarrollar habilidades de comunicación, conectarse con las personas y adquirir conocimientos. El Nodo Sur en la tercera casa significa que los individuos deben liberar su miedo a hablar y su ofuscación en el aprendizaje y centrarse más en la exploración intelectual.
4. **Cuarta Casa:** El Nodo Norte en la cuarta casa significa bienestar emocional, arraigo y familia. Esta posición indica que las personas deben desarrollar la intuición, establecer conexiones emocionales y crear un ambiente hogareño de apoyo. El Nodo Sur en la cuarta casa significa que las personas deben liberarse de los traumas familiares y la inestabilidad emocional del pasado y centrarse más en crear su identidad.
5. **Quinta Casa:** El Nodo Norte en la quinta casa significa creatividad, autoexpresión y romance. Esta posición indica que las personas deben concentrarse en aprovechar su creatividad, perseguir sus pasiones y disfrutar de los placeres de la vida. El Nodo Sur en la quinta casa significa que los individuos deben liberar su tendencia a depender de otros para su validación y relaciones superficiales y concentrarse más en desarrollar sus talentos únicos.
6. **Sexta Casa:** El Nodo Norte en la sexta casa significa servicio, disciplina y salud. Esta posición indica que las personas deben centrarse en cuidar su salud física y mental, practicar la autodisciplina y contribuir a la sociedad a través del servicio. El Nodo Sur en la sexta casa significa que las personas deben liberarse de la adicción al trabajo, del análisis excesivo y concentrarse más en el momento presente.
7. **Séptima Casa:** El Nodo Norte en la séptima casa significa alianzas, armonía y diplomacia. Esta posición indica que las personas deben construir relaciones saludables, desarrollar habilidades sociales y practicar el compromiso. El Nodo Sur en la séptima casa significa

que los individuos deben liberarse de sus relaciones excesivamente dependientes y de confrontación y centrarse más en desarrollar la autosuficiencia.

8. **Octava Casa:** El Nodo Norte en la octava casa significa transformación, profundidad e intuición. Esta posición indica que los individuos deben explorar su potencial oculto, aceptar el cambio y desarrollar sus habilidades y sensibilidad psíquicas. El Nodo Sur en la octava casa significa que las personas deben liberar el miedo al cambio y el secretismo y centrarse más en vivir una vida de transparencia.

9. **Novena Casa:** El Nodo Norte en la novena casa significa búsquedas espirituales, conocimiento superior y conciencia global. Esta posición indica que las personas deben concentrarse en explorar diferentes culturas, realizar una educación superior y descubrir el propósito de su vida. El Nodo Sur en la novena casa significa que los individuos deben liberar creencias dogmáticas y patrones de pensamiento rígidos y concentrarse más en explorar diferentes perspectivas.

10. **Décima Casa:** El Nodo Norte en la décima casa significa éxito, reputación y ambición. Esta posición indica que las personas deben concentrarse en lograr sus objetivos, construir una reputación sólida y dejar un legado. El Nodo Sur en la décima casa significa que las personas deben liberar sus tendencias obsesivas y su miedo al fracaso y centrarse más en equilibrar el trabajo y la vida personal.

11. **Undécima Casa:** El Nodo Norte en la undécima casa significa comunidad, actividades humanitarias y justicia social. Esta posición indica que las personas deben centrarse en las redes sociales, contribuir a causas sociales y construir una comunidad de apoyo. El Nodo Sur en la undécima casa significa que los individuos deben liberar su tendencia a aislarse, desapegarse de las emociones y concentrarse más en nutrir sus relaciones.

12. **Duodécima Casa:** El Nodo Norte en la duodécima casa significa despertar espiritual, soledad y compasión. Esta posición indica que las personas deben concentrarse en explorar su reino interior, practicar la meditación y desarrollar empatía por los demás. El Nodo Sur en la duodécima casa significa que los individuos deben liberar su adicción al escapismo y la autocompasión y concentrarse más en desarrollar su fuerza interior.

La posición de los nodos lunares es un aspecto esencial de la astrología, y comprender su relación con las casas puede ayudar a las personas a conocer el propósito de su vida, el crecimiento del alma y el karma. La ubicación de cada nodo lunar tiene una representación única. Puede comprender mejor sus fortalezas, debilidades y áreas de crecimiento potencial analizándolo. Con este conocimiento, las personas pueden navegar sus vidas con mayor claridad, sabiduría y propósito.

Nodos y signos lunares

No se puede negar la influencia de la astrología en la vida y uno de sus aspectos más apasionantes es el estudio de los nodos. Los nodos son puntos en el cielo donde la órbita de la Luna se cruza con la eclíptica, lo que tiene un impacto significativo en la vida. Esta sección explora nodos relacionados con los signos, específicamente analizando conjunciones, tránsitos, aspectos y representaciones para cada posición.

1. **Aries:** Para aquellos con un nodo en Aries, la atención se centra en la individualidad, la impulsividad y el liderazgo. Las conjunciones entre un planeta y el nodo pueden mejorar estas características, mientras que los aspectos desafiantes resaltan cualidades negativas como el egoísmo o la agresión. Durante el tránsito, podría haber oportunidades para el autodescubrimiento y la toma de riesgos.

2. **Tauro:** Con un nodo en Tauro, la atención se centra en la comodidad material, la estabilidad y las relaciones. Las conjunciones pueden sacar a relucir un lado sensual, mientras que los aspectos desafiantes pueden llevar al materialismo y la terquedad. Puede haber oportunidades para obtener ganancias financieras o fortalecer las relaciones durante el tránsito.

3. **Géminis:** Con un nodo en Géminis, hay un enfoque en la comunicación, el aprendizaje y la adaptabilidad. Las conjunciones pueden mejorar estas cualidades, mientras que los aspectos desafiantes pueden conducir a la indecisión o la superficialidad. Durante el tránsito, podrían existir oportunidades para establecer contactos o ampliar conocimientos.

4. **Cáncer:** Aquellos con un nodo en Cáncer se centran en la seguridad emocional, la crianza y la intuición. Las conjunciones pueden mejorar estas cualidades, mientras que los aspectos desafiantes pueden provocar mal humor o apego. Durante el tránsito, podría haber oportunidades para sanar y conectarse con las emociones internas.

5. **Leo:** Con un nodo en Leo, hay un enfoque en la creatividad, la autoexpresión y el liderazgo. Las conjunciones pueden mejorar estas cualidades, mientras que los aspectos desafiantes pueden conducir a la arrogancia o a un comportamiento de búsqueda de atención. Durante el tránsito, podría haber oportunidades para el autodescubrimiento y los esfuerzos creativos.
6. **Virgo:** Quienes tienen un nodo en Virgo se centran en la practicidad, la organización y el servicio. Las conjunciones pueden mejorar estas cualidades, mientras que los aspectos desafiantes pueden conducir al perfeccionismo o la crítica. Durante el tránsito, podría haber oportunidades para mejorar la salud o los objetivos profesionales.
7. **Libra:** Con un nodo en Libra, hay un enfoque en la asociación, la diplomacia y la estética. Las conjunciones pueden mejorar estas cualidades, mientras que los aspectos desafiantes pueden llevar a la indecisión o a evitar conflictos. Durante el tránsito, podría haber oportunidades para crecer en las relaciones o desarrollar talentos artísticos.
8. **Escorpio:** Aquellos con un nodo en Escorpio se centran en la transformación, la intensidad y la sexualidad. Las conjunciones pueden mejorar estas cualidades, mientras que los aspectos desafiantes pueden conducir a obsesiones o luchas de poder. Podría haber oportunidades para una curación profunda o para explorar temas tabúes durante el tránsito.
9. **Sagitario:** Con un nodo en Sagitario, la atención se centra en la expansión, la filosofía y la aventura. Las conjunciones pueden mejorar estas cualidades, mientras que los aspectos desafiantes pueden provocar inquietud o excesos. Durante el tránsito, podría haber oportunidades para viajar o crecer espiritualmente.
10. **Capricornio:** Aquellos con un nodo en Capricornio se centran en la ambición, la responsabilidad y la tradición. Las conjunciones pueden mejorar estas cualidades, mientras que los aspectos desafiantes pueden conducir al pesimismo o a un comportamiento adicto al trabajo. Durante el tránsito, podría haber oportunidades para avanzar en su carrera o asumir un rol de liderazgo.
11. **Acuario:** Con un nodo en Acuario, la atención se centra en la innovación, la individualidad y la justicia social. Las conjunciones pueden mejorar estas cualidades, mientras que los aspectos desafiantes pueden llevar a la rebeldía o al desapego. Podría haber

oportunidades para el activismo social o la exploración de perspectivas únicas durante el tránsito.

12. **Piscis:** Quienes tienen un nodo en Piscis se centran en la espiritualidad, la intuición y la creatividad. Las conjunciones pueden mejorar estas cualidades, mientras que los aspectos desafiantes pueden conducir al escapismo o la inestabilidad emocional. Podría haber oportunidades para la curación emocional o para conectarse con poderes superiores durante el tránsito.

Los nodos son importantes en astrología y comprender la posición de los signos ofrece información valiosa sobre la vida de las personas. Las conjunciones, los tránsitos y los aspectos mejoran o desafían las cualidades asociadas con cada posición, y centrarse en estas influencias puede conducir al crecimiento y descubrimiento personal. Al explorar los nodos relacionados con los signos, puede profundizar en la comprensión de sí mismo y aprovechar el poder del cosmos.

Capítulo 7: Patrones kármicos

Los patrones kármicos están profundamente arraigados en la vida de las personas, moldean las experiencias e influyen en el futuro. Cada decisión pone en marcha una serie de eventos que pueden tener un impacto de gran alcance. Algunos de estos patrones son positivos y ayudan a las personas a vivir una vida mejor, mientras que otros son perjudiciales y provocan dolor y sufrimiento. Sin embargo, la belleza de los patrones kármicos es que tiene el poder de cambiarlos, puede liberarse de los ciclos negativos y manifestar sus deseos. Puede controlar su destino y crear un futuro mejor siendo consciente de sus pensamientos y acciones.

Este capítulo explora el karma y los patrones kármicos, cómo se identifican en una carta natal y aborda estrategias para el crecimiento espiritual y la superación de los desafíos kármicos. Analiza el libre albedrío en el destino kármico y cómo aprovechar el conocimiento de vidas pasadas para guiar el presente. Esa información le ayudará a comprender cómo los patrones kármicos influyen en su vida y le permitirá tomar decisiones conscientes que fomenten el crecimiento y la realización. Con este conocimiento, podrá avanzar en su viaje espiritual con claridad y convicción.

Un patrón kármico en el que una mujer da un regalo y luego recibe otro[21]

Karma y patrones kármicos

El karma es una ley universal que gobierna la vida de las personas. Sus pensamientos, sentimientos y acciones en esta vida dan forma a su destino en la próxima. Un patrón kármico es un evento o patrón recurrente en su vida que puede rastrear hasta decisiones o acciones de una vida anterior. Comprender el karma y los patrones kármicos puede ayudarle a manejar su vida y tomar mejores decisiones para su futuro. Esta sección explora el karma, cómo funcionan los patrones kármicos y cómo los nodos lunares de la Luna dan forma a su destino.

¿Qué es el karma?

El karma tiene sus raíces en las creencias hindúes, budistas y jainistas. Sus acciones, pensamientos e intenciones en esta vida tienen consecuencias que determinan su futuro. Si hace buenas acciones, será recompensado con buen karma, y castigado con mal karma si realiza malas acciones. El karma no es un castigo en sí, sino una consecuencia natural de las acciones de una persona, que podría trascender múltiples vidas.

Cómo funcionan los patrones kármicos

Los patrones kármicos son comportamientos o eventos repetitivos en su vida actual vinculados a vidas anteriores. Por ejemplo, podría ser un patrón kármico si está constantemente en relaciones volátiles o tiene un problema de salud recurrente. Cuando no aprende las lecciones de vidas pasadas, estos patrones se repiten hasta que corrige su comportamiento. Reconocer y cambiar estos patrones es la clave para romper el ciclo y mejorar su vida.

Nodos lunares y karma

Los nodos de la Luna están ubicados en la órbita de la Luna donde cruza la eclíptica. Los nodos Norte y Sur son puntos que forman un eje en astrología e influyen en el destino de una persona. El Nodo Norte representa las metas y el destino kármico de una persona, mientras que el Nodo Sur representa vidas y lecciones pasadas. Colocar estos nodos lunares en su carta natal le proporciona información sobre su destino kármico y cómo puede aprender de sus vidas pasadas.

Comprender el karma y los patrones kármicos le ayuda a tomar mejores decisiones en la vida y a trabajar por un futuro positivo. Puede liberarse del ciclo de comportamientos y experiencias negativas reconociendo y corrigiendo sus hábitos. Conocer la posición de sus nodos lunares le proporciona información sobre sus patrones kármicos y cómo trabajar para alcanzar sus objetivos de vida. Recuerde, no se debe temer al karma, sino aprender y crecer. Controle su destino y cree un futuro positivo a través del autoconocimiento y la superación personal.

Identificar patrones kármicos en una carta natal

Las cartas natales son el modelo de la vida de las personas en astrología. Indica la posición de las estrellas y planetas al nacer. Esta información permite a los astrólogos leer los rasgos de su personalidad, fortalezas, debilidades y patrones kármicos. El karma son sus acciones y decisiones en el pasado que influyen en su futuro. El ciclo de acción y reacción es un proceso continuo que afecta a la vida de una persona. Esta sección explica cómo la astrología puede analizar el karma y ayudarlo a identificar los patrones kármicos en su carta natal.

Comprender cómo la astrología puede analizar el karma

El estudio de la astrología propone que el karma es la fuerza impulsora detrás de la vida de las personas. Le ayuda a comprender los patrones positivos y negativos de su vida y cómo se relacionan con los viajes evolutivos de su alma. Los astrólogos creen que el karma se manifiesta de diferentes formas y se refleja en la carta natal. Cada planeta, signo y casa de la carta natal significa varios aspectos del karma. Por ejemplo, la posición de Saturno en una carta natal representa el karma de vidas pasadas, por lo que, cuando se enfrentan luchas y obstáculos, a menudo se vincula con la ubicación de Saturno en la carta.

Trazado del patrón kármico

Los astrólogos buscan patrones que indiquen una influencia kármica cuando analizan una carta astral. Un indicador esencial del karma en la carta natal es el Nodo Sur o la posición de Ketu. El Nodo Sur representa el karma de vidas pasadas. El Nodo Norte o Rahu representa su destino kármico. La posición del Nodo Sur en cualquiera de los doce signos astrológicos muestra la naturaleza de los retos a los que probablemente se enfrentará una persona en esta vida. Por ejemplo, si el Nodo Sur está en Aries, la persona puede tener problemas de asertividad y de control de la ira.

Explorar las lecciones de la vida y el karma de vidas pasadas

Cada planeta de la carta astral influye en el karma de forma diferente. Por ejemplo, la posición de Venus significa el amor que da y recibe, mientras que la de Marte indica energía física y determinación. La Luna representa su estado emocional y cómo maneja las emociones. Un astrólogo puede identificar la lección kármica que necesita aprender en esta vida analizando la posición de estos planetas. Ya estén relacionadas con el amor, la compasión, el valor o la honestidad, estas lecciones ayudan a la persona a crecer espiritualmente y a superar el karma de vidas pasadas.

La carta astral es esencial para identificar patrones kármicos y proporcionar una visión del camino del alma. Comprender la posición de los planetas, los signos astrológicos y las casas de la carta puede ayudar a clarificar el camino de su vida y su relación con el karma de vidas pasadas. Puede superar los retos kármicos tomando decisiones conscientes, trabajando en el crecimiento espiritual y concentrándose en las lecciones que debe aprender. Con la ayuda de un astrólogo y la visión de su carta astral, podrá comprenderse mejor a sí mismo y labrarse un buen futuro.

Superar los desafíos kármicos

El karma existe desde hace siglos y tiene una gran importancia en la vida de las personas. El principio universal de causa y efecto dicta que toda acción tiene una reacción igual y opuesta. Los desafíos kármicos son las consecuencias de sus acciones y las elecciones que debe afrontar en esta vida o en el futuro. Superarlos puede ser difícil, pero es esencial para el crecimiento espiritual. Esta sección explora varias formas de superar los desafíos kármicos y lograr el crecimiento espiritual.

Dharma: Su papel en el crecimiento espiritual

El dharma es el camino hacia la iluminación y la plenitud. Cumplir con su dharma es esencial para el crecimiento espiritual y para superar los retos kármicos. Su dharma es específico para usted. Es el propósito de su vida y sus cualidades únicas. Puede superar los desafíos kármicos cumpliendo su dharma y armonizándose con él. Sin embargo, debe comprender su dharma y su papel en la vida para lograr el crecimiento espiritual.

Autoconciencia y reflexión

La autorreflexión es la toma de conciencia de sus acciones, pensamientos y emociones, crucial para el crecimiento espiritual. El autoconocimiento ayuda a identificar las áreas que debe mejorar y a realizar los cambios necesarios. Debe reflexionar sobre sus experiencias y aprender de ellas. Cuando asume la responsabilidad de sus actos, aprende de sus errores, lo que le lleva al crecimiento espiritual. La autoconciencia y la reflexión son esenciales para reconocer los patrones kármicos y liberarse de ellos.

La práctica del Karma Yoga

El Karma Yoga es el yoga de la acción, en el que ofrece sus acciones a lo divino sin expectativas de recompensa o fruto. Esta práctica le mantiene desapegado de los resultados de sus acciones y se centra en cumplir con su deber sin apego ni juicios. Al realizar acciones con desapego, crea un karma positivo, reduciendo los desafíos kármicos negativos. Practicar Karma Yoga ayuda a superar el ego y a desarrollar la comprensión del servicio a la humanidad, un aspecto crucial del crecimiento espiritual.

Perdón

El perdón es una herramienta poderosa para el crecimiento espiritual y la superación de los desafíos kármicos. Cuando perdona a los demás, libera emociones negativas como la ira, el resentimiento y la amargura, liberándose de patrones kármicos. Perdonar no significa olvidar lo ocurrido. Más bien se trata de dejar ir las emociones negativas y seguir adelante. Puede crecer perdonándose a sí mismo por sus errores. Al perdonar a los demás, crea karma positivo en lugar de patrones negativos.

Atención plena

La atención plena es la práctica de estar presente y plenamente involucrado en el momento. Consiste en ser consciente de sus pensamientos, emociones y acciones sin juzgarlos. La atención plena le permite conectar con su yo superior y acceder a la paz interior, trascendiendo los retos kármicos. Cuando vive con atención plena, se da cuenta de la belleza que le rodea y aprecia cada momento de la vida. Practique la atención plena a diario para promover el crecimiento espiritual y superar los desafíos kármicos.

Superar los desafíos kármicos es esencial para su viaje espiritual y requiere dedicación y esfuerzo. Puede superar los patrones kármicos del pasado y lograr el crecimiento espiritual comprendiendo su dharma, practicando la autoconciencia y la reflexión, y realizando Karma Yoga, perdón y atención plena. Recuerde, cada reto es una oportunidad para crecer y aprender. Depende de usted sacar lo mejor de ello. Con estas prácticas, puede crear un futuro mejor, libre de patrones kármicos negativos, y lograr el crecimiento espiritual.

Estrategias para trabajar con los patrones kármicos de la vida

¿Alguna vez se ha sentido atrapado por situaciones repetitivas en la vida que parecen no tener fin? ¿Se siente a veces atrapado en ciclos negativos y no puede liberarse? Estos patrones recurrentes son patrones kármicos. Todo el mundo tiene patrones kármicos que debe superar, pero pueden suponer un reto, sobre todo sin las estrategias adecuadas. Esta sección explora algunos consejos para trabajar con los patrones kármicos y convertirlos en oportunidades de crecimiento y autodescubrimiento.

Abordar las situaciones difíciles con compasión

Una de las mejores formas de trabajar con los patrones kármicos es abordar las situaciones difíciles con compasión. Verá las cosas de otra manera cuando se acerque a una situación difícil con una mentalidad empática y comprensiva. La compasión le permite ver el problema tal y como es y le ayuda a liberar la ira o el resentimiento. Sólo entonces podrá avanzar con pasos prácticos para resolver la situación. Practicar el autocuidado y dedicarse tiempo a uno mismo es importante para fomentar la compasión. Cuanto más lo haga, mejor preparado estará para enfrentarse a los patrones kármicos con compasión.

Reconocer los patrones kármicos en su vida

El primer paso para transformar sus patrones kármicos es reconocerlos. Reflexione sobre su vida y examine las situaciones o comportamientos negativos que se repiten. Puede responsabilizarse de sus patrones kármicos y dejarlos ir cuando se dé cuenta de ellos. Los diarios y la meditación son herramientas útiles. Además, puede explorar sus patrones kármicos mediante un análisis de su carta natal. Esto le permitirá comprender el karma más profundo asociado a su vida y cómo le afecta.

Establecer intenciones para avanzar

Establecer intenciones es una forma eficaz de cambiar la energía de una situación. Identifique el comportamiento o el problema que quiere cambiar y establezca su intención. Escriba su elección y colóquela donde pueda verla a diario. Este recordatorio periódico le ayudará a mantenerse centrado y motivado para lograr su objetivo. Establecer intenciones le libera de sus patrones kármicos y le da el poder de crear algo nuevo y avanzar hacia un futuro más brillante.

Conectar con recursos para obtener más apoyo

No tiene que trabajar con patrones kármicos por su cuenta. Conéctese con recursos y apoyo que le ayuden a seguir por el buen camino. Puede ser un terapeuta, un entrenador o un amigo o familiar de confianza que pueda proporcionarle apoyo emocional y orientación. Sólo usted puede decidir qué es lo mejor. Sin embargo, contar con una fuente de apoyo es inestimable para transformar sus patrones kármicos. Utilice todos los recursos disponibles para mejorar y encontrar la paz interior.

Incorporar la atención plena a sus actos y pensamientos

La atención plena es estar presente y plenamente involucrado en el momento. Incorporar la atención plena a su vida diaria le hace más consciente de sus actos y pensamientos. Tomará decisiones conscientes para liberarse de patrones negativos y crear otros nuevos y positivos alineados con sus objetivos. La atención plena ayuda a cultivar la aceptación y la compasión, ofreciendo conexión con el mundo que le rodea.

Practicar la gratitud

Practicar la gratitud es una herramienta poderosa para transformar los patrones kármicos. Al centrarse en aquello por lo que está agradecido, cambia su energía hacia un estado positivo. Dedique un tiempo cada día a reflexionar sobre aquello por lo que está agradecido, por pequeño que parezca. Esta práctica libera energía negativa y le ayuda a avanzar con una mentalidad positiva. Si le cuesta encontrar cosas por las que estar agradecido, mire a su alrededor y aprecie las pequeñas cosas de la vida. Hay belleza por todas partes; de usted depende reconocerla.

Los patrones kármicos son desafiantes y a veces abrumadores, pero no tienen por qué controlar su vida. Puede transformar los patrones kármicos en oportunidades de crecimiento y autodescubrimiento abordando las situaciones con compasión, reconociendo los patrones, estableciendo intenciones, conectando con los recursos, incorporando la atención plena y practicando la gratitud. Recuerde, este viaje no es una solución rápida, pero con un esfuerzo constante y autorreflexión, podrá liberarse de los ciclos negativos y encontrar la paz en su vida.

Encontrar el equilibrio en el universo con el karma

¿Se ha encontrado alguna vez en una situación en la que parece que todo va mal? Su día puede empezar con un pinchazo de camino al trabajo, y luego derramar el café sobre su camisa nada más llegar. Es fácil sentir que el universo conspira contra usted en esos momentos. Pero, ¿y si hubiera una forma de encontrar el equilibrio, incluso en medio del caos? El karma. El karma es un concepto que existe desde hace siglos y que ayuda a comprender la interconexión de todas las cosas.

Alcanzar la armonía a través de la comprensión del karma

El karma es el concepto de que las acciones tienen consecuencias, positivas o negativas. A menudo, se asocia con "lo que va, vuelve". Si hace cosas buenas, pasarán cosas buenas. Si hace cosas malas, pasarán cosas malas. Pero el karma es mucho más complejo que eso. No es sólo una cuestión de causa y efecto. Se trata de lograr la armonía en el universo. Cuando comprenda que todo lo que hace repercute en el mundo que le rodea, actuará de forma que promueva el equilibrio y la armonía.

Reconocer la interconexión de todas las cosas

Las acciones no existen en el vacío; afectan a las personas y al mundo que le rodea. Verá el mundo de otra manera cuando reconozca la interconexión del karma y comprenda que sus acciones tienen un efecto dominó. Si hace algo bueno por otra persona, esa persona puede hacer algo bueno por otra. Es una reacción en cadena que puede tener un impacto positivo en el mundo.

Aprender de sus experiencias kármicas para crecer espiritualmente

El karma no sólo tiene que ver con las repercusiones de sus actos. Se trata de las lecciones que aprende de las experiencias. Cuando experimenta algo positivo o negativo, es una oportunidad para crecer. Aprende de sus errores y utiliza el conocimiento para tomar mejores decisiones en el futuro. No siempre es fácil ver la lección en el momento, pero, con el tiempo y la reflexión, se entenderá mejor a sí mismo y al mundo.

Practicar el karma en la vida cotidiana

Practicar el karma en la vida cotidiana consiste en ser consciente de sus actos y de su impacto en el mundo. Se trata de hacer el bien a los demás sin esperar nada a cambio. Es tratar a los demás con amabilidad y respeto. Es asumir la responsabilidad de sus errores y enmendarlos. No siempre es fácil hacer estas cosas, pero cuanto más se practica, más natural resulta.

Encontrar el equilibrio en el universo con el karma consiste en comprender que sus acciones tienen consecuencias, reconocer la interconexión de todas las cosas y aprender de sus experiencias. Practicar el karma en la vida cotidiana crea un efecto dominó positivo que repercute profundamente en el mundo. No siempre es fácil ser consciente de sus actos y de su impacto, pero, cuanto más practique, más contribuirá a crear un mundo equilibrado y armonioso. Así que, la próxima vez que tenga un mal día, recuerde que todo lo que hace tiene un impacto y céntrese en hacer el bien por sí mismo y por los demás. El universo se lo agradecerá.

Desbloquee su potencial kármico con la visión de la carta natal

La astrología es una práctica ancestral para obtener información sobre la personalidad, las relaciones y el futuro. Pero, ¿sabía que la astrología puede proporcionar información sobre vidas pasadas? Analizando su carta astral, puede descubrir su potencial kármico y comprender mejor las lecciones que debe aprender en esta vida. Esta sección explora el uso de la astrología para analizar el karma, la incorporación de los nodos lunares al análisis de la carta natal y la toma de medidas para desbloquear el potencial de su karma.

Uso de la astrología para analizar el karma

El Nodo Sur de la Luna representa el karma en su carta natal en astrología. El Nodo Sur representa las lecciones y experiencias que ha dominado en vidas pasadas. Describe los patrones y comportamientos que podría repetir en esta vida. Analizando la posición del Nodo Sur en la carta natal, se pueden comprender las áreas en las que uno puede estar atascado o en las que debe liberarse de viejos patrones. Por ejemplo, si su Nodo Sur está en Tauro, podría luchar contra el apego a las posesiones materiales. Al reconocer este patrón, puede liberarse de su apego a las cosas materiales y centrarse en cultivar la riqueza interior.

Incorporación de los nodos lunares al análisis de la carta natal

Además del Nodo Sur, su carta natal incluye el Nodo Norte. El Nodo Norte representa las lecciones de vida que debe aprender en esta vida. Por ejemplo, las áreas de su vida en las que se siente desafiado o incómodo, pero en las que es posible crecer y evolucionar. Analizando la posición del Nodo Norte en su carta natal, podrá comprender mejor su propósito en esta vida. Por ejemplo, supongamos que su Nodo Norte está en Sagitario. En ese caso, debería abrazar la aventura, explorar nuevos horizontes y abrir su mente a nuevas ideas.

Actuar para liberar el potencial de su karma

Una vez que haya comprendido sus vidas pasadas y su propósito en esta vida, es hora de pasar a la acción para liberar el potencial de su karma. Esto implica diversas prácticas, como meditar, escribir un diario o trabajar con un terapeuta. Incluye desarrollar nuevos hábitos o rutinas. Por ejemplo, puede beneficiarse de la meditación diaria de atención plena si tiene problemas de ansiedad. O, si tiene problemas de autoestima, le vendrá bien practicar afirmaciones u otras prácticas de autocuidado. Al tomar medidas para liberarse de viejos patrones y cultivar nuevos hábitos, desbloquea el potencial de su karma y avanza hacia una vida más plena y alegre.

La astrología es una herramienta poderosa para liberar su potencial kármico y comprender su propósito en esta vida. El análisis de la posición de los nodos lunares en su carta natal le permite comprender mejor sus vidas pasadas y las lecciones de esta vida. Al liberarse de viejos patrones y cultivar nuevos hábitos, desbloquea las posibilidades de su karma y avanza hacia una vida más plena y alegre. ¿Por qué no probar la astrología? ¿Quién sabe lo que puede aprender sobre sí mismo y sobre su futuro?

El papel del libre albedrío en el destino kármico

Es un deseo humano fundamental querer controlar su vida y forjar su destino. Pero, ¿hasta qué punto? El karma sugiere que sus acciones en vidas pasadas dictan sus circunstancias actuales. Entonces, ¿dónde reside el libre albedrío? ¿Es una mera marioneta en el gran esquema de las cosas, o puede elegir activamente su camino? Esta sección analiza la intersección entre el destino y el libre albedrío, y cómo la comprensión de esta relación puede ayudar a guiarle hacia su propósito final.

Determinar su destino

El destino kármico sugiere que las acciones de vidas pasadas predeterminan ciertos acontecimientos y circunstancias de la vida actual. Sin embargo, esto no significa que no tenga poder para moldear su futuro. Cada decisión tomada en el presente crea un efecto dominó que repercute en su futuro. Tiene un camino concreto que seguir, pero usted decide cómo recorrerlo y qué aprender de él. Es como un libro de aventuras. El resultado puede estar fijado, pero la forma de llegar a él es completamente cosa suya.

Comprender la intersección entre destino y libre albedrío

Existe un delicado equilibrio entre destino y libre albedrío. El destino establece el marco de la vida, mientras que el libre albedrío le permite tomar decisiones que influyen en el resultado de ese destino. Las elecciones del libre albedrío tienen consecuencias positivas y negativas que configuran su futuro kármico. Por ejemplo, si actúa continuamente de forma egoísta y perjudica a los demás, es probable que experimente efectos adversos. Por el contrario, si toma decisiones que benefician a los demás y contribuyen positivamente al mundo, es más probable que experimente resultados positivos.

Aprovechar el conocimiento de vidas pasadas para guiar el presente

Normalmente, una persona no recuerda sus vidas pasadas, pero puede aprovechar la sabiduría y los conocimientos adquiridos en ellas para guiar su presente. Es posible que tenga una habilidad o un talento innatos que no puede explicar o un fuerte impulso de seguir una carrera o un camino específicos. Podrían ser manifestaciones de experiencias y conocimientos de vidas pasadas que le guían hacia su propósito final. Si aprovecha estos conocimientos, se entenderá mejor a sí mismo y a su camino, y tomará decisiones alineadas con su destino kármico.

Aceptar la singularidad del camino de cada individuo

Por último, es esencial saber que el camino de cada individuo es único, a pesar de los marcos generales del destino kármico y el libre albedrío. Puede tener experiencias similares o encontrarse con obstáculos parecidos, pero sus reacciones y elecciones determinan en última instancia su camino. Resulta tentador comparar su progreso con el de los demás o intentar seguir el camino de otra persona, pero en última instancia esto socavaría su crecimiento y progreso. Puede prosperar y cumplir con su propósito final si acepta su individualidad y toma decisiones que se ajusten a su destino kármico.

El destino kármico y el libre albedrío pueden resultar desalentadores. ¿Cómo equilibrar estas fuerzas aparentemente opuestas para crear su mejor vida? En última instancia, se trata de comprender que tiene capacidad de acción, incluso navegando por marcos predeterminados. Comprenderá su camino y su propósito tomando decisiones alineadas con su destino kármico y basándose en el conocimiento de vidas pasadas. Prosperará en un viaje único abrazando su individualidad y evitando compararse con los demás. Así pues, controle sus elecciones y abrace la misteriosa intersección entre destino y libre albedrío.

Capítulo 8: Remedios para los maléficos Rahu y Ketu

Rahu y Ketu son dos de los planetas más poderosos en la astrología védica (aquellos que sienten su impacto saben lo intensa que puede ser su influencia). Representando los nodos lunares, estos dos planetas son notorios por causar interrupciones y caos en la vida de las personas. Sin embargo, se puede aprovechar su poder para lograr cambios positivos, comprendiendo su energía y funcionamiento. En lugar de temer a estos planetas, utilice su energía transformadora para impulsarse hacia adelante. Todo es cuestión de perspectiva y de aprender a trabajar con las fuerzas cósmicas.

Este capítulo del viaje de la astrología védica proporciona remedios para mitigar los efectos adversos de los maléficos Rahu y Ketu. Estos remedios deben ser utilizados con sinceridad y fe y no deben ser considerados como un sustituto del consejo profesional o tratamiento médico. Con la actitud y el enfoque adecuados, estos remedios pueden ser herramientas poderosas para el crecimiento y la prosperidad. Por lo tanto, acepte el desafío y vea las cosas asombrosas que puede lograr bajo la influencia de Rahu y Ketu.

Ganesha[22]

Veneración de Ganesha

En la astrología hindú, los planetas maléficos Rahu y Ketu se asocian a menudo con efectos adversos en la vida de una persona, como problemas económicos, de salud y de pareja. Sin embargo, desde la antigüedad se ha sugerido un remedio para estos planetas maléficos: adorar a Ganesha. El dios hindú con cabeza de elefante elimina los obstáculos y proporciona prosperidad y éxito en la vida. Esta sección explora cómo se puede adorar a Ganesha para ayudar a aliviar los efectos adversos de los planetas maléficos Rahu y Ketu.

Ofrenda de oraciones al Dios Ganesha

Esta es una de las formas más fáciles y efectivas de buscar sus bendiciones. Comience el día rezando al Dios Ganesha y buscando su guía y bendiciones. Puede encender una lámpara y palitos de incienso y ofrecer flores y frutas a Ganesha para mostrar su devoción. Una simple oración a Ganesha puede ser cantada 108 veces al día o recitada en el famoso Shri Ganapati Atharva Shirsha Mantra.

Recitar el Mantra "Om Gan Ganapataye Namaha"

Recitar el mantra "Om Gan Ganapataye Namaha" es una forma poderosa de invocar las bendiciones de Ganesha. Este mantra elimina los obstáculos y trae éxito y felicidad. Recite este mantra 108 veces al día durante 21 días, y verá cambios positivos en su vida. Si no puede recitarlo 108 veces al día, puede recitarlo 11 o 21 veces.

Participar en las celebraciones de Ganesh Chaturthi

Ganesh Chaturthi es un famoso festival que se celebra en toda la India en honor de Ganesha. Participar en estas celebraciones puede conectar poderosamente con Ganesha y buscar sus bendiciones. Muchas personas crean hermosos ídolos de Ganesha en su casa y realizan una puja para celebrar la ocasión. Los festivales suelen estar llenos de diversión y alegría; la energía puede ayudar a alejar las influencias negativas de la vida.

Creación de un santuario casero para Ganesha

Crear un santuario casero para Ganesha es excelente para desarrollar una relación personal con la deidad. Coloque una imagen o un ídolo de Ganesha en su casa y ofrézcale oraciones a diario. Puede encender una lámpara, ofrecer flores y frutas y recitar el mantra "Om Gan Ganapataye Namaha" para invocar las bendiciones de Ganesha. La energía del santuario ayuda a alejar las influencias negativas y atrae las energías positivas.

Visitar los templos locales de Ganesha

Visitar los templos locales de Ganesha es otra forma de conectar con Ganesha y buscar sus bendiciones. Muchos templos tienen días específicos para adorar a Ganesha, como los martes y los días de Chaturthi. Visite el templo durante estos días propicios y ofrezca oraciones a Ganesha para que elimine los obstáculos de su vida. De vez en cuando, participe en algún festival local de Ganesha que celebre el templo y absorba la energía positiva de la devoción.

Adorar a Ganesha es un poderoso remedio contra los maléficos Rahu y Ketu. Elimina los obstáculos y trae prosperidad y éxito. Al dedicarle oraciones, cantar el mantra "Om Gan Ganapataye Namaha", participar en las celebraciones de Ganesha Chaturthi, crear un santuario en casa, o visitar los templos de Ganesha, usted puede buscar las bendiciones de Ganesha y aliviar los efectos adversos de los maléficos Rahu y Ketu. Por lo tanto, empiece ya a adorar a Ganesha y atraiga la prosperidad y el éxito.

Recitar mantras de Rahu y Ketu

Cuando Rahu y Ketu se encuentran en una posición desfavorable, pueden crear caos, confusión e incertidumbre. Afortunadamente, algunos remedios mitigan sus efectos adversos. Un remedio consiste en recitar mantras específicos para Rahu y Ketu. Esta sección explora algunos mantras y rituales eficaces para ayudar a equilibrar estos planetas maléficos y mejorar su vida.

Entonar el Mahamrityunjaya Mantra

El Mahamrityunjaya mantra es poderoso en el hinduismo y se dice que conquista la muerte. Este mantra es efectivo para equilibrar a los maléficos Rahu y Ketu. El canto de este mantra ayuda a eliminar obstáculos, reduce la ansiedad y promueve el bienestar general. El mantra es el siguiente Om Tryambakam Yajamahe, Sugandhim Pushti Vardhanam, Urvarukamiva Bandhanan, Mrityor Mukshiya Maamritat.

Realizar Abhishekams con Agua de Coco

Ofrecer agua de coco a Rahu y Ketu es un remedio tradicional y eficaz para equilibrar estos planetas. El agua tiene un efecto refrescante sobre la naturaleza caliente y ardiente de los planetas maléficos. Se recomienda realizar este Abhishekam los martes o sábados para obtener el máximo beneficio. El ritual consiste en hacer un agujero en un coco y verter agua con flores en él, ofreciendo simultáneamente sus oraciones a Rahu y Ketu.

Ofrecer flores rojas a Rahu y Ketu

El rojo se asocia con Rahu y Ketu, por lo que ofrecer flores rojas a estos planetas es un remedio común y eficaz. Las flores rojas como el hibisco, las rosas y el loto pueden calmar las energías maléficas de estos planetas. Puede mejorar las relaciones, traer el éxito en los negocios y promover la estabilidad y la seguridad. Para realizar el ritual, sostenga una flor roja, ofrezca sus oraciones a Rahu y Ketu, y coloque la flor hacia estos planetas.

Recitar el mantra "Om Bhraam Bhreem Bhroum Sah Rahave Namah"

Otro mantra poderoso para equilibrar a Rahu es el mantra "Om Bhraam Bhreem Bhroum Sah Rahave Namah". Este mantra ayuda a eliminar los obstáculos y la negatividad causada por Rahu y promueve la paz y la armonía. Se recomienda cantar este mantra 108 veces los sábados para obtener el máximo beneficio. Además, puede recitar el mantra "Om Shraam Shreem Shroum Sah Ketave Namah" para apaciguar a Ketu.

Encender una lámpara con aceite de sésamo los sábados

Encender una lámpara con aceite de sésamo los sábados ayuda a equilibrar a Rahu y Ketu. Se recomienda encender una lámpara delante de una imagen o estatua de Rahu y Ketu y dedicarles oraciones. La lámpara de aceite de sésamo absorbe las energías negativas de estos planetas y promueve la energía positiva. Se aconseja realizar este ritual los sábados para obtener el máximo beneficio.

Rahu y Ketu maléficos pueden crear caos, incertidumbre y obstáculos. Sin embargo, algunos remedios ayudan a mitigar sus efectos adversos. Cantar mantras específicos, realizar Abhishekams, ofrecer flores rojas y encender una lámpara con aceite de sésamo son algunos de los remedios más eficaces. Puede conseguir equilibrio, estabilidad y éxito incorporando estos remedios a su vida espiritual y cotidiana. Estos remedios no pretenden sustituir al apoyo médico o psicológico, pero pueden complementar y mejorar su bienestar general.

Donación de objetos negros

La posición de los planetas en el horóscopo determina en gran medida los acontecimientos de su vida. Cuando Rahu y Ketu están en una posición maléfica, pueden causar varios inconvenientes, como problemas financieros, problemas de salud, problemas de relación, y más. Sin embargo, un remedio prominente para contrarrestar estos efectos desfavorables es donar objetos negros. Esta sección discute las diferentes cosas negras con las que puede contribuir para apaciguar a Rahu y Ketu.

- **Donar ropa negra:** Una de las maneras más simples de apaciguar a Rahu y Ketu es mediante la donación de ropa negra. Dasharatha, el padre de Rama, regaló ropa negra al Señor Rama y a sus hermanos para alejar los efectos nocivos de Rahu y Ketu durante el período Sani-Sadhe-Satti. Puede donar vestidos negros a los desfavorecidos, especialmente durante un Amavasya, para mitigar la energía negativa de Rahu y Ketu.

- **Donar semillas de sésamo negro:** Otra forma de anular el impacto adverso de Rahu y Ketu es donando semillas de sésamo negro. En la mitología hindú, el Señor Vishnu aplicó semillas de sésamo negro a su cuerpo, ayudándole a alcanzar su color legendario y otorgándole el poder de conquistar enemigos. Puede buscar las bendiciones de Rahu y Ketu donando semillas de sésamo negro a una persona pobre o a un brahmán piadoso.

- **Donación de gramo negro:** El gramo negro o *"Urad Dal"* es otro elemento con el que puede contribuir para apaciguar a Rahu y Ketu. Donar gramo negro (una legumbre del sur de Asia) los sábados y los días Amavasya, en nombre del Señor Shani, ayuda a reducir los efectos desfavorables de estos planetas. Puede donarlo a los desfavorecidos para alejar el impacto negativo de Rahu y Ketu.

- **Donar caridad en el nombre del Señor Shiva:** Realizar caridad en el nombre del Señor Shiva es uno de los remedios más potentes para contrarrestar los efectos maléficos de Rahu y Ketu. Donar a los pobres y necesitados en el nombre del Señor Shiva ayuda a calmar la energía de Rahu y Ketu, reduciendo su negatividad hacia la persona. Las caridades pueden hacerse visitando templos de Shiva y distribuyendo prasadam (comida sagrada) a los devotos.

- **Donaciones a familias necesitadas en Amavasya:** El significado de donar a familias necesitadas en Amavasya está infravalorado. Durante la noche sin luna, la energía de Rahu y Ketu está al máximo, lo que permite a las personas buscar sus bendiciones a través de diversas obras de caridad. Puede donar artículos como ropa negra, semillas de sésamo o gramo negro a familias de bajos ingresos que carezcan de lo necesario.

Donar objetos negros es uno de los remedios más poderosos para contrarrestar los efectos maléficos de Rahu y Ketu. Mediante la donación de ropa negra, semillas de sésamo, y el gramo negro, la realización de la caridad en nombre del Señor Shiva, y hacer donaciones a las familias necesitadas, puede mitigar la energía maléfica de estos planetas. Sin embargo, se recomienda buscar la orientación de un astrólogo experimentado antes de realizar un remedio.

Llevar piedras preciosas asociadas a Rahu y Ketu

La astrología siempre ha sido la luz que guía a quienes creen que los cuerpos celestes influyen significativamente en la vida de las personas. La creencia es que los planetas en determinadas posiciones favorables u opuestas influyen positiva o negativamente en la vida de las personas. Según la astrología védica, Rahu y Ketu crean caos, confusión y negatividad en la vida de una persona. Sin embargo, la buena noticia es que el uso de ciertas piedras preciosas asociadas con Rahu y Ketu puede ayudar a aliviar sus efectos nocivos. Esta sección profundiza en qué gemas pueden ayudarle a alejar los efectos maléficos de Rahu y Ketu.

- **Llevar granate hessonita (Gomed):** El gomed es una hermosa piedra perteneciente al grupo de minerales de la grossularita. Se la conoce como la *Piedra Canela* y es de color marrón anaranjado a naranja rojizo. Los astrólogos hindúes creen que la Hessonita, o Gomed, es la piedra preciosa para equilibrar los efectos maléficos de Rahu. Llevar un granate Hessonita ayudará a combatir los aspectos negativos de Rahu, como las pérdidas financieras y las dificultades con la mundanidad, los bienes materiales y la victoria sobre los enemigos.

- **Ojo de gato (Lehsunia):** Otra piedra preciosa asociada con Ketu es el Ojo de Gato (Lehsunia). La piedra natural Ojo de Gato es un miembro de la familia de los minerales crisoberilo. El Ojo de Gato se considera positivo para los afectados por Ketu y trae buena fortuna y salud. Ayuda a alejar las vibraciones negativas, promueve la espiritualidad y proporciona equilibrio.

- **Obtener la aprobación astrológica de las gemas antes de usarlas:** Consultar a un experto astrólogo especializado en recomendaciones sobre gemas es crucial antes de adquirir una piedra preciosa. Basándose en su carta astral y sus doshas, un experto determinará si la piedra escogida sería la mejor para usted. Una piedra preciosa equivocada puede hacer más daño que bien. Por eso, siempre es esencial que las apruebe un astrólogo experto.

- **Llevar las piedras preciosas en el día apropiado:** Llevarlas en el día apropiado es esencial, ya que potencia los efectos de la piedra. Miércoles, jueves y viernes son los días propicios para llevar Hessonita y Ojo de Gato.

Rahu y Ketu son dos planetas maléficos que afectan a la vida de una persona de numerosas formas indeseables. Sin embargo, llevar la piedra preciosa adecuada puede ayudarle a aliviar los efectos adversos de estos planetas. El Granate Hessonita (Gomed) y el Ojo de Gato (Lehsunia) son las dos piedras preciosas conocidas por equilibrar el impacto de Rahu y Ketu. Pero es crucial consultar a un astrólogo experto antes de llevar una piedra preciosa. Un buen astrólogo le ayudará a determinar cuál es la mejor piedra en función de sus lecturas astrológicas. Llevar la joya el día adecuado es esencial para obtener beneficios óptimos. Por lo tanto, llevar la piedra preciosa adecuada puede provocar cambios positivos y ayudarle a combatir los efectos adversos de Rahu y Ketu.

Realización de la puja

La idea de que Rahu y Ketu son maléficos puede ser desalentadora. Conocidos como los planetas sombra en la astrología védica, están asociados con varios desafíos que influyen enormemente en la vida de las personas. Los desafíos pueden manifestarse en problemas de salud, reveses en la carrera, luchas financieras y problemas en las relaciones personales. Sin embargo, con el enfoque adecuado para hacer frente a estos planetas maléficos, es posible encontrar la paz, la prosperidad y el éxito.

Esta sección está dedicada a explorar los diversos métodos para mitigar los efectos adversos de los planetas maléficos Rahu y Ketu. Ya sea ofreciendo oraciones, realizando pujas o consultando con sacerdotes expertos, puede aprovechar el poder de estos planetas en la sombra y superar sus obstáculos de numerosas maneras. Por lo tanto, vamos a sumergirnos en los diferentes aspectos de remediar la influencia maléfica de Rahu y Ketu.

Ofrenda de oraciones a Rahu y Ketu

La oración es una de las formas más sencillas y eficaces de mitigar los efectos maléficos de Rahu y Ketu. Recitar mantras y stotras específicos dedicados a estos planetas en la sombra puede apaciguar su influencia negativa y obtener bendiciones. Algunos de los mantras comúnmente utilizados para Rahu y Ketu son:

- **Om Rahuve Namaha:** Este mantra está dedicado a Rahu y debe ser cantado 18.000 veces durante 40 días para superar sus efectos maléficos.

- **Om Ketave Namaha:** Este mantra está dedicado a Ketu y debe ser cantado 7.000 veces durante 21 días para superar sus efectos maléficos.

Ofrecer flores e incienso a Rahu y Ketu

Otra forma de apaciguar a Rahu y Ketu es ofreciendo flores e incienso. Este ritual, conocido como *"pushpanjali"*, puede realizarse durante Rahu o Ketu Kaal los sábados, martes y domingos. Ofreciendo flores rojas y encendiendo varitas de incienso, se obtienen las bendiciones de Rahu y Ketu y se alivian sus efectos adversos. El ritual puede completarse haciendo girar las ofrendas alrededor de los ídolos de estos planetas siete veces y cantando mantras dedicados a ellos.

Participar en pujas y homas para Rahu y Ketu

Participar en los rituales dedicados a Rahu y Ketu es otra manera eficaz de superar sus efectos maléficos. Estos rituales implican adorar a deidades específicas asociadas con Rahu y Ketu, como el Señor Shiva, la diosa Durga y el Señor Ganesha. Al participar en ellos, puede buscar sus bendiciones y obtener protección contra la influencia negativa de Rahu y Ketu. Los rituales consisten en cantar mantras, ofrecer flores e incienso y realizar pujas. Algunas pujas comunes para Rahu y Ketu son Ganesh Puja, Lakshmi Puja y Mahamrityunjay Puja.

Realizar rituales de fuego para Rahu y Ketu en Amavasya

Realizar rituales de fuego o "havans" en Amavasya o el Día de Luna Nueva es otra forma poderosa de apaciguar a Rahu y Ketu. Al completar este ritual, se obtienen las bendiciones del dios del fuego, Agni, y se alivian los efectos maléficos de estos planetas en la sombra. El havan implica cantar mantras específicos y ofrecer ghee, miel y otros materiales sagrados al fuego. Si se realiza con dedicación y sinceridad, el havan puede cambiar positivamente la vida de una persona.

Consultar a un sacerdote experto antes de realizar pujas y homas

Aunque los métodos anteriores son eficaces, es esencial consultar a un sacerdote experto antes de realizar pujas y homas. Estos rituales implican mantras específicos, ofrendas y procedimientos que requieren una orientación y supervisión adecuadas. Un sacerdote reputado con experiencia en astrología y rituales védicos le guiará en la dirección correcta y se asegurará de que los remedios se realizan correctamente. Un sacerdote experto también le ayudará a determinar las mejores pujas y homas para su situación. Consultar a un experto antes de emprender un remedio asegura que los rituales se realicen correctamente y que obtenga los máximos beneficios.

Tratar con los efectos maléficos de Rahu y Ketu puede ser un reto, pero no es un obstáculo que no se pueda superar. Los remedios mencionados pueden apaciguar a estos planetas en la sombra y mitigar sus efectos adversos. Estos remedios requieren constancia y paciencia. Debe seguir adelante, aunque no vea resultados inmediatos. Encontrará paz, prosperidad y éxito con un poco de esfuerzo y perseverancia. Una combinación de dedicación y oraciones le traerá los resultados deseados.

Capítulo 9: Culto y remedios de Navagraha

Los Navagrahas, o nueve planetas, tienen un enorme poder e influencia en la vida de las personas. Desde determinar los éxitos y los fracasos hasta influir en la salud y las relaciones, afectan profundamente en quién y en qué se convierte. De ahí que el culto a los Navagraha y sus remedios hayan ganado popularidad a lo largo de los años. Ofrecer oraciones a estos cuerpos celestes y adoptar remedios específicos mitiga los efectos adversos de los planetas y libera su potencial positivo. Aunque los planetas pueden plantear retos, también ofrecen oportunidades de crecimiento y prosperidad.

Este capítulo le proporciona una lista completa de adoración Navagraha, rituales y remedios para aprovechar el poder de los planetas y cambiar positivamente su vida. Incluye consejos y resultados de la adoración de Navagraha para ayudarle a sacar el máximo partido de esta práctica. Con dedicación y fe, podrá transitar por el camino de la vida con facilidad y gracia, guiado por la energía divina de los Navagrahas. Encontrará el valor para afrontar sus retos y tendrá fe en que todo saldrá bien. Ojalá siempre encuentre guía, sabiduría y paz en la presencia de los Navagrahas.

Una mujer adorando a los Navagrahas[88]

Rituales Navagrahas

En el hinduismo, los Navagrahas se consideran fuerzas cósmicas importantes que influyen en la vida de las personas. Cada una rige un aspecto específico y tiene su propia personalidad, rasgos y energía. Muchas personas rinden culto a los Navagrahas, realizan rituales y pujas para potenciar las influencias positivas de estos cuerpos celestes. Esta sección trata de las formas fundamentales de conectar con los Navagrahas y de realizar el culto a los Navagrahas y las pujas.

Visitar los templos Navagraha

Una forma habitual de conectar con los Navagrahas es visitando sus templos. La mayoría de las ciudades indias tienen templos Navagraha, con deidades para diferentes planetas. Por ejemplo, el templo del Señor Shani (Saturno) se encuentra en Shani Shingnapur, Maharashtra, mientras que el templo de Surya (Sol) está en Konark, Odisha. Cuando se visita un templo Navagraha, los devotos ofrecen oraciones, encienden lámparas de aceite y realizan rituales específicos según la deidad a la que adoran.

Recitar mantras

Los mantras son poderosos para conectar con los Navagrahas. Cada planeta tiene su mantra, que ayuda a equilibrar su energía y a potenciar sus influencias positivas. Por ejemplo, el mantra del Señor Shani es "Om Shan Shanicharaya Namah". El mantra del Señor Surya es "Om Hrim Hrim Suryaya Namah". Recitar estos mantras a diario o en días concretos ayuda a alejar las influencias negativas del planeta y trae prosperidad y éxito.

Realización de Navagraha Puja

Navagraha puja es un ritual para venerar a los nueve planetas. Consiste en recitar mantras, ofrecer flores y frutas, encender lámparas y velas y hacer ofrendas específicas a cada planeta según sus características. Navagraha puja se suele realizar en ocasiones especiales como bodas, ceremonias de inauguración de casas y durante tránsitos planetarios que podrían ser maléficos.

Ofrenda de flores y prasadam

Ofrecer flores y prasadam (comida sagrada) a los Navagrahas es esencial en el culto a los Navagrahas. Cada planeta se asocia con una flor específica y un alimento que agrada a la deidad y trae bendiciones. Por ejemplo, al Señor Surya se le adora con flores rojas y platos hechos con trigo. A Chandra (Luna) se le ofrecen flores blancas y cuajada. Los devotos ofrecen estos objetos durante el culto habitual en casa o durante las visitas al templo.

Practicar el ayuno y la abstinencia

El culto Navagraha celebra ayunos en días específicos dedicados a cada planeta. Por ejemplo, los martes se dedican al Señor Mangal (Marte), mientras que los sábados se dedican al Señor Shani (Saturno). Ayunar esos días y abstenerse de actividades nocivas ayuda a apaciguar a la deidad y mitiga los efectos maléficos del planeta en la vida de una persona.

Venerar al Sol el domingo

El Sol es la fuente de energía más potente del universo. Adorar al Sol los domingos es propicio y puede reportar enormes beneficios. Además de recitar el mantra del Sol, los devotos pueden realizar el Surya Namaskar (saludo al Sol) o sentarse a la luz del Sol para recibir sus beneficios.

El culto a Navagraha es esencial para la espiritualidad hindú. Equilibra la energía de los planetas e influye positivamente en la vida de las personas. Con estas prácticas, puede conectar con los Navagrahas, buscar sus bendiciones y vivir una vida plena. Ya sea visitando los templos, recitando mantras, realizando pujas u ofreciendo flores y prasadam, cada actividad potencia significativamente los efectos positivos de los planetas. Así pues, incluya el culto a los Navagraha en su rutina espiritual y experimente su magia.

Remedios Navagraha

¿Está buscando formas de superar la influencia negativa de los nueve planetas en su vida? Los remedios Navagraha, practicados desde la antigüedad, pueden ayudar a equilibrar su planeta y traer éxito, salud y prosperidad a su vida. Los Navagrahas son nueve cuerpos celestes que influyen poderosamente en la vida de las personas; su fuerza o debilidad pueden decidir su destino. Esta sección analiza los remedios Navagraha más eficaces para ayudarle a vivir una vida feliz y plena.

Canto de mantras y meditación

Recitar los mantras Navagraha y meditar en sus nombres puede aportar una inmensa paz y calma a su vida. Cada planeta tiene un mantra específico que resuena con sus vibraciones, y recitarlo puede potenciar sus efectos beneficiosos. Por ejemplo, "Om Suryaya Namaha" se canta para el Sol, y "Om Chandraaya Namaha" para la Luna. Consulte a un astrólogo o únase a un grupo de canto del mantra Navagraha para conocer la pronunciación correcta y los procedimientos rituales.

Ofrecer plegarias y realizar pujas

Rendir culto a los Navagrahas, rezar y realizar ofrendas ayudan a aliviar sus efectos adversos. Ofrezca a cada planeta flores, frutas, incienso y otros objetos, recitando sus mantras. Realizar pujas y homas dedicadas a los Navagrahas aporta beneficios y prosperidad a largo plazo.

Llevar gemas y rudrakshas específicas

Llevar gemas y rudrakshas específicos potencia los efectos positivos de los planetas. Por ejemplo, llevar una gema de rubí puede fortalecer al Sol, mientras que un zafiro azul mejora la influencia de Saturno. Llevar un rudraksha 9-mukhi u 11-mukhi proporciona vibraciones positivas y mejora la salud y el bienestar general.

Recitar Stotras de los Navagrahas

Los Stotras o himnos dedicados a los Navagrahas también son poderosos para equilibrar sus fuerzas. Recitar regularmente el Brihaspati Stotra, el Shani Stotra o el Rahu Stotra puede traer paz y prosperidad a su vida. Algunos astrólogos sugieren repetir el Navagraha Kavacha, un escudo protector para repeler las influencias negativas.

Donaciones y obras de caridad

Hacer donativos y realizar obras de caridad puede mitigar la influencia negativa sobre el planeta. Puede hacer donaciones a templos, alimentar a personas en situación de pobreza o contribuir a una causa que merezca la pena. Este acto de bondad puede generar karma positivo y romper el ciclo de las energías negativas. Cuanto más generoso sea, mejor funcionará el planeta.

Ya sea recitando mantras, ofreciendo oraciones, llevando gemas específicas o haciendo donaciones benéficas, hay muchas formas de acceder a los poderes místicos de los Navagrahas. Consulte a un astrólogo experto o a un guía espiritual para seleccionar los mejores remedios para sus posiciones y períodos planetarios específicos. Con fe y práctica regular, los remedios Navagraha pueden ayudarle a abrir el camino hacia el éxito, la felicidad y la abundancia.

Cuándo y cómo iniciar el culto a Navagraha

El culto a los Navagrahas equilibra la influencia de estos cuerpos celestes, lo que conduce a una vida más feliz y próspera. Los Navagrahas, incluidos el Sol, la Luna, Marte, Mercurio, Júpiter, Venus, Saturno, Rahu y Ketu, tienen un impacto significativo en la vida de las personas. En esta sección se explica cuándo y cómo iniciar el culto a los Navagrahas y cómo puede ayudarle a identificar y tratar los problemas de su vida.

- **Determine su Rashi y Grahas:** El primer paso hacia la adoración de Navagraha es determinar su Rashi (o signo zodiacal) y los grahas que influyen en su vida. Varios sitios web y aplicaciones pueden ayudarle a determinar su Rashi y grahas basado en su fecha de nacimiento. Con esta información puede entender cómo afectan los Navagrahas a su vida.

- **Identificar las áreas problemáticas de su vida:** El siguiente paso es identificar las áreas problemáticas en las que influyen los Navagrahas. Por ejemplo, si Saturno está causando retrasos u obstáculos en su carrera, debe tratar este asunto a través de la adoración de los Navagrahas. Al identificar los grahas que causan los problemas, puede concentrarse en adorar a esos Navagrahas.

- **Consultar a un astrólogo o gurú para obtener ayuda:** Si es nuevo en el culto a Navagraha, consulte a un astrólogo o gurú para que le oriente. Ellos le ayudarán a identificar los grahas que afectan a su vida y le recomendarán remedios apropiados para equilibrar su influencia. Pueden sugerirle mantras, yantras o rituales específicos para ayudarle a conseguir los resultados deseados.

- **Elección de los remedios y soluciones adecuados:** Basándose en la guía de su astrólogo o gurú, puede seleccionar los remedios y soluciones más apropiados para contrarrestar la influencia negativa de los Navagrahas. Estos remedios incluyen llevar piedras preciosas, realizar mantras u observar rituales específicos. Puede que necesite hacer cambios en su estilo de vida o reestructurar sus rutinas para alinearse con la influencia positiva de los Navagrahas.

- **Realizar los rituales según las instrucciones:** Una vez identificados los remedios apropiados, es vital realizar los rituales según las instrucciones. Esto implica seguir directrices específicas y cumplir con ciertos periodos de ayuno o prácticas de purificación. El culto a Navagraha es una práctica disciplinada que requiere dedicación y compromiso. Es esencial seguir las instrucciones del astrólogo o gurú para obtener resultados óptimos.

- **Mantener un registro de sus experiencias y progresos:** A medida que practica la adoración Navagraha, es aconsejable llevar un registro de sus experiencias y progresos. Le ayudará a identificar las áreas de mejora y realizar un seguimiento de su viaje hacia una vida más feliz y próspera. Debería visitar periódicamente a su astrólogo o gurú para ajustar sus remedios en función de su progreso.

Si identifica su Rashi y sus grahas y consulta a un astrólogo o gurú, podrá elegir los remedios y soluciones adecuados para abordar las áreas problemáticas de su vida. Mientras realiza los rituales y observa las directrices, es esencial que lleve un registro de sus progresos y experiencias. El culto a los Navagrahas requiere disciplina y dedicación, pero puede conducir a una vida más feliz y próspera, alineada con la influencia positiva de los Navagrahas.

Consejos para la adoración de Navagraha

Reconociendo y apaciguando a los nueve dioses planetarios, se reducen las aflicciones astrológicas, se superan los obstáculos y se puede disfrutar de un mayor éxito, felicidad y bienestar. Sin embargo, es esencial llevar a cabo el ritual con el máximo cuidado, dedicación y positividad para cosechar los beneficios del Navagraha. Esta sección explora consejos para fortalecer su conexión con los Navagrahas y aumentar la eficacia de su culto.

Tener una mentalidad positiva: El primer y más importante consejo para una adoración Navagraha exitosa es cultivar una mentalidad positiva. Antes de comenzar el ritual, respire profundamente y piense en los cambios positivos que desea introducir en su vida. Concéntrese en los beneficios de adorar a los Navagrahas y crea en sus poderes para ayudarle a superar los obstáculos.

Tenga determinación y dedicación: La adoración de Navagraha no es un asunto de una sola vez. Requiere tiempo, esfuerzo y dedicación. Fije una hora y un lugar específicos para la adoración diaria y cúmplalos, independientemente de su rutina o estado de ánimo. Esfuércese por completar el ritual con sinceridad y devoción, y no deje que la pereza u otras distracciones se interpongan en su camino.

Siga las instrucciones cuidadosamente: Todos los rituales de adoración Navagraha siguen directrices estrictas prescritas en las escrituras védicas. Lea y comprenda estas directrices cuidadosamente para asegurar la eficacia de su adoración. Siga la recitación del mantra, la colocación del yantra, y otras instrucciones con precisión, y evite improvisaciones o atajos, a menos que un experto se lo recomiende.

Evite distracciones e interrupciones: Durante el culto Navagraha, apague el teléfono, la televisión u otros dispositivos que puedan perturbar su concentración. Elija un lugar tranquilo, limpio y bien ventilado para el culto, alejado del desorden y las perturbaciones. Evite pensamientos, emociones o conversaciones negativas durante la oración.

- **Sea consistente con su adoración:** El culto Navagraha produce los mejores resultados cuando se realiza de forma constante durante un período prolongado. Acostúmbrese a realizar el ritual diariamente o en ocasiones planetarias especiales. Si no puede completar el culto, pida consejo a un astrólogo o sacerdote.

- **Mantenga la calma y medite:** Uno de los principales objetivos del culto Navagraha es alcanzar la paz y la armonía interiores. Practique la respiración profunda, la atención plena o la meditación antes o después del culto. Concéntrese en su respiración, recite mantras o visualice los efectos positivos del culto en su vida. Esto le ayudará a mantener la calma, centrarse y alinearse con las energías de los planetas.
- **Busque ayuda cuando la necesite:** La adoración de Navagraha es una práctica compleja que requiere amplios conocimientos, habilidades y experiencia. Si es nuevo en esta práctica o se enfrenta a obstáculos en su adoración, no dude en buscar la guía de un astrólogo o sacerdote de confianza. Ellos le ayudarán con rituales personalizados, energización de yantra y otros métodos para mejorar la eficacia de su adoración.
- **Disfrute del proceso de adoración:** Recuerde, la adoración Navagraha no es un medio para un fin, sino una experiencia enriquecedora. Disfrute conectando con los dioses planetarios, aprendiendo sobre sus atributos y atribuciones, y buscando sus bendiciones para su bienestar. Tenga fe en los poderes divinos de los Navagrahas y confíe en que le mostrarán el camino correcto en la vida.

La adoración de Navagraha es una práctica poderosa para ayudarle a superar los efectos adversos de las alineaciones planetarias y alcanzar el éxito, la felicidad y el bienestar. Sin embargo, para aprovechar todo el potencial de esta práctica, debe abordarla con dedicación, positividad y constancia. Siga estos consejos y no dude en buscar orientación cuando sea necesario. Con la mentalidad y los esfuerzos adecuados, podrá fortalecer su conexión con los Navagrahas y desbloquear sus bendiciones divinas.

Resultados del culto Navagraha

Según la mitología hindú, cada planeta representa distintos aspectos de la vida, y venerarlos puede ayudarle a triunfar y superar obstáculos. El culto a Navagraha se ha seguido durante siglos, y los resultados han sido asombrosos. Esta sección profundiza en los efectos positivos del culto a Navagraha y en cómo puede beneficiarle.

- **Efectos positivos sobre la salud:** El beneficio más significativo del culto a Navagraha es su impacto positivo en la salud de las personas. Cada planeta representa diferentes partes del cuerpo, y su culto ayuda a mantener una buena salud. Por ejemplo, adorar a Marte puede mitigar los trastornos relacionados con la sangre, mientras que Venus está asociado con el sistema reproductor. Del mismo modo, adorar a Júpiter puede curar dolencias relacionadas con el hígado. El culto a Navagraha regula las funciones corporales y mantiene la buena salud.
- **Eliminar obstáculos en la vida:** Todo el mundo encuentra obstáculos en la vida, pero el culto a Navagraha puede eliminarlos. Al adorar a los planetas, puede minimizar los efectos adversos de su influencia maléfica y aumentar el impacto positivo de su influencia benéfica. Por ejemplo, Saturno se asocia con obstáculos y retrasos, por lo que adorarlo puede aliviar esos problemas. El culto a Navagraha ayuda a eliminar barreras y a atraer el éxito y la prosperidad.
- **Estabilidad financiera:** La estabilidad financiera es algo que todo el mundo anhela. Rendir culto a planetas como Júpiter y Venus puede ayudar a atraer la riqueza y la prosperidad. Júpiter se asocia con la riqueza y la opulencia, y venerarlo puede traer buena suerte en la riqueza. Venus se asocia con el lujo y la comodidad. Honrar a estos planetas invita a la estabilidad financiera y la prosperidad material en su vida.
- **Éxito profesional y educativo:** Todo el mundo aspira al éxito en su carrera y educación. La adoración de Navagraha puede lograr este objetivo. Planetas como el Sol y Marte están asociados con el liderazgo y el coraje. Mejore sus rasgos de personalidad alineados con esos planetas adorándolos. Del mismo modo, Mercurio está asociado con la inteligencia y la sabiduría; adorarlo mejora sus perspectivas educativas. Venerar a estos planetas puede ayudarle a alcanzar un gran éxito en su carrera y educación.
- **Mejores relaciones con la familia y los amigos:** La adoración de Navagraha ayuda a mejorar las relaciones con la familia y los amigos. Planetas como la Luna y Venus están asociados con las emociones y la armonía. Adorarlos aumenta la compasión y el amor hacia sus seres queridos. Del mismo modo, Júpiter se asocia con la devoción y la confianza, y adorarlo puede ayudar a

mejorar las relaciones interpersonales. La adoración de Navagraha trae armonía y paz a su vida.

- **Mayor conciencia espiritual:** La adoración de Navagraha ayuda a aumentar la conciencia espiritual. Planetas como el Sol y la Luna están asociados con las energías divinas y la conciencia cósmica. Al rendirles culto, podrá comprender mejor su viaje espiritual y reforzar la conexión divina. Le ayudaRÁ a mantener los pies en la tierra y a abrirse a las fuerzas superiores del universo. El culto a Navagraha aumenta la conciencia espiritual y la conexión con lo divino.

- **Mejora de los Doshas:** La adoración de Navagraha puede equilibrar los doshas en su vida. Los nueve planetas representan diferentes aspectos de la vida, y su culto puede traer armonía a su vida. Equilibre los tres doshas honrando a estos planetas, incluyendo Vata, Pitta y Kapha. Los nueve planetas tienen distintos atributos que regulan los doshas del cuerpo y aportan paz y armonía. El culto a Navagraha alivia los desequilibrios en los doshas y equilibra la vida de una persona.

El culto a Navagraha es una práctica tradicional que ha demostrado ser inmensamente beneficiosa para quienes la siguen. Rendir culto a los nueve cuerpos celestes puede mejorar varios aspectos de la vida, como la salud, la riqueza, la carrera profesional y las relaciones. El culto a los planetas puede minimizar la influencia negativa de los planetas maléficos y cosechar los beneficios de los planetas benéficos.

Este capítulo cubre los aspectos esenciales de la adoración Navagraha, incluyendo cómo hacerlo, remedios para ayudar a mitigar los efectos adversos de un planeta, y los resultados de la adoración Navagraha. Este capítulo le ha proporcionado información útil sobre esta antigua práctica y le ha animado a explorar más a fondo su potencial. Puede desbloquear los poderes divinos de los nueve planetas y traer felicidad, éxito y prosperidad a su vida. Namaste.

Conclusión

La astrología védica es una ciencia antigua que ha ayudado a la gente a comprender los misterios del universo durante miles de años. Rahu y Ketu son los más importantes a tener en cuenta en la comprensión de los planetas. Estos planetas sombra representan una fuerza poderosa en la vida, y comprender su influencia le puede ayudar a dar sentido a los retos y oportunidades que se le presenten. Esta guía explora el significado de Rahu y Ketu, incluyendo su papel en las cartas natales, los Nakshatras que rigen, los patrones kármicos relacionados y mucho más.

La comprensión de Rahu y Ketu en astrología es muy compleja. Rahu representa la ambición, el deseo y el éxito material, mientras que Ketu encarna la búsqueda espiritual, el desapego y los apegos. Puede descubrir la armonía definitiva en su vida reconociendo la importancia del éxito mundano.

La danza entre Rahu y Ketu es fascinante, llena de movimientos intrincados y giros inesperados. Pero, más allá de su belleza estética, esta danza tiene un gran significado para quienes buscan descubrir su verdadero destino. Al estudiar los ritmos y patrones de este dúo cósmico, se adquiere una comprensión más profunda de las fuerzas que nos impulsan y de los caminos que estamos destinados a seguir. Tanto si lucha por encontrar una dirección en la vida como si busca un propósito más profundo, la guía de Rahu y Ketu puede acercarle a un mayor conocimiento de sí mismo y a la plenitud.

Esta guía comenzaba con una visión general de la astrología védica, la antigua práctica india que se basa en gran medida en Rahu y Ketu. A continuación, profundizaba en estos dos planetas en la sombra, incluyendo sus cualidades y funciones en las cartas natales. Exploraba los Nakshatras asociados y los patrones kármicos en sus colocaciones. Esta guía también proporciona remedios para Rahu y Ketu maléficos y sugerencias para la adoración de Navagraha y otros remedios.

Trabajar con Rahu y Ketu para el crecimiento personal ayuda a equilibrar las búsquedas mundanas con la realización espiritual y a comprenderse mejor a uno mismo y su lugar en el universo. Las percepciones obtenidas de estos dos planetas ayudan a tomar decisiones sabias y a descubrir el camino de la vida. Esta guía incluye un glosario de términos que le ayudará a comprender mejor la astrología védica.

Aprendiendo y aplicando el conocimiento de esta guía, estará bien encaminado para entender el significado de Rahu y Ketu en la astrología védica. Con su guía, podrá abrazar las alegrías y desafíos de la vida, descubrir su verdadero propósito y progresar hacia el logro de una mayor conciencia de sí mismo. La vida puede ser un viaje complejo, pero, con estos dos planetas en la sombra, puede transitar por ella con mayor claridad y confianza. Así pues, abrace su destino y prepárese para sumergirse en el místico mundo de Rahu y Ketu.

Glosario de términos

La astrología védica es un vasto campo de conocimiento; es fácil perderse en la jerga y la terminología de esta práctica. Entender estos términos y sus significados le dará una mejor perspectiva de su horóscopo y de cómo usarlo para mejorar su vida. Esta sección incluye términos, palabras y frases comúnmente usadas en astrología védica, sus significados y pronunciaciones.

- **Agni:** El fuego también se refiere al Sol. Pronunciación: AG-nee.
- **Bhava:** Uno de los conceptos más importantes de la astrología védica. Se refiere a la "casa" o área de la vida que ocupa un planeta en una carta.
- **Dasha:** Este sistema predice los acontecimientos futuros basándose en las posiciones de los planetas y sus efectos en determinadas casas.
- **Dharma:** Uno de los cuatro objetivos principales de la vida según la astrología védica. Representa el dharma o propósito de una persona. Pronunciación: DHAR-mah.
- **Doshas**: Son desequilibrios planetarios que causan dificultades en la vida.
- **Ganesha:** El dios hindú de la sabiduría, a menudo llamado para ayudar a resolver problemas astrológicos complejos.
- **Gochara:** Término astrológico que designa los tránsitos o el movimiento de los planetas a través del zodíaco.

- **Graha:** La palabra significa *planeta* y se refiere a los principales planetas del sistema solar. Pronunciación: GRAH-hah.
- **Graha Chakra:** La carta planetaria en la astrología védica para predecir el futuro. Pronunciación: GRAH-hah CHAH-krah.
- **Jyotish:** Astrología védica, la ciencia de la luz. Pronunciación: JYO-tish.
- **Karma:** Los efectos de acciones pasadas en esta vida o en una anterior. Pronunciación: KAHR-mah.
- **Ketu:** Uno de los nueve planetas principales de la astrología védica, que representa la espiritualidad, la moksha (liberación) y otras experiencias místicas.
- **Kundali:** El término de la astrología védica para una carta natal que indica la posición de todos los planetas al nacer. Pronunciación: KUUN-dah-lee.
- **Lagna:** Este término se refiere al ascendente o signo ascendente en una carta, que determina los rasgos de personalidad de una persona.
- **Muhurta:** Elección de un momento propicio para acontecimientos importantes como el matrimonio, los viajes y otras ceremonias. Pronunciación: moo-HUR-tah.
- **Nadi:** Antiguo sistema astrológico que utiliza la quiromancia para predecir el futuro. Pronunciación: NAH-dee.
- **Nakshatra:** Son las 27 constelaciones o signos estelares de la astrología védica. Pronunciación: NAHK-shah-trah.
- **Rashi:** Signo del Zodiaco basado en las posiciones de los planetas y las estrellas. Pronunciación: RAH-shee.
- **Ritus:** Término de la astrología védica que designa las seis estaciones del año, divididas por dos equinoccios y dos solsticios.
- **Tithi:** Día lunar para determinar el momento exacto de un tránsito planetario.
- **Vedas:** Las escrituras sagradas hindúes, las más antiguas, fueron escritas alrededor del año 1500 a. C. Pronunciación: VAY-dahs.
- **Yoga:** Combinación de dos o más planetas en una carta que puede causar efectos poderosos.

Vea más libros escritos por Mari Silva

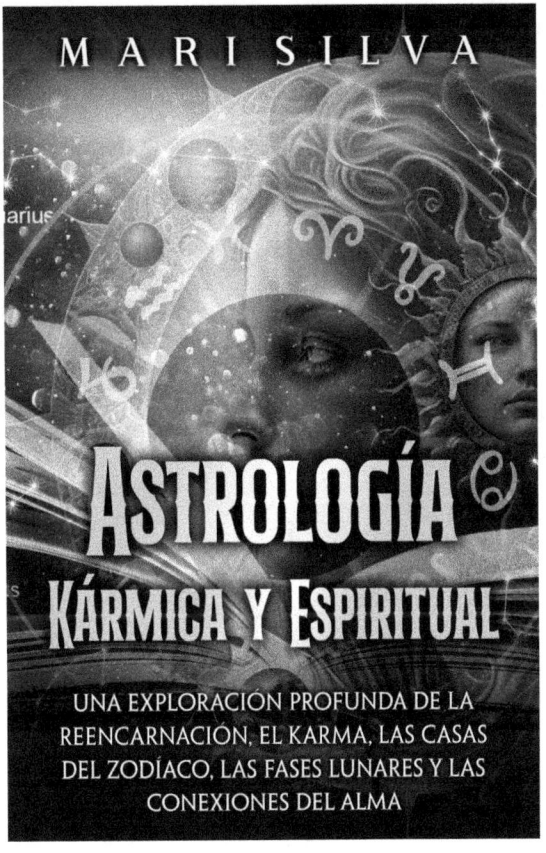

Su regalo gratuito

¡Gracias por descargar este libro! Si desea aprender más acerca de varios temas de espiritualidad, entonces únase a la comunidad de Mari Silva y obtenga el MP3 de meditación guiada para despertar su tercer ojo. Este MP3 de meditación guiada está diseñado para abrir y fortalecer el tercer ojo para que pueda experimentar un estado superior de conciencia.

https://livetolearn.lpages.co/mari-silva-third-eye-meditation-mp3-spanish/

¡O escanee el código QR!

Referencias

Primera Parte: Los nodos lunares

""As You Sow so Shall You Reap" Karma Astrology Works in That Way Darling!". GaneshaSpeaks, www.ganeshaspeaks.com/predictions/astrology/fruits-of-karma/.

"CHARACTERISTICS of the TWELVE CASAS in ASTROLOGY". Vedic Astro Zone, 1 Apr. 2017, vedicastrozone.com/characteristics-of-the-twelve-Casas-in-astrology/.

"Decoding the Different Types of Birth Chart Formats". Jothishi, 2 Oct. 2020, jothishi.com/different-birth-chart-formats/.

"Don't Resonate with Your Sol Sign? Give Vedic Astrology a Try". Cosmopolitan, 6 Apr. 2022, www.cosmopolitan.com/lifestyle/a39642096/vedic-astrology/.

"Eclipsing Effects of Rahu and Ketu in Astrology". GaneshaSpeaks, www.ganeshaspeaks.com/astrology/planets/nodes/.

"Essentials of Vedic Astrology: Elements & Basic Principles". Jothishi, 20 Sept. 2019, jothishi.com/essentials-of-vedic-astrology/#:~:text=came%20into%20being.-

"Everything You Need to Know about Sidereal Astrology". Thought Catalog, Thought Catalog, 15 Jan. 2019, thoughtcatalog.com/Enero-nelson/2019/01/sidereal-astrology/.

"Casas in Horoscope- Bhava, Casas in Your Birth Chart, 12 Astrology Casas". Www.astrodevam.com, www.astrodevam.com/knowledge-bank/bhavas-Casas.html.

"How to Interpret North Nodes & South Nodes to Find Your True Purpose". Mindbodygreen, 28 Dec. 2020, www.mindbodygreen.com/articles/astrology-101-

north-nodes-south-nodes-reveal-your-life-purpose#:~:text=Astrologers%20use%20the%20lunar%20nodes.

"Luna's Nodes". Www.astro.com, www.astro.com/astrology/in_dg_node_e.htm.

"Navagraha - the Nine Planets in Hindu Astrology - Effects, Elements, Temple Details". TemplePurohit - Your Spiritual Destination | Bhakti, Shraddha Aur Ashirwad, 15 Mar. 2019, www.templepurohit.com/navagraha-nine-planets-hinduism-astrology/.

"Navagrahas". Myths and Folklore Wiki, mythus.fandom.com/wiki/Navagrahas.

"Outlook India Magazine Online- Read Today's News India, Latest News Analysis, World, Sports, Entertainment | Best Online Magazine India". www.outlookindia.com/.

"Remedies - Effective Astrological Remedies to Improve Life!". Www.astroyogi.com, www.astroyogi.com/remedies#:~:text=What%20is%20the%20Astrological%20Remedy.

"Rising Sign Calculator - Find Your Ascendant Sign". GaneshaSpeaks, www.ganeshaspeaks.com/kundli-ascendant-sign.

"Significance of Navagraha". GaneshaSpeaks, www.ganeshaspeaks.com/predictions/astrology/navagraha/.

"Understanding the Casas in Vedic Astrology". Vinay Bajrangi, www.vinaybajrangi.com/astrology-Casas.php.

"What Are Karmic Debt Numbers? All about Karmic Debt Numbers". Astrotalk, astrotalk.com/numerology-introduction/karmic-debt.

"What Is Karmic Astrology? | Zodiac Psychics Blog". Www.zodiacpsychics.com, www.zodiacpsychics.com/article/what-is-karmic-astrology.html.

Astrology, Om. "Yogas and Doshas in Birth Chart/Horoscope - Indian Vedic Astrology". Om Astrology, www.omastrology.com/indian-vedic-astrology/yogas-doshas/.

Door, Ayurveda Next. "How to Read Your Vedic Birth Chart in 5 Easy....". Spirituality+Health, 9 Nov. 2015, www.spiritualityhealth.com/articles/2015/11/09/how-read-your-vedic-birth-chart-5-easy-steps.

"What Is Vedic Astrology? Learn the Signs, Planets, Nakshatras & More". Popular Vedic Science, 10 Oct. 2019, popularvedicscience.com/astrology/what-is-astrology/.

Kelly, Aliza. "Astrology Birth Charts 101". The Cut, 22 Aug. 2022, www.thecut.com/article/astrology-birth-chart-meaning-analysis.html#:~:text=An%20astrological%20birth%20chart%20%E2%80%94%20also.

Mukherjee, Sayani. "A Brief Introduction to Nakshatra Analysis". Vedic Astrology, 15 Nov. 2018, artofdivinescience.wordpress.com/2018/11/15/a-brief-introduction-to-nakshatra-analysis/.

Sirdesai, Narayan. "Karma and Economics". The Economic Times, 14 Oct. 2022, economictimes.indiatimes.com/opinion/speaking-tree/karma-and-economics/articleshow/94845689.cms?from=mdr.

Stardust, Lisa. "Literally Everything You Need to Know about Understanding Nodes in Your Birth Chart". Cosmopolitan, 26 Jan. 2022, www.cosmopolitan.com/lifestyle/a30198931/north-south-node-meaning-placement-birth-chart/.

Thomas, Kyle. "What Exactly Is an "Aspect" in Astrology?". Cosmopolitan, 15 Mar. 2022, www.cosmopolitan.com/lifestyle/a37341996/astrology-aspects-list/.

Segunda Parte: Rahu y Ketu

(s.f.-b). Outlookindia.com. https://www.outlookindia.com/outlook-spotlight/a-brief-about-rahu-it-s-influences-over-our-life-news-200762

Astrología, T. O. I. (2020, 1 de diciembre). ¿Qué es Rahu? ¿Cómo reducir los efectos maléficos de Rahu? Times of India. https://timesofindia.indiatimes.com/astrology/planets-transits/what-is-rahu-how-to-reduce-malefic-effects-of-rahu/articleshow/79510254.cms

Efectos eclipsantes de rahu y Ketu en astrología. (2021, 6 de octubre). GaneshaSpeaks.

https://www.ganeshaspeaks.com/astrology/planets/nodes/

Gupta, K. (2021, 12 de julio). Rahu y Ketu da resultados positivos en estas casas - AstroTalk. AstroTalk Blog - Consulta de Astrología Online con Astrólogo; AstroTalk.

https://astrotalk.com/astrology-blog/good-house-placement-for-rahu-and-ketu-in-kundli/

Monk, I. [@IndianMonk]. (2022, 19 de marzo). Rahu y Ketu : Los dos nodos lunares. Youtube.

https://www.youtube.com/watch?v=sid3Z4xm6uE

Rahu y ketu. (2014, 16 de mayo). Astrología Védica | Lecturas de Astrología y Aprende Astrología; Constelaciones Familiares.
https://vedicastrology.net.au/blog/vedic-articles/rahu-and-ketu/

Peace-Ketu: (2022, 6 de septiembre). Amarujala.
https://www.amarujala.com/photo-gallery/astrology/predictions-about-rahu-and-ketu-in-kundali-know-all-about-effect-of-rahu-ketu-in-life

Miembro de yoga-Noelle. (2017, 29 de octubre). El mito de RAHU y KETU: Los Nodos Lunares. The Yoga Sanctuary. https://www.theyogasanctuary.biz/the-myth-of-rahu-and-ketu-the-lunar-nodes

Fuentes de imágenes

1. Ricraider, CC BY-SA 3.0 <https://creativecommons.org/licenses/by-sa/3.0>, vía Wikimedia Commons: https://commons.wikimedia.org/wiki/File:Mayan_Temple_of_the_Sun.jpg
2. Daderot, CC0, vía Wikimedia Commons: https://commons.wikimedia.org/wiki/File:Navagraha_(anthropomorphic_forms_of_astronomical_bodies),_Bihar,_India,_10th_century_AD,_schist_-_San_Diego_Museum_of_Art_-_DSC06389.JPG
3. https://commons.wikimedia.org/wiki/File:Lunar_eclipse_diagram-it.svg
4. Rama19920, CC BY-SA 4.0 <https://creativecommons.org/licenses/by-sa/4.0>, vía Wikimedia Commons: https://commons.wikimedia.org/wiki/File:Rahu_ketu-900x900.png
5. Rajeshodayanchal, CC BY-SA 3.0 <https://creativecommons.org/licenses/by-sa/3.0>, vía Wikimedia Commons: https://commons.wikimedia.org/wiki/File:Bhavachakra.svg
6. https://unsplash.com/photos/r2nJPbEYuSQ?utm_source=unsplash&utm_medium=referral&utm_content=creditShareLink
7. Chrish73, CC BY-SA 4.0 <https://creativecommons.org/licenses/by-sa/4.0>, vía Wikimedia Commons: https://commons.wikimedia.org/wiki/File:Horoscope_-_where_to_find_ascendant_descendant_and_midheaven_sign.jpg
8. https://pixabay.com/id/vectors/bagan-astrologi-veda-perbintangan-7156516/
9. https://unsplash.com/photos/lVd5b63876g?utm_source=unsplash&utm_medium=referral&utm_content=creditShareLink
10. See page for author, CC BY-SA 4.0 <https://creativecommons.org/licenses/by-sa/4.0>, vía Wikimedia Commons: https://commons.wikimedia.org/wiki/File:Astrologia_V%C3%A9dica_2018.jpg

11 https://commons.wikimedia.org/wiki/File:Chandra_the_Moon,_by_Ravi_Varma_Press.jpg

12 British Museum, CC BY-SA 4.0 < https://creativecommons.org/licenses/by-sa/4.0 >, via Wikimedia Commons: https://commons.wikimedia.org/wiki/File:One_of_the_Indian_planets,_probably_Mangala_(the_Mars)_-_relief_from_the_British_Museum.jpg

13 https://commons.wikimedia.org/wiki/File:Budha_graha.JPG

14 https://commons.wikimedia.org/wiki/File:Brihaspati_graha_(crop).jpg

15 https://commons.wikimedia.org/wiki/File:Shukra_graha.JPG

16 https://commons.wikimedia.org/wiki/File:Shani_graha.JPG

17 https://commons.wikimedia.org/wiki/File:Rahu_graha.JPG

18 https://commons.wikimedia.org/wiki/File:Ketu_graha.JPG

19 Jaivanth, CC BY-SA 4.0 < https://creativecommons.org/licenses/by-sa/4.0 >, via Wikimedia Commons https://upload.wikimedia.org/wikipedia/commons/8/8a/Navamsa_calculator_by_using_pata_of_nakshatra_-_English_version.png

20 Morn, CC BY-SA 3.0 < https://creativecommons.org/licenses/by-sa/3.0 >, via Wikimedia Commons:https://commons.wikimedia.org/wiki/File:Natal_Chart_--_Adam.svg

21 By Copyrighted to Himalayan Academy Publications, Kapaa, Kauai, Hawaii, CC BY-SA 2.5, via Wikimedia Commons: https://commons.wikimedia.org/w/index.php?curid=1857404

22 Niranjan Arminius, CC BY-SA 4.0 <https://creativecommons.org/licenses/by-sa/4.0 >, via Wikimedia Commons:https://commons.wikimedia.org/wiki/File:Lord_Ganesha_cropped.jpg

23 Ravindraboopathi, CC BY-SA 3.0 <https://creativecommons.org/licenses/by-sa/3.0 >, via Wikimedia Commons:https://commons.wikimedia.org/wiki/File:Devotee_praying.jpeg

www.ingramcontent.com/pod-product-compliance
Lightning Source LLC
Chambersburg PA
CBHW051855160426
43209CB00006B/1316